时兴钓鱼技巧

主编 沈 凡
参编 常贵尊 沈 涛 王 雷
绘图 赫 建 戈 杰

天津出版传媒集团
天津科技翻译出版有限公司

图书在版编目(CIP)数据

时兴钓鱼技巧/沈凡主编. —天津:天津科技翻译出版有限公司,2016.1

ISBN 978-7-5433-3294-2

Ⅰ. ①时… Ⅱ. ①沈… Ⅲ. ①钓鱼(文娱活动)-基本知识 Ⅳ. ①G897

中国版本图书馆 CIP 数据核字(2015)第 290120 号

出　　版:天津科技翻译出版有限公司
出 版 人:刘　庆
地　　址:天津市南开区白堤路 244 号
邮政编码:300192
电　　话:022-87894896
传　　真:022-87895650
网　　址:www.tsttpc.com
印　　刷:唐山新苑印务有限公司
发　　行:全国新华书店
版本记录:787×1092　16 开本　16 印张　180 千字
　　　　　2016 年 1 月第 1 版　2016 年 1 月第 1 次印刷
　　　　　定价:25.00 元

前言

PREFACE

近二十年来，我国的钓鱼活动出现了一些崭新局面，而且对各种钓法从不排斥，如中国台湾钓法进入内地后，立即被广大钓友接受，现在已十分普及。除了老年人，多数年轻人都在玩台钓。台钓的兴起，促进了渔具产业和钓鱼比赛的兴盛。每个城市乃至乡村集镇，都有渔具店。琳琅满目的鱼竿、鱼饵、钓钩及辅助钓具、生活用品让人眼花缭乱。钓鱼活动的蓬勃兴起，从一个小侧面反映出我们国家的兴旺发达和人民物质文明、精神文明的进步和提高。

近些年，我国的钓鱼活动又有了一些新的动向，这就是路亚钓、筏竿钓的兴起，尤其是路亚钓，大有风起云涌之势。路亚钓是在1936年由一位芬兰人创意而诞生的，此人名叫Rapala，他制造了全世界第一只路亚拟耳。后来，路亚又传到北美洲、欧洲。传入我国是近二十年的事，但近几年在我国已逐渐普及，玩路亚的人越来越多，精明的渔具制造商早已瞄准了大有潜力的市场，路亚产品如雨后春笋，进入每家渔具店。随之而来的是路亚基地的设立、路亚比赛的增多、专业路亚杂志的创办。

路亚钓法与传统钓法、台湾钓法大相径庭。它不是“守株待兔”式的等鱼上钩，而是主动出击，诱鱼上钩。笔者认为路亚钓的可贵之处在于，它给延续几千年的钓鱼活动注入了一个全新的钓鱼理念，从此将改变人们参与钓鱼活动的“全功利”性。玩路亚的人并不在乎获鱼的多少，而是钟情于山水，是“智者乐水”，追求的是闲云野鹤般的惬意。“放流”的说法过去也曾有过，但出现在路亚人口中的更多。北京的一位名叫 Winter 的钓友说得何其好啊！他说：“我钓到了一条 2 斤不到的大鳜鱼，鼓鼓囊囊的大肚子证明了它正孕育着无数个小生命，我匆匆用手机拍下它美丽的身姿就小心翼翼地放流了！去吧！这蔚蓝的星球也是你的星球，这清澈的水域就是你的家园，人类无权剥夺你们繁衍生息的权利！真希望你们能顽强地生存下去，为我们路亚人留下一个继续玩下去的希望……”我十分钦佩这位有着高尚道德情操的青年，我真想与他交朋友。如果人人都能做到这样的爱鱼、爱自然，我们的钓鱼活动是多么蓬勃健康啊！我们的心灵将是多么纯净美好啊！我们的生活将更加甜蜜幸福。

本书重点介绍了路亚钓、台钓等时兴盛行的钓鱼技法。笔者对这些钓法有着较为深入的了解，案头也有着较为丰厚的资料，更难能可贵的是在写作时得到了当地的路亚钓领军人物穆松、刘千帆和台钓高手张宝刚三位挚友的鼎力相助，及几位编写人员的共同努力，才能按天津科技翻译出版有限公司万家祯主任的策划如期完成了这本拙作，在此特向这几位先生表示衷心的感谢！由于作者水平所限，本书所介绍的技法定有不足之处，况且各地钓友都有着不同的（可能是更为巧妙的钓法）习惯钓法，路亚钓技也在日新月异地不断更新、进步，加之每个人对钓鱼理念的不同理解，本书所介绍的钓鱼技巧权当为读者朋友抛砖引玉吧！

作者

2015.6.28 于信阳

Contents 目录

第一章

路亚钓鱼技法

一、什么是路亚钓法

路亚钓法在国外已有近百年历史，但传入我国的时间并不长。不过，近几年，路亚钓法正在兴起，使用这种钓法的人越来越多，这种钓法很受年轻人的喜爱。网上关于路亚钓法的评论和文章可谓是“铺天盖地”，有些出版机构还出版了专门介绍路亚钓法的期刊，在各地都有很多钓友专门玩路亚，可以说，路亚钓法大有20年前台湾钓法在大陆兴起流行的趋势。

路亚钓法是一种仿生饵钓法，也称作拟饵钓法。其垂钓原理是将饵钩通过各种方式伪装起来，使其像一条游动的小鱼、受伤的小鱼、慌忙逃走的小鱼，或像一只失足落水的小昆虫，一只蹦蹦跳跳的小青蛙、小虾，从而诱发对象鱼的进攻欲望，去吞食这些小鱼、小虾，进而达到诱鱼上钩的目的。

路亚钓的获鱼原理有两点。

1. 吞食路亚拟饵的对象鱼都是肉食性的鱼类，而且是性格凶猛的大鱼。这些凶猛的鱼错把路亚（拟饵）当成了真正的小鱼、小虾，出于贪食的本性便去捕食它们，从而使鱼中钩。

2. 凶猛的肉食类鱼都有自己的生活范围，并且有排他性。一旦在自己生活的水域中发现了其他的鱼类，便以为这些鱼来侵犯它，出于自卫，便发起攻击，或者是驱逐这些“另类”，或者是张开大口吞食这些鱼类。鱼一旦吞食拟饵，便会中钩。

路亚钓法是一人一竿，钓具是专用钓具。钓者将路亚饵抛入水中后，通过摇动卷线器，控制竿子做各种动作，给水中的路亚饵不同的牵引和拖曳，使之变换多种姿态，并以其身体的颜色、呈现的姿态、发出的声音，引诱鱼儿发动攻击，从而达到诱鱼上钩的目的。路亚钓法无浮标、无坠，不同于手竿钓，也不同于海竿（抛竿）钓，不是抛钩后静等鱼上钩，而是强调主动找鱼，为此需要不停地摇动卷线器或操纵鱼竿，垂钓者一直在做全身运动。这与传统钓法也是有很大的差异。

路亚钓由于多是钓凶猛的肉食类鱼，过去多用于海钓，近几年在淡水中使用路亚钓法的人越来越多，被称作是一种时兴的淡水钓鱼法。笔者所在的淮河流域，已有许多人专门玩路亚钓。

利用拟饵和相应的装备、技法钓鱼，其较为完整的英文称呼是 ARTIFIC-LURE FISHING，简称为“路亚钓”（LUREFISHING）。

二、路亚钓法的起始背景

据资料介绍，全世界第一只手工路亚拟饵发明于 1936 年，发明者是北欧芬兰的一位名叫 Rapala 的人。他生于 1907 年，长大后成了一位渔夫，以垂钓为生。在无鱼上钩的时候，他常常观察水中鱼的生活习性。他经常发现一种小条鱼成为大鱼的捕食对象。这种小条鱼的游姿往往不同于其他鱼。于是他萌发了用小条鱼做鱼饵钓大鱼的想法，试着用钓钩钩着小条鱼抛向水中，然后慢慢收线，他用这种钓法居然真的钓上了大鱼。用小条鱼需要捕捉，可不可以用别的物质做成小条鱼的模样代替小条鱼呢？做一条小鱼可以多次使用多好啊！于是他将较轻的有浮力的松树木雕刻成鱼体，再用锡箔纸包裹，用胶水粘牢，在锡箔纸做的鱼体上描绘出鱼纹、眼睛，再装上鱼钩，就这样，全世界第一只 Rapala 假鱼饵就诞生了，从此人们称 Rapala 为路亚之父。在施钓过程中，他异常兴奋，因为用这样假饵钓鱼效果相当好。他的这种钓鱼法很快在当地流传开，他也毫不保留地向渔友介绍他的拟饵的制作方法。拟饵需求量越来越大，他就从厄瓜多尔进口木材取代松木，拟饵的重量减轻了，形象更逼真了，使用效果越来越好，许多人纷纷向他求购，于是他就批量制作。

随着用拟饵钓鱼的人的增多，此种拟饵又传到北美洲。渔具商就开始了专业化生产拟饵。拟饵的生产由北美洲传到了美国各地，销售量一路攀升。后来，在欧美出现了许多生产路亚的著名厂商，由此说明，路亚已经是在国外存在了几十年的钓鱼法，但是在我国的淡水中使用路亚钓只是近些年才兴起。

关于路亚起始的另一种说法：很久以前，在欧洲有位钓鱼人在吃饭的时候不慎把汤勺掉进湖里，鳟鱼发现了汤勺游过来将汤勺吞食。后来那位钓鱼人就试着将钩饵做成汤勺样，用来钓鳟鱼。

三、路亚钓的优越性

路亚钓法的优越性突出的有以下几点。

(一)用饵方便省时

路亚钓用的全是拟饵,是渔具生产厂家专门生产的,品种繁多,个性突出,功能不一。垂钓者选购这些拟饵后往线上一挂即可投入水中使用。不像手竿钓、海竿钓那样为配制鱼饵、购买鱼饵去劳神费力,而且节省开支。手竿钓、海竿钓所用的鱼饵是多种饵料的混合调配,有时还得使用蚯蚓、蛆虫类的脏饵制饵。使用这些饵料是一次性消费,用一次少一点,用完了还得配制。购买成品饵开支较多,而且不易长期保管。用饵方便省时是路亚钓的主要优越性。

(二)不污染环境

传统钓法、海竿钓都使用铅坠。尤其是海竿钓使用的铅坠较重,少则每只30~50克,多则上百克。据有关资料介绍,一只重量为100克的铅坠长期存在于水中,能污染一立方米的水质。有一位钓友说,他每年要在水中因断线丢失2~3个海竿铅坠,丢失手竿铅坠5~8个,仅他所在的钓鱼协会有百余名会员,常年垂钓于三个鱼塘,若按他丢弃的铅坠计算,每年遗落水中的铅坠达千个左右,推而广之,全国按6000万钓鱼人计算,每年遗落在水中的有多少个?10年、20年又遗弃多少铅坠?对水质会造成多少污染?手竿钓需要抛投诱饵,海竿钓若抛投,诱饵用量更大。诱饵沉入水底,若未被鱼吞食,时间长了会腐烂变质,污染水质。垂钓者若使用蚯蚓、蛆虫、红虫、家禽内脏类动物性质的饵料也会弄脏手及用具。路亚钓钓饵是木料、塑胶制成,即使遗落水中也不会污染水质。钓鱼人通过实践证实,用拟饵钓获的鱼若放生,存活率较高;若使用真饵,鱼的存活率较低。

(三)陶冶性情,强身健体

路亚钓的环境多是远离城市的湖泊水库,这里自然风光优美,水面浩瀚,碧波荡漾,水天一色,四周山青树绿,草长莺飞,蓝天如洗,鸟儿啁啾。尤其是春天,春风拂面,阳光和煦,百花齐放,使人感到暖意融融,顿觉心胸开阔。对于长期生活在高楼林立、空气污浊、尘土飞扬的城镇的人来说,简直是到了"世外桃源",即使钓不到鱼,也会精神焕发,兴趣盎然。而且,在水库湖泊钓鱼,人与人不分高下,平等相处,这样的氛围,使人心旷神怡,乐在其中。

若是钓住了大鱼,人在岸边溜鱼,与鱼斗智,别有一番情趣。鱼在水中时隐时现，摇头摆尾，不时激起浪花，钓者此时的快感，只有钓鱼人才能体会得到。马克思说过："一个美好的心情，要比十副良药更能解除心理上的疲惫和痛楚。"在野外钓鱼，由于精神放松，心情愉快，身体的各个器官处于有序的工作状态，对人的健康大有好处。

路亚钓鱼，人的全身都在活动，不时地挥竿摇轮（一天要挥竿上千次），对人体是一种锻炼，由于乐在其中，并不感觉累。

路亚钓可以使人有一个好的心态。钓友们常常把路亚钓叫做"玩路亚"，所谓"玩"，就是游戏，是活动，注重的是玩得开心，而不十分注重钓多少鱼。正像某市的一位玩路亚的高手穆松所说："要玩路亚，先要明白宗旨何在。如果纯粹只想搞到鱼，并且大小通吃，只是为了炫耀自己的渔获，那我劝你不要玩路亚了，路亚是一种高尚的休闲运动，让你享受的是过程，而不只是结果。总之，我希望大家玩路亚玩得开心就行。"他还在帖子中写道："玩路亚要有一个好的心态。我今晚冒雨又去玩路亚了，我明知是'空军'，但还要当下去。只为运动，只为中鱼的瞬间快感，只为休闲，只为释放工作带来的压力。玩路亚为的什么呢？众人可以算笔账，出行的油费、船费、吃饭的费用，远的还有过路费，一次路亚所花费的费用可以买多少斤鱼啊！要是为鱼而玩路亚的话，那还是到市场上买鱼合算啊！……总之，就像户外运动、驴友、自行车运动一样，希望大家把玩路亚当成一项休闲运动为好。"

（四）有利于鱼类资源的保护

路亚钓的对象鱼都是肉食类的凶猛的鱼，如翘嘴鲌、鳡鱼、鳜鱼，它们以水中的小鱼为食物来源。人工放养的幼鱼也会遭到它们的吞食，对养殖户来说常被称作"害鱼"。钓出了这些鱼，可使水中的小鱼免遭伤害，使养鱼主少受损失，使放养的小鱼能正常生长。因此说，路亚钓有利于鱼类资源的保护。

四、路亚钓的钓具

（一）鱼竿

路亚使用的鱼竿为碳纤维制作的竿，这种竿轻便，结实耐用。路亚竿是实心的并继竿（插接式），为两节。顶级好竿也有一节的。长度为1.92~1.98米、

2.1~2.4米两种(图1)。

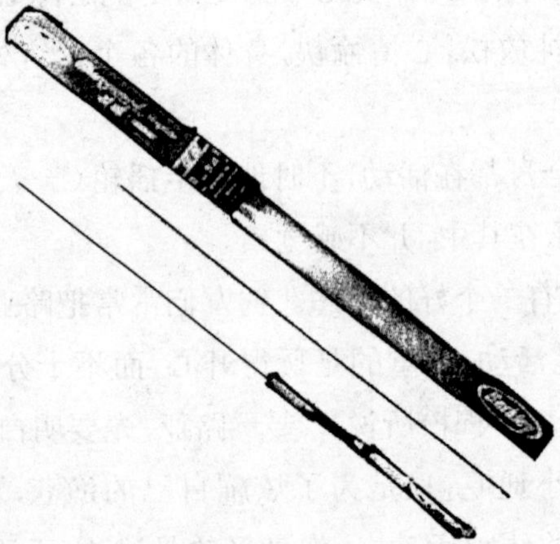

图1 路亚竿

竿上有导线环。导线环的材质有陶瓷质的和钛合金质的。以韩国陶瓷导线环是首选。

路亚竿又分为枪柄式和直柄式两种。枪柄适合配水滴轮和鼓式轮,直柄适合配纺车轮。常用的多为直柄式。

路亚竿从调性上分,也有软调竿、硬调竿、中硬调竿几种。稍硬的鱼竿中鱼后可迅速拉回,控制鱼的力度较强。软性鱼竿韧性好,中了大鱼后回旋的余地大,不易断竿。

选用鱼竿应去大渔具店买正品货。价位可根据自己的经济条件。高质量的竿虽然价钱贵一点,但使用的时间长,不用换竿,反而省钱了。许多钓者还是偏重买高级竿。

初学路亚的钓者可选用中硬调竿,此竿韧性好,钓中大鱼后竿子也不易折断。为了方便,可准备两套竿。

(二)钓线

路亚钓应选用强度高、柔软的线。

用作路亚钓的线有尼龙线、火线和PE线三种。

尼龙线——线软不挺,易缠竿先,表面不平滑,不易远因线软,不易很紧密缠在双轴卷线器的线杯上,中大鱼后,布线会因出线而陷,下次抛投就会放枪。优点是:大部分布线都有密编织,有8股,还有其他股,总之越多股越耐磨,拉力越强。

火线——线的表面披附一层塑胶，表面变得平易抛投，线也变得较硬挺，可以紧密缠在双轴卷线器的线杯上。缺点是：塑胶因摩擦而脱落，变得一段一段白白的。火线另一缺点是没有密编织，它是由 Dyneema 平行融合塑胶而成，所以耐磨、拉力都不如尼龙线。

PE——它有密编织，有披附一层塑胶（披附的材质是 PE），所以耐磨、拉力又大，但不同的厂商，披附塑胶的技巧不一，编织的股数不一，而有相当大的差异。反正，编织的股数多，披附塑胶不易脱落，就是好线。PE 线是用得最多、被多数人使用的一种线。

还有一种前导线，前导线是在主线与拟饵之间的一段线，其作用是防止有尖锐牙齿的鱼把线咬断。前导线常用柔软的细钢丝或由多股锦纶线合成的编织线，长度可在 50~100 厘米。

路亚线的承重力是按磅计算（1 磅 =0. 453 6 千克 =0. 907 2 斤）。垂钓者可选用 4~40 磅的线。

买线时，还应注重线的颜色，以自然色为主，也可买黄褐色（白色、迷彩色）、咖啡色或浅绿色的线。

（三）线轮

线轮是路亚钓具的重要组成部分（图 2）。

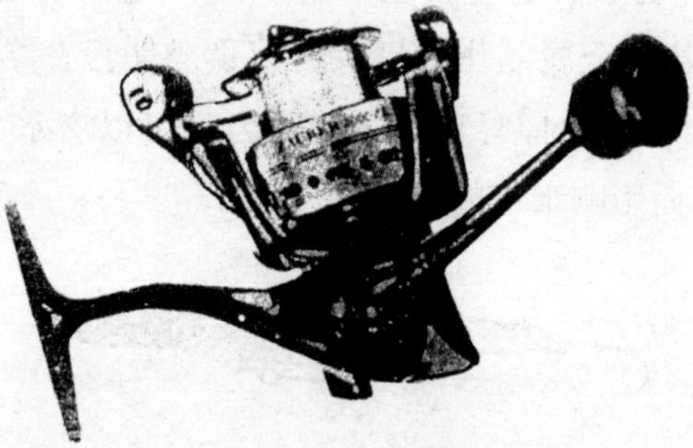

图 2　纺车轮

路亚的线轮有纺车轮和水滴轮两种，用者最多的是纺车轮。好的线轮是摇动后流畅自如，出线顺利，灵敏度高。线轮用塑胶制造或金属制造。水滴轮在出线时，会发出一种声音，听起来不刺耳，比较舒服。若水域中有水生植物或杂物，应用水滴轮。若想方便，出外钓鱼两种轮都应准备。

不同的轮配不同的竿。直柄式竿配纺车轮，枪柄式配鼓式轮和水滴轮。纺车轮使用方法较简单，适用路亚的范围广，抛投远。

使用轮子的时候有个关键性的问题就是要注意调好泄力器，否则光靠线、竿的承重力不行，遇上大鱼容易出现断线折竿跑鱼的现象发生。

泄力器有的在轮的前部，也有的在轮的后部。如何调整呢，有个小窍门：将家庭用的弹簧秤连接到主线上，一手握竿，一手握弹簧秤，两手朝相反的方向用力拉，当听到轮上出线的声音时，看弹簧秤所显示的重量，记住这个数字，这就是轮线的承重量，若超过这个重量，就要拧松泄力器的螺把。若判断水中上钩的鱼估计超过这个重量就及时拧螺把。

(四)各种路亚介绍

路亚就是拟饵。就材质讲有木制的、塑胶的和金属的三种。有多种形状，形体也有多种。根据不同的鱼的食性特征制作出不同的路亚。有的是漂浮在水面，叫上层型路亚，有的是在水的中层，有的沉在水的底层。还有硬饵、软饵之分。在使用特性方面又有撞水性、震动性等不同的性能。现分别作一介绍。

1. 米诺

米诺是用得最广泛的路亚，主钓上层鱼，其形状细长，流线型，像是一条小鱼，肉食性鱼类对它最感兴趣。选用米诺（图 3）必须注意造型逼真，色泽鲜亮。米诺在接近鳃部的下方设计有塑胶或木制小唇片，也称作压水板。唇片前部有接近半圆的弧度。若是金属制作的唇片可以调整角度。多数米诺都是浮在水的上层或水的表层。收线时，唇片受水的压力而可以潜水。唇片的大小不同，收线的速度不同，因而影响米诺的潜水程度。

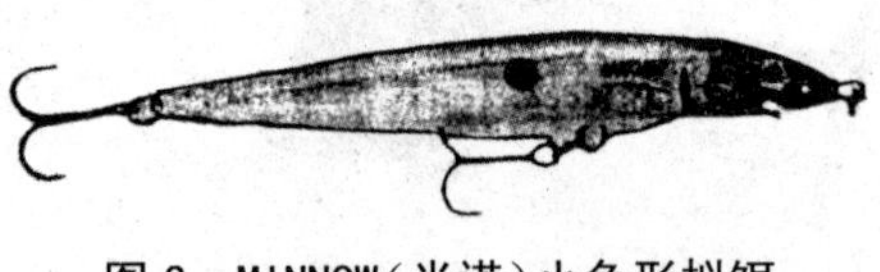

图 3　MINNOW（米诺）小鱼形拟饵

使用方法：米诺的操作方法不复杂。抛投后，将竿梢压低，摇动线轮的把柄，慢慢回收线。通常是以均匀的速度摇轮，但也可以通过抽动竿梢使路亚加速，其目的是使米诺的动态发生变化，像一条逃窜的小鱼。还可以使米诺呈“之”字形运动，动作要领是将竿梢向左抽后再向右抽。由于米诺动作较大，更像一条受惊的小鱼，更容易引起鱼的注意。应注意的是不要摇轮过快，这样做会使米诺运动的速度过快，鱼可能追不上米诺。

使用米诺还要注意垂钓者站立的位置不要与水面落差过大。因为人站的位置过高的话，回收线容易过早地离开水面，若位置低一些，线饵在水中运动的距离就长。

操控米诺时，根据鱼情、水情，使米诺游动出不同的姿势，显示不同的表情。如：慌忙逃窜的小鱼，摇摇晃晃显得无力的小鱼，敏捷游动的小鱼，脱离鱼群而四处徘徊的小鱼，惊慌而动弹不得的小鱼，静止片刻又急速移动的小鱼。

2. 胖子 CRANK

胖子又称摇摆，体形较为短胖，所以叫胖子。虽然短胖，但曲线玲珑，凹凸有致。胖子的挡水板通常较大而垂直，在拖动时摆幅较大，震动较多，泳姿活泼。胖子在体内有钢珠，能发出较大的声响。

胖子路亚也属于上层饵，主攻在水的上层游动觅食的攻击性鱼类。

使用方法：胖子的使用方法和米诺差不多，可以参照米诺的使用方法，也可以在拉动一段距离后，停 1~2 秒钟再拉动。胖子的压水板比米诺大，在运动时动作幅度也大，影响力也较大。更容易吸引鱼来捕食。若有由于气候原因、水温原因，水中的鱼不太活跃时，更适合用胖子施钓。

3. 波扒(Popper)

波扒路亚的头部较大，并呈内凹或斜面，以此来撞击水面激起浪花（图 4）。

波扒的头轻尾重，在水中静止时，呈头在上尾在下倾斜状漂浮，可钓获中上层的大部分的掠食性鱼类，如翘嘴鲌、鳡鱼、鳜鱼、海水中的海鲢、坦鲈等。

图 4　波扒

波扒又称泼水拟饵，嘴巴大，游动时与水面做大面积接触。

操控方法：靠由钓手抽动鱼竿而在水面激出水花来扮演被大鱼追赶时在水面撞出的水花来诱鱼，速度快慢不同会使撞出的水花有所不同，用在鱼儿活跃或在水面附近找小鱼群时最有效。黄昏用 Popper 是最佳时机。在早晨和黄昏时，选择在一些草堆附近或浅水区，方法是沿着岸边拖动，比较好用的手法有举高竿头，中速不停地收，到近岸时降低竿头收回来；投饵后降低竿头，不停地用微小的动作抽动和以高速收回。在鱼儿活性低的时段，动作应以较慢和低频率撞出水花较好，钓点应选在凹入的湾位为主。在水浊时，使用 Popper 效果较好。

4.VIB(震动型)

一种沉下速度很快的路亚，靠拖动时左右摆动和体内很多的珠子发声来引鱼，是一种中层或底攻不错的选择，快速拖行时发出很大的声音，在水面也听到，适用于广阔的水面，因在无标点的水面找鱼很难，用这种大声的路亚就最好，唯一缺点就是它自重很重，回收时十分吃力，但换句话说，它能作出超远投，到达其他路亚去不到的标点，能搜寻更远的鱼群，VIB 比其他相同大小路亚大约重 10%~20%。

操控方法：使用 VIB 的手法比较简单，以均匀的速度摇柄收线。主要技巧是避免钩子挂底，为此要不时地扬起竿梢，使路亚越过水底的障碍物。此饵适合在深水区使用。

5. 软饵鱼

软饵鱼较其他饵重，因为头部包铅，在水中下沉速度快。该饵的另一个特点是有多种色彩，头部、腹部都有反光的亮片，容易被鱼发觉，进而追捕。此饵的背部、腹部均有钩，中鱼的概率较大，是路亚钓手普遍使用的假饵。

使用方法：将软饵抛投入水后，待沉到预定的水深就开始收线。收线的速度应有变化，即快收后变成慢收，收收停停，使水中的软饵像是游游停停的状态。若是判定水底有杂物，就不能停止收线，一旦停止，钩子就有可能挂住杂物。

6.Pencil(铅笔型)

此饵的特点是在水面左右摆动，像鱼在水面左窜右窜，但不会激起水花。即使水中有障碍物也可以使用(图 5)。

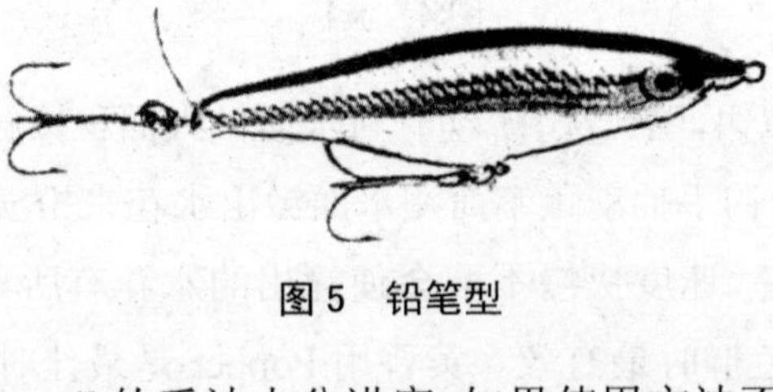

图 5　铅笔型

操控方法：拖 Pencil 的手法十分讲究，如果使用方法不得当的话，用 Pencil 会钓不到鱼的。在投饵后，一路回收，以固定的手法拉竿头，一下一下地拉，不要停，不论慢速或快速都不要停。拉竿的长短视乎你想它做什么动作，拉距越长，动作越长。换句话说，如你想它急速和不断以短距离左窜右窜的话，你就要把竿头压下，一下一下短速的拉下和以较快的速度回收。反之，以较长的距离拉下，回收速度较慢，它便会做出较大和较慢的动作。

7.Worm(软饵)

系路亚中不可或缺的主流，和其他软虫一样，攻击层都在中下层域，配以 Jig Head(铅头钩) 或虫钩加夹铅；Worm 和其他 Soft Bait（软式路亚）不同的地方是 Worm 较长，因此好多人担心，鱼会咬不到钩的。其实不然，鱼通常会攻击猎物的头部，所以命中率不会太低的。

操控方法：阴天，晚上、早上和黄昏还有鱼儿活跃时，可用亮色如白、粉红和黄色等都可，相反可用暗色如棕色、黑色、深绿色等。还有其他颜色，如透明里加入银粉，这些都很好用。Worm 除了勾尾外，还有扁尾、双尾和无尾，等等。长度也有很多种，由 4~5 英寸（1 英寸≈ 2.54 厘米）到 7~8 英寸都有，要因应对象鱼选购，太长的不好，正常的大概 5 英寸左右。Jig Head（铅头钩）或虫钩的大细要配合，但基本的条件是宁大莫细，而 Jig Head(铅头钩) 的重量则相反，宁轻莫重，太重做不到动作，Worm 便不够生动，不好。通常在几尺至十多尺的钓场用 1/32~1/16oz（“oz”译为“盎司”，1oz=28.35 克）的 Jig Head(铅头钩) 或 Sinker(虫钩) 就够了，流大可用大点 1/8oz。当 Worm 到海床后，轻轻地震动，慢慢地收回，但这种方法较易挂底。第二种是当 Worm 到海床后，一段段地收回来，这种拖法适合勾尾的 Worm。当震动和收回时，最好提高一点，这可较易被鱼发现和减低挂底的机会。

8.Grub(软饵)

Grub 是在 Soft Bait（软式路亚）之中应用最多的一种，其广泛的用途便是有效地攻击各个水层和目标鱼。

使用方法：投饵后，即开始收线，这时 Grub 的尾部呈左右摇摆状。此时，注意观察有否鱼咬钩的反应。若无反应，可加大动作，收线的距离长短交替，忽长忽短，以吸引鱼的注意力。

9.SPOON(汤匙)

传说是因为掉进湖中的汤匙被鱼紧紧咬住而发明的拟饵，有鲜亮的颜色，金属片反光，形状像鱼在游动（图 6）。

10.FROG(青蛙拟饵)

专为钓黑鱼设计的拟饵，中空的橡胶本体，可直接投入黑鱼经常栖息的水中（图 7）。

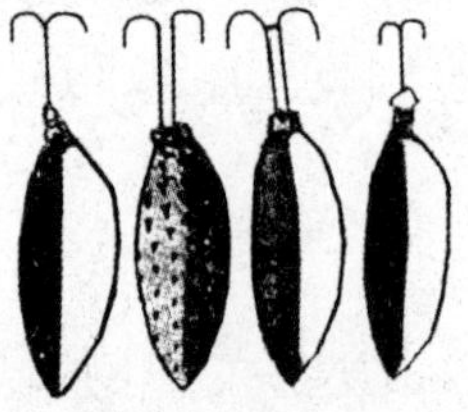

图 6　汤匙拟饵

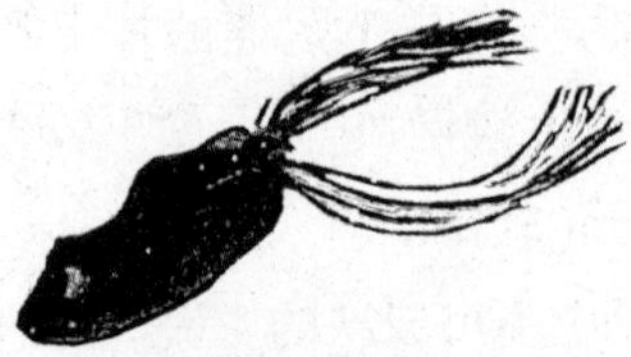

图 7　青蛙拟饵

11. 虾饵

虾饵钓为木材制作，模样像虾，可钓翘嘴鲌，也可钓鱿鱼类（图 8）。

图 8　虾饵

12.VIB(颤泳型)(图 9)

13.Buzzbait(嘈杂拟饵)

大大的翅膀会左右摇动划水，模仿水面昆虫挣扎（图 10）。

拉动钓线时，拟饵会在水面发生嘈杂的声音，从而引起鱼儿的兴趣去扑食拟饵。

图 9

图 10　嘈杂拟饵

14. 橡胶铅头钩

此种拟饵专攻底层鱼，颜色多为深色，通过钓者的操控，拟饵模仿小动物钻土觅食的动作。

15. 自由式拟饵(图 11)

头的两侧像两只翅膀，可以摇动滑水，若水中有风浪时，又像是一只小昆虫。

16. 铁板拟饵(图 12)

图 11 自由式拟饵

图 12 铁板拟饵

此饵多用于船钓，选用此种拟饵时，应考虑所钓的水深、流速，而用不同重量的拟饵，二者成正比关系。在海岸边和淡水中，也可以使用铁板饵。

17. 得州钓组

得州钓组，是由得克萨斯的传统钓法衍生而来的路亚钓组，现在已被广大的路亚钓手们认可和熟知，使用的人也越来越多。

得州钓组的组合较为简洁、快速：子弹型坠子，坠子有不同的材质制作，如铅头、钨钢、铜等。加上曲柄钩，再配上软胶制作的饵。

得州钓组的另一个显著特点是可以任意搭配组合，如铅坠，可以用无铅坠，也可以配 50 克以上的子弹型铅坠。至于如何搭配，主要的依据是钓场的情况，如水草的茂盛与稀疏，当时的光线的明暗状况，可以随意调整拟饵的颜色、尺寸、轻重。在遇到不同的垂钓环境时，也可以调配不同的钓组。如在泥底、砂石底、水草区、多岩石区都可随意调配出不同的适合客观环境的钓组。

得州是一种软饵。这种饵的特点是重心稳定，泳姿自然，适应范围广泛。尤其适合在水中多障碍物(如树枝、烂泥)的水域使用。对风的阻力较小，可以远投。

得州拟饵有虫型、蛆型、桨型、虾型、叉尾型等。

现在各种拟饵品种有上千种之多，钓者可根据自己的使用习惯和所钓的不同的对象鱼，灵活选用。

拟饵还有硬饵、软饵之分。

硬饵多以金属材料和塑料制作。可在水的上层、中层、下层使用。

软饵多以软木、硅胶制作。因形体细长、柔软，所以叫软饵（图 13）。形状如各种小昆虫、蚯蚓、蛆、虾、泥鳅、卷尾蛆、面条虫、自进虾等（图 14）。软饵用于底栖性的鳜鱼、鲇鱼、黑鱼、青鱼、麻鱼。

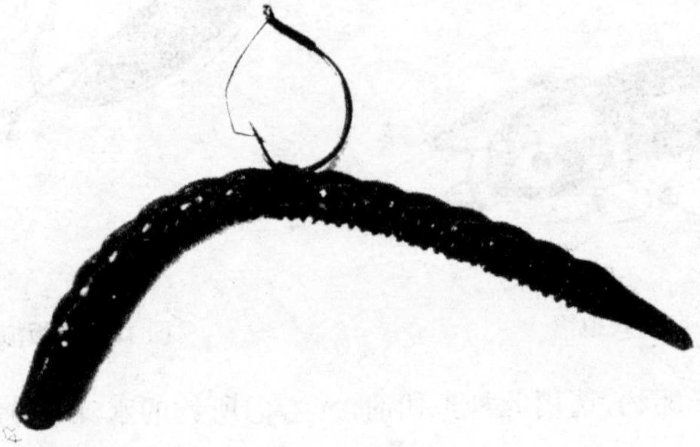

图 13　软饵

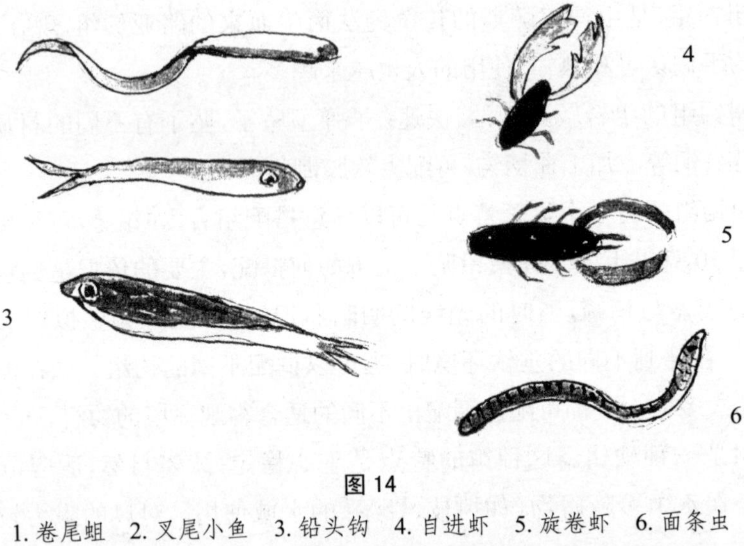

图 14

1. 卷尾蛆　2. 叉尾小鱼　3. 铅头钩　4. 自进虾　5. 旋卷虾　6. 面条虫

按用途可分为水面系列、水底系列及全泳层系列的多种拟饵。

水面系列的有螺旋桨、波扒、铅笔，也有一种全泳层的亮片。若想控制在哪个水层，就靠钓者的手法、收线的速度而区别。如收线快，亮片就在水的上层；如收线慢，亮片就在水的中层或下层。

舌板的长与短与拟饵所在的水层有着密切的关系。舌板长的拟饵可达到 4

米左右的水深；舌板短的拟饵可在水的1~1.5米的层面。

拟饵的颜色与施钓效果有着密切关系。

鱼类的视觉能力较差，所以选用路亚时一定要注重其颜色，而且应在不同的天气选用不同颜色的路亚。若是阴天，水色也较灰暗，此时应选用显眼的白色或粉红色的路亚；晴天用银白色或黄色的；水混浊时，选用黑色的或红色的。多数路亚钓者都喜欢用头部鲜红、身体银白色的，尤其在春夏之交非常好用。因为这个季节正是大多种鱼的繁殖交尾期，也正是鱼儿出现婚姻色的季节，鱼儿会把它当成同性去攻击它，也可能把它当成异性亲近它、追逐它，处在性萌动期的鱼非常亢奋，好动，对颜色非常敏感，攻击性也很强。

（五）路亚钳

路亚钳是必备的小工具，在更换锚钩时，必须使用路亚钳（图15）。

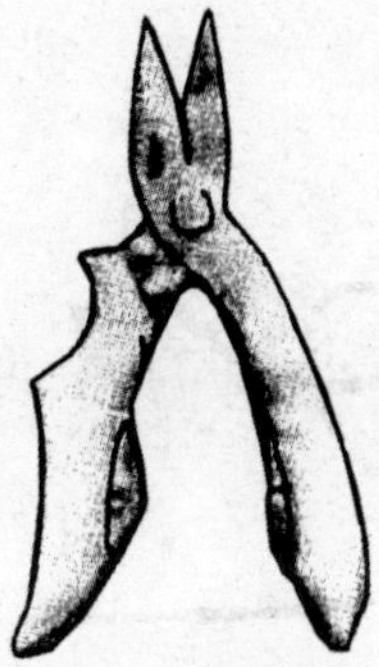

图15 路亚钳

更换锚钩时，易出现钩子伤手的状况。锚钩与线用小钢丝环连接，小钢丝环不易张开，锚钩的圆环也就套不进去。这时，可用锥子的尖刺入钢丝环，使之张口，锥子刺入越深，钢丝环张口就越大。这时，用路亚钳钳住开口处的钢丝，然后，将锚钩上的环进入钢丝的圆圈。这就避免了锚钩伤手，同时又能快捷地将锚钩与钢丝环连接起来。

（六）强力别针

强力别针与渔线联结在一起，针卡张开后卡住路亚环，以便根据钓情随时更换路亚。

强力别针与线的联结有多种方法，现介绍一种（图16，图17）。

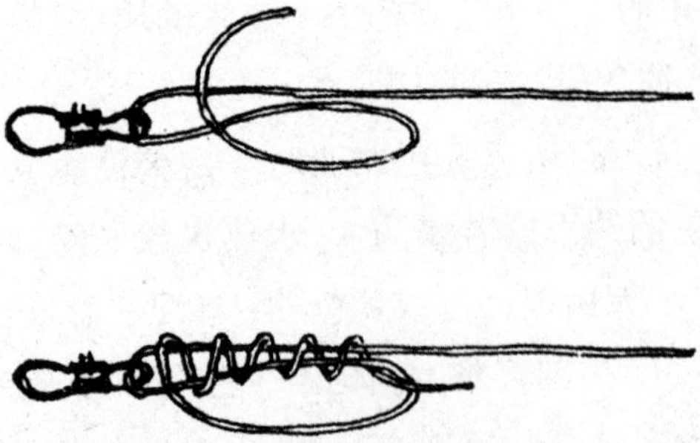

图 16　别针与线的联结法之一

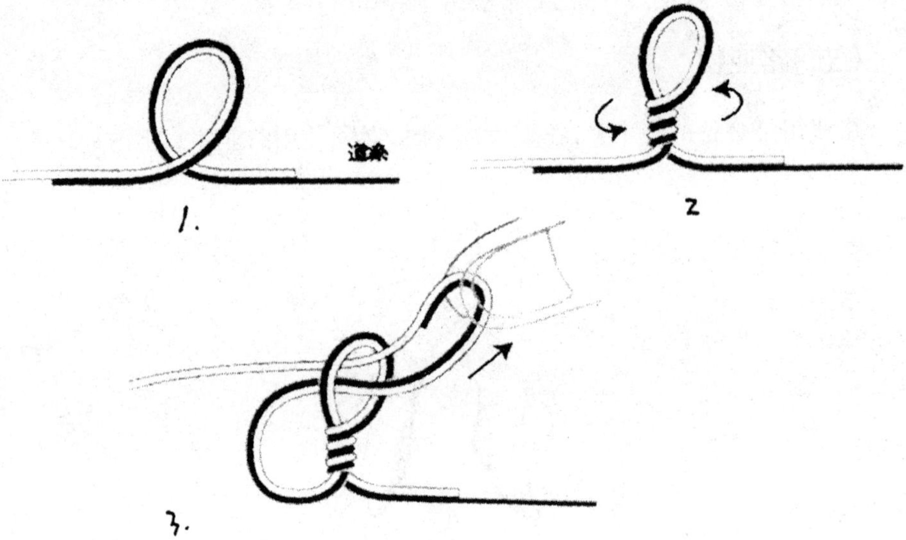

图 17　联结法之二

(七)路亚盒

一般渔具店都有路亚盒出售,它是用以盛放、保管路亚(图 18)。

(八)扎钩、抄网

因路亚钓获得多是大型鱼,鱼被拉到近岸处时,必须用扎钩扎住鱼后,或待鱼进入抄网后,再将鱼提上岸。有的钓友事先没准备好扎钩,或是抄网没装上把,一旦鱼中钩后,再去准备。这样的话,不但耽误了时间,甚至出现跑鱼,鱼脱钩的情况。所以一定要"未雨绸缪",把准备工作提前做好(图 19)。

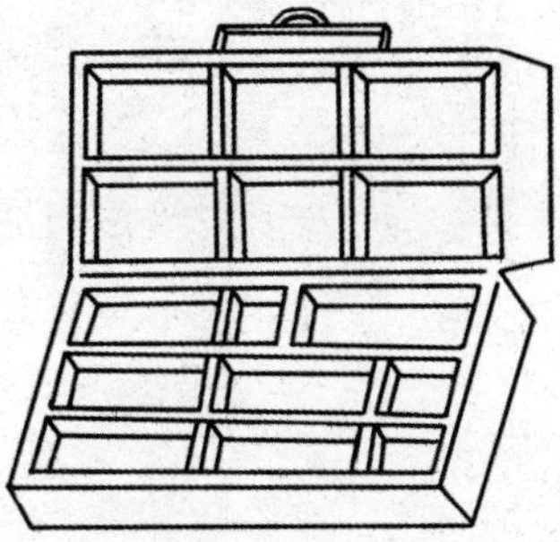

图 18 路亚盒

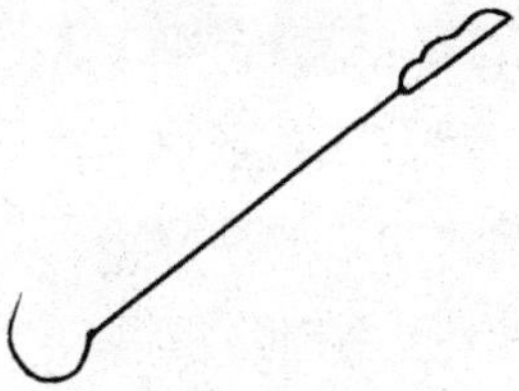

图 19 扎钩

(九)腰包

顾名思义,就是束在腰间的小包。因路亚钓不是固定在某一个钓位,而是走动较多,所以腰间应挂小皮包。小包内装路亚、路亚钳等备用小部件,以随需随取,同时方便。

(十)摘钩器

从鱼嘴中摘钩所用的一种必需小工具(图 20)。

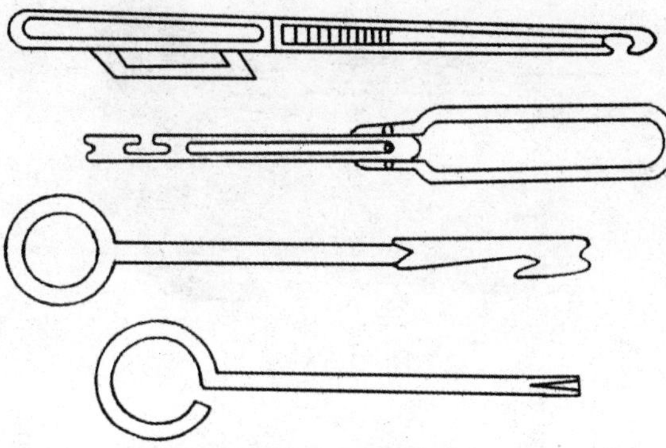

图 20 摘钩器

大抄网比小抄网好

抄网宜大不宜小。因为大抄网的圆口面积大,把也长,鱼容易进网,网也可以伸到水中的较远处,鱼没到岸边,抄网就可抄住鱼;而小抄网遇着了大鱼就不好使用。

鱼中钩的情况并不一定是几只钩全部挂住鱼嘴，有的钩仍然是空钩。若网口过小，空钩很可能挂住网口的网线，鱼头进不了网中。

圆形网口比三角形网口好。三角形网口比较轻便，但适应性没有圆口广泛。若钓小型鱼，三角形网口尚可适应；但若钓大鱼，只能用圆形网口了。所以，应选用圆形网口的抄网。

（三）抄大鱼上岸应提网口

若是不太大的鱼（如 2 千克以内），可直接将鱼抄上岸；若是超过 2 千克的鱼，鱼入抄网后不能抬网把，而应用手去抓抄网口的硬箍，然后提网口硬箍将鱼弄上岸。若用手抬网把，承重力都在网口与网把相接的颈部，若鱼过大，会造成断把，甚至跑鱼。

（十一）钓箱

钓箱是必需的重要钓具，主要用作装鱼轮、备用线、路亚及路亚钳、小配件（图 21）。

图 21　钓箱

（十二）鱼竿包

鱼竿包供装鱼竿用，其长度、样式及可容量均不相同。先买竿，后买包，包为竿用。许多鱼竿包有多种功能，既有可装竿的长包，也有装小配件的小包。买包先检查其制作的工艺水质，更重要的是检查拉练的灵敏度，应多拉几次，开拉自如，无艰涩感（图 22）。

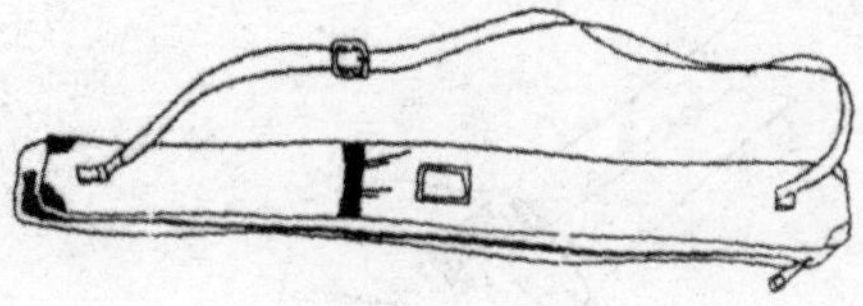

图 22　鱼竿包

（十三）清障工具

在野外钓鱼，水中会有水草过于密集无法下钩的现象，有时认定某片水域是最佳钓点，可水中偏偏有些乱树枝或杂草，这时就可以用随身准备的割草、清障用具来处理一下。常见的有锚钩、锚刀（图 23）。

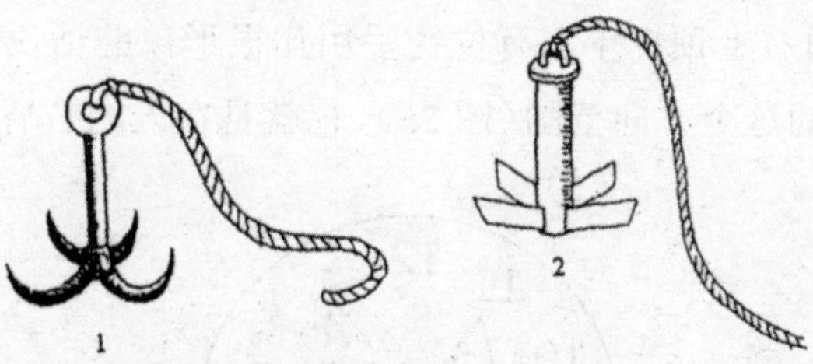

图 23　割草清障工具

1. 锚钩　2. 锚刀

另外，若钩子被水中的障碍物挂住了，也用锚钩或锚刀清理。

锚钩、锚刀可请铁匠师傅打制，然后，再用尼龙绳绑上就行了。

五、路亚的挥竿投钩方法

路亚的操作有独特的技巧，其技巧与使用手竿钓、海竿钓大相径庭。初学者最好先跟老路亚手一同出钓一段时间，以得到高人的“传、帮、带”，然后在实际操作中逐渐掌握其要领。这里是“纸上谈兵”介绍的几种方法供钓友们参阅。

由于路亚竿不长，不重，可以一只手挥竿投钩，多数人习惯用右手。手掌握住竿把，再检查线轮有否绞线现象，将拨线架扳到外侧，竿梢上的路亚离竿梢约 20 厘米左右，再检查各导线环中的线及竿梢上的线是否有绞缠现象。若这些情况都不存在，再调整好泄力旋钮，用无名指和中指夹住轮脚杆，食指钩住线，便可以投钩了（图 24）。

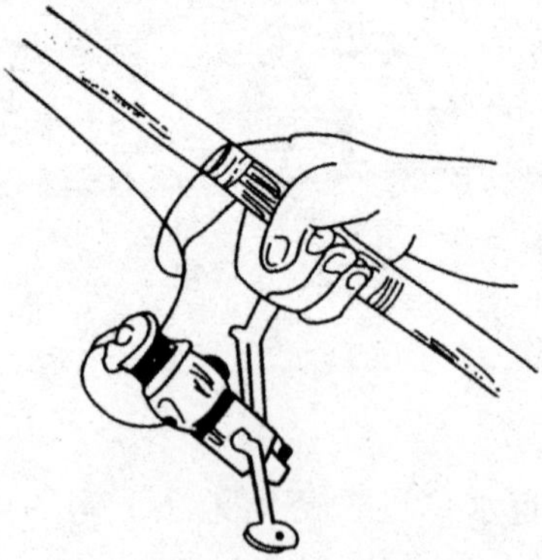

图 24　线和轮的控制方法

挥竿时，常用的有两种方法。

一是从头部的右上顶挥竿。有位钓手用句很形象的话说，竿尖的位置就是时针 4 时至 11 时的这个方向范围（图 25），也就是在人的右肩的斜上方。

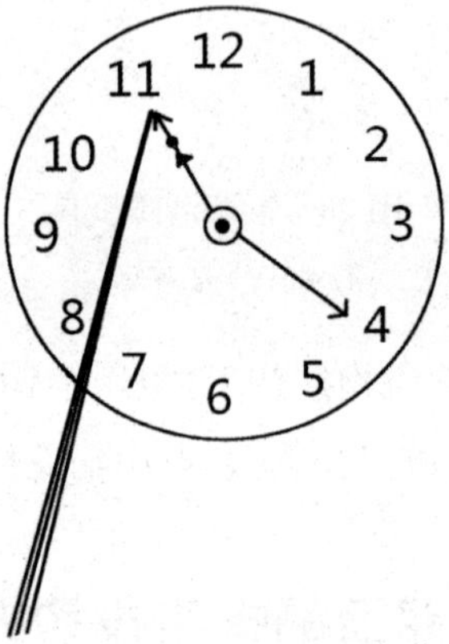

图 25　竿梢的大致位置

第二种方法是侧投。多数人习惯从右侧投竿。竿梢大约与右肩齐，然后往钓点挥钩。挥钩后，压低竿梢，竿子的状态是前低后高。

六、路亚的操控技巧

由于路亚种类很多，又由于水层分上、中、下不同的层次，所以使用路亚也有多种手法和技巧。

（一）搅动及静止

此种技巧是搅动和静止变换运用。其操作程序：①鱼竿竿尖略微下垂，摇动鱼轮手柄 2~4 圈后停下来；②停下来的静止时间约 4~5 秒左右；③再次摇动手柄 2~4 圈，然后停下来；④再静止 4~5 秒钟，看可否吸引到鱼儿攻击。然后，再轮番摇柄或静止，动作中加以抽动最好。

（二）单纯地摇动鱼轮柄

这是路亚钓的最基本的操作方法。路亚沉入水中后慢慢摇动鱼轮柄收线，使路亚始终像小鱼在慢慢游动。其技巧在摇柄收线的速度。其速度的快慢主要依据当时的环境和鱼性。

（三）犬步

这是操作铅笔型路亚的基本技巧，路亚的颈部会做出左右摆动的动作，因此被称为“DogWalking”。模仿弱小的小鱼在水面跃动的状态。有时候连续的“DogWalking”会较为有效，有时则活动后稍微静止会比较有效。操作的程序：①以竿尖扯动渔线为主，利用手腕轻轻向上转动鱼竿，即是由左转至右或右转至左；②连续进行“DogWalking”时，应重复地打圈；③转动二三次后跟着，把升高后的鱼竿返回原位时，应迅速卷收松弛的鱼丝。重复以上动作。

（四）搐动

利用软虫汲头钩时，以活跃于水底的鱼儿为目标，软虫沉到水底时，为了使它跳动而上下移动鱼竿，摇动鱼轮柄。其技巧：①用竿尖感觉软虫和汲头钩的重量，一边上下搐动鱼竿；②摇动轮柄，令软虫有蹦蹦跳跳的引诱状。

（五）大动作扯动

使用小鱼型的路亚，在抛竿后大动作扯动鱼竿。①抛线后，大动作向上扬鱼竿，牵动路亚；②垂下鱼竿，卷用松弛的渔线，然后再次扬起鱼竿。鱼上钩的机会就在于上下移动的渔线。

(六)各种泳层的路亚操作技巧

1. 浮水(上层)型

波扒、铅笔、胖子摇摆等：手法以抽为主，胖子可以均速加抽动回收。可以全水域使用，在能听到大鱼攻击小鱼发出声音的地方，效果最为明显，主攻翘嘴；最佳的使用时间是黄昏到夜晚。

2. 中层型

米诺(包括好几种深度)：根据购买时标注的深浅度来选择(不同深浅的最好都配备一个)，到了路亚水域后，可以反复更换不同深浅的米诺，来找到鱼活动的泳层：采用匀速收线或者匀速收线一两圈后停顿一下加以抽动(反复)，总之，尽量让你的米诺表现出受伤小鱼游动的姿态；主攻翘嘴、鳜鱼；最佳使用时间是全天候。

3. 底层型

长舌板、VIB、各类软虫。长舌板操作手法同上；VIB 和软虫的操作除以上所述外，还要求以慢为好，竿尖上挑抖动，间隔停上 2~3 秒，使饵在水底呈现跳动的姿态；主攻鳜鱼、翘嘴、鲶鱼，幸运者可能还会钓到鲤鱼；最佳使用时间：长舌板、VIB 全天候，软虫白天。

4. 全泳层型

斜切亮片、勺型亮片、旋转亮片等；通过收线的速度来控制泳层，快在上、慢在下；匀速加以抽动均可；主攻红销、驼腰、翘嘴；最佳使用时间白天。

(七)各种手法介绍

操作路亚有多种手法，有位钓友介绍了以下五种手法。

1. 抽

“抽”的操纵手法，是钓者在收回拟饵的过程中，不时以或大或小的力道来抽动竿尖。此时，水中的拟饵受大、小不等的外力牵引，会在水中呈上、下不正常的跳动，看起来极像一尾痉挛的鱼儿。大鱼只要一见到这种可乘之机，就会一下冲过来张口就咬。

2. 摆

其操纵手法是钓手在收回拟饵的过程中，左、右不时地摆动竿尖，水中的拟饵呈小幅度忽左、右地摆荡，极像一尾受伤的小鱼，正在逃避大鱼的捕猎。因此，很容易激起大鱼的攻击意愿。

3. 旋

其操作手法是钓手不时以竿尖画出大、小不同的圆形，以此牵引的力道与方向使在水中运动的拟饵也跟着作出“特技”上、下旋转，这种动作形如一尾垂死的鱼儿，大鱼看见了，没有不赶上来吞食的道理，使用此法必须注意勿使母线纠缠竿尖。

4. 快

“快”的操纵手法，顾名思义是快速收回拟饵之意。针对某些只有高速泳力的对象鱼，如参、鲔、鲣、春、鲔鱼等而言，假如拟饵没有用高速来引诱，是无法激发它的捕食意愿的。对这些鱼越是高速度移动的拟饵，越能激发它们的活性。

5. 慢

“慢”字的操纵手法与上述恰恰相反，因为不同的对象鱼，有着不同的习性。有些鱼移动速度极快，而有些却不然，如鳢鱼，这类型的鱼儿多靠拟态或是“伪装”来捕食。它们没有太快的驰泳能力，要钓这两种鱼只得以慢的速度来牵引拟饵。最适合的速度约每秒钟转动卷线器手把半圈到一圈之间，这样的速度方能配合鱼儿的泳力。这是钓友必须掌握的重要一环。

七、怎样选钓点、钓位

路亚钓点的选择应根据所钓的对象鱼的生活习性而灵活掌握。钓场多是水库湖泊等面积较大的水域。因为这些水域水面宽阔，适宜于大型鱼、凶猛的鱼的生活。

鱼的活动受气温的影响很大。钓鱼经中有这样一句话：“春钓边，夏钓潭，秋钓阴，冬钓阳”，这句话同样适用于路亚钓。

春天，靠近岸边的浅滩水温回升较快，而且岸边已经长出嫩嫩的水生植物，水生植物上又常常有小昆虫，这些嫩芽、小昆虫是鱼的食料，所以春天鱼多在近岸处觅食，这时钓鱼自然应钓浅滩。

钓浅滩时，选钓点也是有技巧的。路亚钓不是打窝定点钓，而是水中的路亚在运动。运动中的路亚有的像活蹦乱跳的小青蛙，有的像惊慌窜逃的小鱼，有的像病秧秧的小昆虫，它们都在活动，以逗引鱼上钩。在图 26 中，靠近一边堤岸的水中长有水草，若用手竿钓，钓点自然应首选岸的前方，人站在近岸，钓点在草的前方（图 26A）。用路亚钓，有两种选点法，一是人站在近岸，往水的中央部分投钩（图 26B），然后向岸边收线。第二种选点法是人站在左边岸或右边的横头（图 26C），路亚沿水草边运动（图 26D）。这两种选点法虽然都可以钓到鱼，但作者认为以第二种选点法最好。因为，路亚沿水草边运动，水草边多是有鱼的地方。第一种方法路亚是在水的中央，中央部分鱼的聚集密度远远没近水草的岸边密度高。

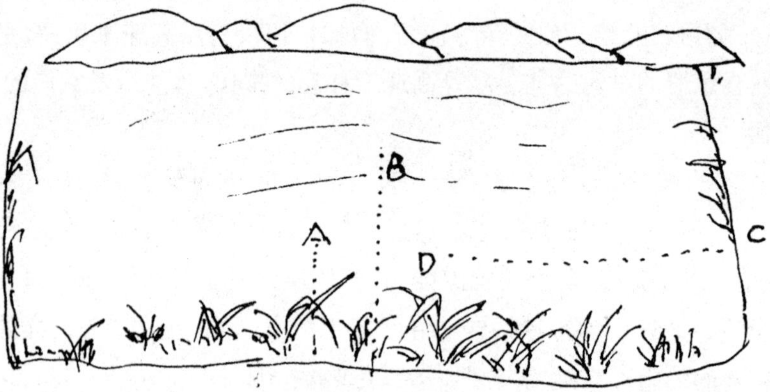

图 26　路亚选点法

A. 手竿钓点　B. 路亚选点法之一　C. 人站在右岸　D. 路亚沿岸边运动

夏天，水温随气温逐渐升高，浅滩处水温更高，鱼也不适应这么高的水温，所以就游到水库、湖泊的深水区。这时，钓点自然应选在“潭”中或离岸边较远的宽阔水域。若能了解水的中央是老河道、深坑，或者从前是宅基地、庄稼地，现在已被水淹，这些地方应是首选的好钓点。这时就应甩长线。

秋季，水边的青草、芦苇已老化，鱼吃不动了，但是岸边若有水稻田、菜地，或长有果树、大树，这样的近岸处也是好钓点。鱼会游到有庄稼地的水边寻觅被风吹进水中的稻粒、蔬菜的花朵、虫子，果树上落入水中的果子，以及树上落入水中的小昆虫、鸟粪等。

冬季，水温降到最低，鱼多在深水区的水底中栖息，甚至卧入泥底。这时钓鱼自然应钓深水区，如水库湖泊的下游、靠近坝埂的水区。

路亚钓可以船钓。船钓选择钓点的灵活性大，哪里有鱼哪里钓。多数路亚钓者是在岸上钓，选钓点的余地没有船钓那么宽阔。

作者根据钓鱼实践，总结出了一个易懂易记的独特的选点法——横切选点法。这是在有风浪、有流水时使用的一种选点法，被周围的钓友们很认可。这是根据鱼的生活习性和觅食特征总结出的。

若水中有风有浪时，鱼在觅食时有两种姿态，一是追逐觅食，一是逆向觅食。追逐觅食是肉食性鱼和性格凶猛的鱼的一种觅食方式，如翘嘴鲌、鳜鱼、鲈鱼；逆向觅食是与追逐觅食法相反的一种觅食方式，就是鱼张着嘴对着逆向而来的水流，因水流中夹带着一些漂浮物、藻类、小昆虫或小软体动物，这时，鱼就不费气力地将流水喝入口中，水中的食料留在口中，流水从鳃中滤出。无论是顺水、顺风或是逆水逆风，鱼在水中的觅食状态如图 27 所示。这时如何选点呢？顺着风向、逆风也可以施钓，这时人站在风尾或风头，路亚在水中的运动轨迹与风向、水浪是一致的，路亚涉及的有鱼的范围是线条状，只有少数鱼成为路亚的对象鱼（图 27A）。这时若改换钓者的钓位，站在有风浪的侧岸（南岸或北岸），那么，路亚运行的轨迹是横切风浪的，涉及的觅食的鱼就多得多（图 27B），垂钓效果自然明显好于顺风或逆风了。

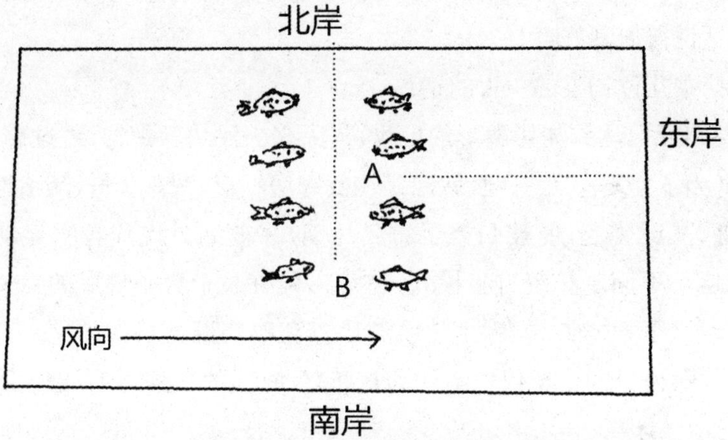

图 27　横切选点法

八、路亚人应具备的精神和理念

路亚是一种正蓬勃兴起的时兴钓鱼技法，尤其是年轻人，越来越多的人喜爱并参与了这种钓鱼活动。但是玩路亚得有一个思想准备，那就是不能把目标定在鱼获得多少这个基点上。这是因为路亚钓获得鱼种在国内充其量也就二十多种，尤其是在内陆的淡水中也就是十多种，而绝大多数人都生活在内陆，以钓淡水为主，就是以淡水鱼为主攻的对象鱼。

那么，为什么要玩路亚呢？这是摘抄我的一位朋友穆松的一段话：

路亚要有一个好的心态，我今晚冒雨又去玩路亚了，我是明知是“空军”，但还要当下去，只为运动，只为中鱼的瞬间快感，只为休闲，只为释放工作带来的压力；你们为了什么呢？众人可以算笔账，出行路亚的油费、船费、吃饭的费用，远的还有过路费，一次路亚所产生的费用可以买多少斤鱼啊，要是为鱼而路亚的话，那还是到市场买比较合算啊！当然，今年“空军”的概率比较多的原因很多，最大的就是放水的因素；还有就是在钓点的选择上，路亚真正需要掌握的技术就是因地而异的各个水库的看位、风向、气压等因素，至于操作手法那是大差不差，地球人都知道了；比如南湾水库东风鱼口活跃、石山口水库南风鱼口活跃（比喻的啊，这个别参考），这个就靠你去的多了才能实践出来的等等。

总之，就像户外运动、驴友、自行车运动一样，希望大家把路亚当成一项休闲的运动为好，而不要寄托渔获的丰收于路亚上。

这段话说得何其好啊！

我再摘录几位钓友的中肯的话：

“我与路亚已达到如影随形的地步，每天必去江边解解馋，过过瘾。有时虽然打了龟（当了“空军”），打龟，就像是在健身房塑形，锻炼体格，陶冶性情吧！”

“路亚，从诞生起，便被归类于狩猎运动，并被纳为现代狩猎运动的一种。现代狩猎运动不同于传统狩猎模式，它是一种有益于身心健康的户外运动，狩猎的目的发生了根本性转变，由传统狩猎以获取资源为目的，转变为以娱乐消遣和标本收藏为目的。现代狩猎运动是新兴、时尚的户外运动，旨在陶冶情操、锻炼意志、增强体质、娱乐消遣。”

“任何一次出外玩路亚，不仅是因鱼获所带来的喜悦，同时在身心上也将得到相当的裨益，唯有如此，才能使得每次的外出钓游都是种生活的美好享受。”

“要以文明的精神对待路亚，将钓鱼活动的意涵向上提升到另一个境界。只有如此，在垂钓过程中对钓手来说，猎取已不再是那么的重要了，否则，那将会错失掉整个垂钓过程中最具有价值的部分。”

“路亚活动是有能够让人进入自我境界的智慧。在国外高层社会里，许多人游走于人烟罕至的山林原野里钓游，他们跋山涉水、风餐露宿的目的，并不是要钓很大的鱼或所谓什么稀奇古怪的好鱼，而是在纵情于山水之间享受快意野放，让人返璞归真，回复自然，继而物我两忘……”

对于初步涉及玩路亚活动的新手来说，要有一定的思想准备，既不能认为学会路亚是高不可攀的，但也别以为在某一个早晨或几天之内就能娴熟地掌握路亚的技巧要领，这中间得有相当长的历练过程，这个过程少则一年，多则二年甚至更长的时间，更不能把获鱼的多少当作唯一的收获。玩路亚就在一个“玩”字，像参加许多休闲娱乐活动一样，是没有物质回报的，如听音乐会、观赏戏剧、电影，远足、爬山、漂流、旅游，其收获的是心灵的慰藉、精神的放松。

穆松先生玩路亚已有多年，他不但在本地玩，而且玩到深圳、珠海、上海、杭州，为玩花掉的钱足够买一辆好车，如今他是作者所在城市玩路亚的领军级人物，这里不妨介绍他写的《玩路亚的必经之路》，也许对读者朋友会有启发。

玩路亚的必经之路。

(1)羡慕：首先自己是个钓鱼爱好者，有那么千分之一的机会泡渔具店时或者上网时，了解到路亚钓法，看着他们没事拿着个 DV 拍来拍去，拍那些用“假鱼”所“勾引”上来的鲈鱼，好是羡慕，心里想要是我也有机会，或许能比这些高手钓的更好、更多、更大、更美。

(2)搜索：到处看杂志，网上看资料，论坛问高手，究竟哪种适合自己，关键还是钱跟对象鱼的的问题，我很负责地告诉大家，千万别听信网上那些自称高手的话，中国淡鱼类属路亚对象鱼的没多少种，四大家鱼只有偶然的机会被请上来！据我了解，南方地区目前属路亚对象淡水鱼的种类有：鳜、翘嘴、黑鱼、红尾、马口、鳡等少数几种肉食性、掠食性鱼类。当然还有淡化的鲈鱼、罗非等。

(3)了解：最好先了解一下什么是路亚玩法、路亚的种类、重量，还有杆、轮、线、饵的搭配及重量，还得想好能承受的价位，然后有机会多去渔具店试用，或找朋友借用，看看自己适合直柄还是枪柄，是习惯左手还是右手。当然买的时候的兴奋心情溢于言表，既然想有不一样的玩法，首推的还是水滴或鼓轮配枪柄。

(4)入门：新买的会碰到很多个问题，这就是实际操作。水滴的使用，抛投的距离等等，这就需要有一定的时间实践去积累。这个时期的代名词为“炒粉”，加上好东西总是舍不得放下的，慢慢会感觉玩路亚也不见得有“高手”们所说的那么轻松。试想一下，抡个海竿你能抛多久？据我所知，玩路亚的钓友一次出钓大约有 3000 次抛投，还有“千年等一肥”的中鱼率，我只能说：“同志，千万别灰心。”

(5)进步：这时候，路亚玩得属于入门级了，尽管水平不咋样，火气倒不小。在论坛里，看到别人说你的东西如何不好，如何有问题，就大吵特吵……好像个卫道士。当然，这也是个学习的过程，哥们，别只认识一个米诺，就以为了解了全部。

(6)学习：过了一段时间（长短因人而异），当初的兴奋劲也过去了不少，抛投的次数也慢慢少了，开始认真看看别人是如何用更好的饵钓鱼的了，并试着开始买各种更高档次、更多种类的拟饵了，每次买一大堆假鱼回来都会让同事们投来异样的目光。还有那些高人们都推荐的经典影视教材，这时候的耐心是最好的，找钓点、找对象鱼、学着绑线结，搞懂了什么情况能用前导，什么情况前导是个祸害，反正能够有路亚学习的机会，一定会去。这时候慢慢手中的武器开始不够用了，也许还会伴随痛并快乐的事情发生。切记，断竿是少不了啦！

(7)不满：又过了一段时间，自己的水平也有所长进，你会发现你的武器远远不能满足你的需求，比如竿的强度、轮的顺畅及抛投性能、嫌弃路亚游得不够“挑逗”等等。

(8)升级：这时候二手区是自己最爱，因为自己对路亚装备多少也有一定的了解，总想处理掉自己手中不称手的，加上瞒着“领导”藏了点私房线，就想换个高端点的来玩玩，脑子一门心思都是这个。

(9)失望：当你花了很多心力，攒了很多钱，换了个较为高档的竿轮，在使用了一段时间后，忽然觉得也不过如此，花这么多钱真不值得，难道非要上 dc 之类的？这时候你有两个选择“选或不选”，相信中毒很深的还是选择了，恭喜，你永远也下不来了。

(10)选择：这时候网站是你发烧的必经之路，网站上高手太多了，他们会指导买什么，不过通常都是七嘴八舌，结果很可能还是要你靠坚强的意志来决定买什么，因为实在是太难选了，我都想要。

(11)岔路：不管买 dc7LV 还是 steez，起初都会经历一个过渡期，使用起来的效果甚至不如你之前处理掉的装备，不过之后是发烧一条不归路……或许你还会去烧大把的“羊”来定制专用的轮，这时候就是有钱没钱的问题了。

(12)觉悟：不管这条不归路走到底还是没走到底，迟早有一天你会觉悟，路亚不过是玩物，除非你有专业用途，这时你会发现你家里有了很多台渔轮，很多条路亚杆，路亚杆架、一间专用房间、跟行李箱一样大小的路亚箱，数也数不清的高档路亚一大堆，三个尖的钩子，外带小圈圈、pe 线一打，就连路亚钩套和连接环都价值不菲，你会很后悔自己以前的所作所为，真不知道自己以前哪来那么多钱买！接着又是一个岔路，卖了所有东西，或者就是一路走下去……究竟哪条路是你最终的选择，我就不得而知了……

九、常用计量单位换算表

在购买钓具或查阅资料时，常常会遇到不同的计量数字，在各种介绍路亚钓鱼的文章里，有许多是国外的计量单位，若换算成国内的常用计量单位很费时，有时甚至弄不明白。这里有一份常用计量单位换算表，查起来十分便捷。

一英寸（in）≈ 2. 54 cm

一英尺（ft）≈ 30. 48 cm

一码（yd）≈ 91. 44 cm

一盎司（oz）≈ 28. 35 g

一磅（Lb）≈ 453. 59 g

（oz=ounce= 盎司）

3/4oz ≈ 21 g

5/8oz ≈ 18 g

1/2oz ≈ 14 g

3/8oz ≈ 11 g

1/4oz ≈ 7 g

1/8oz ≈ 3. 5 g

1/16oz ≈ 1. 8 g

1/32oz ≈ 0.9 g

5 英尺≈ 152 cm

5. 5 英尺≈ 168 cm

6 英尺≈ 183 cm

6. 5 英尺≈ 198 cm

7 英尺≈ 213 cm

7. 5 英尺≈ 229 cm

8 英尺≈ 244 cm

第二章

路亚常钓的对象鱼

路亚钓主攻的对象鱼是以动物类肉食性的鱼，而且多是些性格凶猛、吃食方式为捕式的鱼。路亚钓多用于海水钓，可钓海水中的金目鲈、七星鲈、尖梭、青旗、白腹、白带等鱼种。在淡水中可钓翘嘴鲌、鳜鱼、黑鱼、鲇鱼。这里对翘嘴鲌、鳡鱼、鳜鱼、青鱼、黑鱼、鲈鱼等常见淡水、海水鱼做一介绍。

一、翘嘴鲌

（一）生活习性

翘嘴鲌也叫白鱼、大白鲢、翘嘴鲢等，最大个体可长到20千克。

翘嘴鲌在我国分布较广，大中型水库和湖泊都有翘嘴鲌。翘嘴鲌属凶猛的肉食性鱼类。食欲旺盛，无论是在高气温或是在低气温的季节里都觅食。当翘嘴鲌身体长到20厘米时，就以小鱼为主要食物来源。翘嘴鲌多生活于水的中上层，游动迅速，有“日行千里，夜行八百”的说法。4~9月为索饵旺盛期。翘嘴鲌喜风喜浪，有追风逐浪的习性。每天早晨和傍晚有阳光照射水面时尤为活跃。翘嘴鲌还喜群游。夜间也游动觅食（图28）。

图28　翘嘴鲌

翘嘴鲌游动迅速，见到水面漂浮的小昆虫、浮游物质便追上去捕食，在有风有浪，早晨和傍晚有阳光照射到水面时，尤为活跃，而且是成群的“集体行动”。早晨7~8时和傍晚4~6时，是钓翘嘴鲌的两个“黄金”时间。翘嘴鲌多生活在河湾、湖湾、库汊等亮水区水草多、昆虫多的水域中、上层，也常在人们洗菜、淘米的水域及靠近菜园、打谷场的水域。翘嘴鲌适温能力相当强，能在低水温（5 ℃左右）及高气温（36 ℃）的条件下生活，而且很活跃。

翘嘴鲌的视觉和嗅觉都十分灵敏，十分贪食。在初春季节，翘嘴鲌多在深水区生活，当气温不断回升后，便游向浅水区。进入初夏，水温达到18 ℃以上时，翘嘴鲌更为活跃，而且进入产卵期，这时为了排卵，常常在沟湾有水草、树丛等障碍物多的水域借助这些障碍物排卵。到了晚秋，是翘嘴鲌扑食的又一个高峰期，食欲特别旺盛，这时也正是钓翘嘴鲌的又一个黄金时期。

翘嘴鲌以动物类的食物为主，如泥鳅、河虾、蚯蚓、小虫、蚂蚱、蜻蜓等。翘嘴鲌吃食方式为攻击性的扑食，一旦发现目标会迅速游上前去，自下而上一口咬住猎物。

由于翘嘴鲌有追风逐浪的习惯，钓点应选在水面宽阔有风浪的水区。春季可选在水库、湖泊的上游水面较窄、水位较浅的水域，傍晚应选有晚霞映照的水域。水库的库汊、两河的交汇处、水流入口处、网箱附近，以及向水中突出的铧尖的前方，两山相夹的水湾都是好的钓点。

冬季水温较低时，翘嘴鲌食欲减退，藏在深水区的中下层，偶有进食，这时宜钓深水区，也就是水库、湖泊的腰部及靠近坝埂的下游水区。

（二）所用的拟饵

钓翘嘴鲌，用得最多、效果最好的拟饵当属亮片、波扒、VIB、米诺、软虫等为首选。

1. 亮片

亮片被认为是钓翘嘴鲌的王牌用饵。亮片有单钩、双钩、三本钩，还分单曲、双曲、勺子、加尾须等类型（亮片如图 29）。

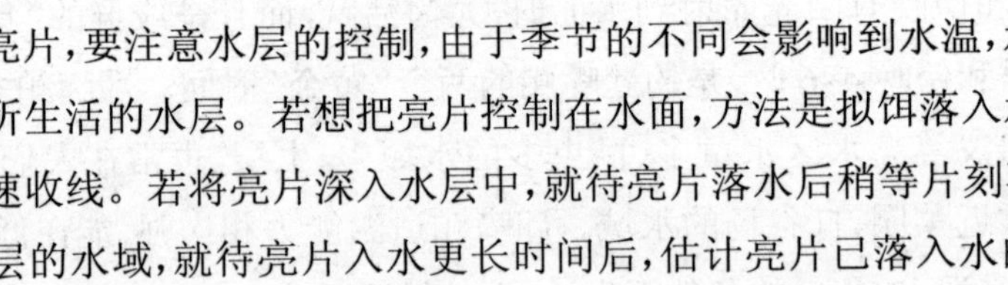

图 29　钓翘嘴鲌的亮片

使用亮片，要注意水层的控制，由于季节的不同会影响到水温，水温又关系到翘嘴鲌所生活的水层。若想把亮片控制在水面，方法是拟饵落入水中后就扬起竿梢快速收线。若将亮片深入水层中，就待亮片落水后稍等片刻再收线。若欲钓更深层的水域，就待亮片入水更长时间后，估计亮片已落入水的下层再收线。当然，欲钓深水层，亮片的重量应大些，沉底速度自然快一些。

清晨、傍晚，翘嘴鲌多生活在水的上层，稍浅的水湾，捕食欲强烈，这时亮片应控制在水的上层，运饵速度可略快一些，因为翘嘴鲌的游速也很快。中午或水温略低时，亮片可沉到水的中层或下层，抽线的速度可略微放慢，也可先沉入水底，然后往上收线，从底层往上搜索，时而略加停顿。

若感到钩上已经中鱼了，这时就将竿往正上方或斜上方扬起收线，动作要有力，意图使钩尖更牢固刺入鱼嘴。扬竿后，不要松线，要紧绷线，使竿成弯弓状，不给鱼以喘气吐钩的机会。若感到鱼很大，提竿有些吃力时，就要及时调松泄力器，准备让鱼咬线，然后开始遛鱼，直至鱼精疲力竭，方可慢慢将鱼溜到近岸处。溜鱼时，切勿急于求成，不能急躁。

2. 波扒

无论在水库、湖泊自然水域，或是在人工养鱼塘，使用波扒钓翘嘴鲌都有喜人的效果。竿子宜选用中硬调竿，不宜选用特硬或软调竿。波扒的型号有多种，可根据对象鱼的大小选用。怎么知道水中翘嘴鲌的大小呢？主要参考水面的大小。水面宽阔，其中的鱼自然大，反之则鱼小。也可依据以往曾经钓获的鱼的大小。在养殖水域，鱼的体长多在 70 厘米以下，这时可选用 5 厘米左右的波扒，在水库、江河可选用大一些的波扒。在水库钓，有时可发现翘嘴鲌的游动，水面出现一些波浪甚至水花，这时说明鱼十分活跃，所以抛饵后宜将线绷直，并伴一些抖动动作，或左右悬线，使拟饵似遭到大鱼的攻击后逃窜状。有时，也可以用手腕向下发力，造成水花飞溅，逗引鲌鱼捕食。

在养殖水区，鲌鱼很少像水库中那样活跃，所以拟饵入水后动作不宜过大，可用晃动加抖动、停顿等动作。收线时，速度也不宜过快。

3. 软虫

软虫宜在气温较低的早春、晚秋、冬季使用。可选用的软饵很多，如得州、卷尾蛆、面条、虾型、蜥蜴等。

气温低时，鱼的食欲锐减，游动范围不大。拟饵宜深入水中下层，而且宜用小型饵。若天气晴朗，水温回升，鱼也会到水的中上层觅食，这时就要把拟饵投到鱼所在的水层。拟饵的颜色可根据天气、水的明亮度以做灵活调整，有选择性地更换不同颜色。

4.VIB（图 30）

VIB 是一种震动型拟饵，它的特点是下沉速度快，拖动时，可左右摆动，体内的许多小珠子可发出声音，以此诱鱼。若拖动得快，发出的声音则大，在水面、水的下层均可听到，由于分量较重，可以远投，远距离钓鱼，对鱼有极强的吸引力，而且，外部是半透明的有织纹的饵体，会产生极具诱惑力的闪光效果。使用时，将 VIB 投到预设的水层，然后收线搜索拖钓。此钩坚挺，耐抗力强，可抗击较小的障碍物。

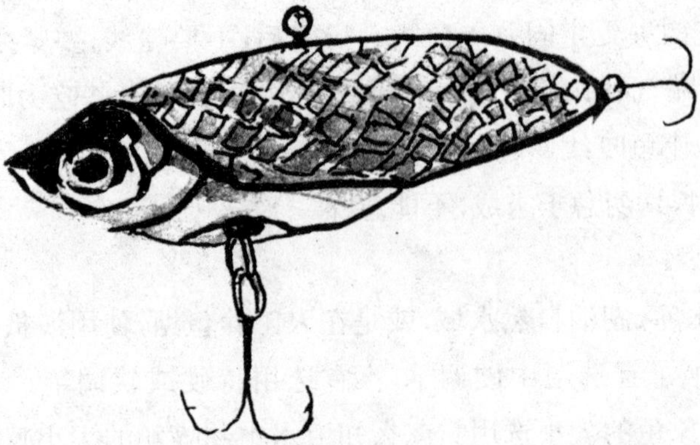

图 30　VIB(震动型)

二、马口鱼

马口鱼俗称马口、快鱼、跑鱼、大口兰刀、大口扒等(图 31)。

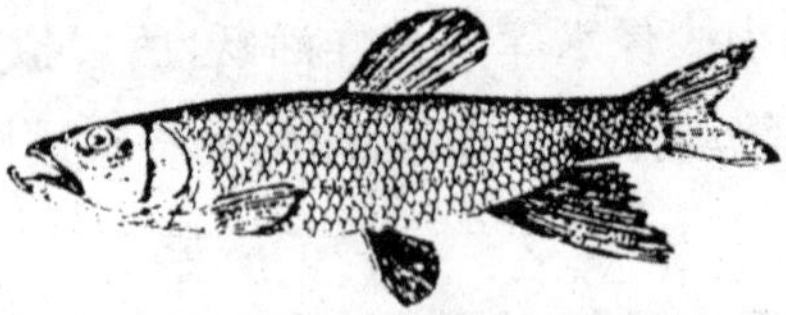

图 31　南方马口鱼

马口鱼头尖口大,全身银白色,属小型鱼,大马口鱼体长也只有四十多厘米。

马口鱼属自然繁殖的野生鱼,肉质细嫩,口感好,很受人们的喜爱。

马口鱼在我国分布很广,从东北的松花江、嫩江到黄河干流的中下游及珠江水系均有马口鱼。云南、贵州、广西等地境内也有马口鱼。苏州、杭州的湖泊中也有马口鱼。

(一)生活习性

马口鱼多生活在水的中上层,生活在江河、湖泊、水库的大水面中,在山涧溪流,水流较急的浅滩、沙石底的小河沟或江河的支流也有马口鱼的踪影,在江河的深水区、静水区也有马口鱼。

马口鱼个体虽不大，但从幼鱼到成鱼生长速度迅速，第一年体长就可达 10 厘米左右，而且有很强的繁殖能力，生殖期多在气温较高的夏季，在流水中产卵。

马口鱼生性活泼、好动，且喜群聚群游，属有攻击性的小型鱼种。在晴朗的天气时，人们可以见到成群的马口鱼在水的上层游动觅食。在风雨天，马口鱼也会沉入水底。马口鱼属肉食性鱼类，以水中的小昆虫、小鱼、小虾为食料来源。若水中有人工放着的小鱼苗，马口鱼就会吞食这些小鱼苗，因此马口鱼被人们认为是一种有害的鱼。

（二）钓具的选用

选用路亚钓具的原则是根据马口这种鱼的体型及生活的水层，做到“有的放矢”。因为马口属小型鱼，对鱼竿的选用不必过分挑剔。作为业余普通钓手，买把 200~300 元的竿子就可以了，但竿子要坚挺，只有坚才能挺。挑竿子要注意竿子的材质，用碳素竿比玻璃钢竿好，轻便，竿体粗细匀称，光洁度好，要选择正规大厂家出品的。轮子选纺车轮，1000 型、2000 型均可，钓线用 0. 8~1 号尼龙线。

拟饵宜多选用几种，如水面系、悬浮系、水底系都应准备。到钓场后，根据当时的天气气温及水的深度，判断马口多在哪个水层生活，然后，据此考虑选用哪种拟饵。亮片是首选，以 1~5 克的为宜，选 1~2 只钩的亮片，避免钩多易挂草。轻分量的米诺，配直柄竿是最佳搭档。

（三）施钓要领

首先是选钓点。因为马口多在水的上层游弋，钓者可在岸上仔细观察，看哪片水面有马口的踪影。当然，出外钓鱼大多数情况不是单单为了钓某一种对象鱼，遇啥鱼钓啥鱼，有时也可能意外地钓到鳜鱼、鲈鱼。若在溪流、山涧中施钓，就应主钓马口鱼，因为马口鱼最适宜这些动水。江河的洄水湾，略浅的水滩也易钓获马口鱼。

马口鱼的视力、听力都很好，且游动迅速，所以钓者不宜穿鲜艳的服装，走动脚步宜轻，以免被马口鱼发觉，迅速逃窜。

操控方法：使路亚在水中有跳跃状，然后慢慢收线，再停顿，再收线。

若水流有一定的流速，宜快速收线。若在洄水湾、静水中宜慢收线，并加上抽动动作，以逗引马口扑食拟饵。

若天气阴沉，水色较暗，拟饵应选用亮片，亮片能反射光线。

钓马口鱼可用 2 磅碳线，这种线可以抛得远，中鱼后的传导性也很好。拟饵以亮片为首选，如 1. 7~2. 5 克金色小亮片钓马口鱼效果最好。操控手法视水域的不同而用不同手法。在水库钓马口鱼，待钩入水 1~2 秒再收线。若在溪流钓，拟饵入水后即收线。水库钓是慢收，溪流钓是快收，加上停、小抽、匀速收线等小动作。

由于马口鱼有群聚群游的习性，当人们在水面看到群游的马口鱼时，可追踪浮钓，就是将钩饵投到马口鱼游向的前方，等待马口鱼上钩。为了避免马口鱼发现钓鱼人，钓者不要穿颜色过于鲜亮的衣服。投钩的动作幅度要小，若是几人同钓，不宜大声喧哗。

三、黑鱼

黑鱼俗称乌鱼、乌鳢、火头、财鱼、乌棒等。它喜欢生活在水草茂盛的静水域，也常潜伏在草丛中。气温较低的早春和冬天，它生活在水的底层，气温较高的暮春和夏天常在水上层的草科中游弋觅食（图 32）。

图 32　黑鱼

（一）生活习性

黑鱼适应能力很强，即使池中水少或者是只有淤泥，它也可继续生活，不会死。

雌黑鱼一年可产卵两次，一次是在 5~7 月，一次是在秋后。产卵前，它们需要找一个舒适的“产房”。雌、雄黑鱼首先选择的是有草的环境，然后用身子把草推向四周，形成一个无草圆洞。圆洞有大有小，鱼大需要大的圆洞，大圆洞可能有洗脸盆那么大，鱼小造的鱼洞也小些。若洞内还有草，它们就用嘴将草咬断咬碎，人们就会发现圆洞的表面漂浮有草屑。钓鱼人把这样的草洞叫"青窝"。

黑鱼的受精卵表面有层黏液，呈黄色。若在草洞里看到水面有层淡黄色的黏状物，就说明此草洞里有黑鱼的受精卵。受精卵再经过一段时间，便成了小蝌蚪状的幼鱼，幼鱼呈淡黑色，钓鱼人把有小黑鱼的窝叫"黄窝"。幼鱼慢慢地长成成形的小鱼仔。一窝鱼仔数量较多。这时，鱼仔的"爸爸、妈妈"就形影不离地跟着鱼仔游动觅食，以保护自己的儿女，一旦发现异常情况，就带领儿女潜入深水中或草丛里，一旦发现有"敌人"袭击它们的儿女，它们就张开大嘴咬食"敌人"，捍卫儿女的安全。

黑鱼的另一个生活习性是喜安静，胆子也小。水边若有人在走动或在说话，黑鱼会立即潜入水中。

黑鱼还有一个生活特点就是不喜风浪，喜温暖的阳光。它们不怕热，常常浮在水的上层晒太阳。黑鱼能耐高温，可以在 40 ℃的水温中生活。

（二）钓点的选择

钓黑鱼首先要选定合适的气温和鱼窝。

选择无风浪的水域，有水草的水域。夏天 8 时以后至下午 6 时，都是钓黑鱼的最好时机。在合适的水域中寻找草洞，也就是找"青窝"。投下钩后，要不时地向上提线，如用青蛙做钓饵，应微露钩尖，钩从青蛙的肛门处穿进，钓饵入水后，青蛙应是头朝下，腿在后的形状。

青蛙入水后，钓者每隔几分钟就向上提线，扽竿梢，使青蛙做跳跃状。黑鱼以为青蛙来伤害它的儿女，便张开大口猛咬青蛙（图 33）。

上面介绍的方法也叫"找窝钓"。

另一种钓法叫"迎头钓"。若在水中见到大黑鱼，可将钓饵轻轻投到黑鱼头前方 20~30 厘米处，然后再挑逗，诱黑鱼去捕食钓饵。

第三种方法叫"找仔钓"。黑鱼的鱼仔是成群结队的集体行动，最容易发现，一旦发现了鱼仔群。便可断定鱼仔群的附近有大黑鱼，将钓饵投到鱼仔群游动的前方，大黑鱼也会从草丛中冲出捕食饵料。

鱼仔群通常是由"爸爸、妈妈"联合保护。若钓到了一条黑鱼，而且是雄鱼，雌鱼也可能继续上钩。这时钓者应有"仁慈心肠"，给鱼仔留下"妈妈"，否则小鱼仔就成了一群没"父母"保护的可怜的"孤儿"了。

图 33　用青蛙逗钓黑鱼

(三)路亚钓黑鱼的方法

钓具的选用:鱼竿可用稍长些的,长竿垂钓范围广,既可伸远,也可钓近,并且要用粗些的竿,手把也较长,可采用枪柄。其目的是提高耐拉力,加长的手把能让竿子在中鱼后有一个较好的承力点,提竿时不用费太大的气力。轮可用纺车轮,也可用水滴轮,水滴轮的刹车是装在主尺盘上,尺盘的尺寸越大,它的刹车片尺寸也越大,能提供更大的刹车力,也使轮子具有更大的绞力,一旦黑鱼挣扎时,有了较多的对抗和回旋的余地。

线可用 1. 5~2 号的 PE 线,PE 线拉力大,强度高,适合悬力钓法。

拟饵可用雷蛙、米诺、软虫、亮片、波扒,在钓鱼窝时,最好是用雷蛙。雷蛙是厂家专为钓黑鱼设计的。使用时,让雷蛙呈跳跃状,以逗引黑鱼去扑食雷蛙。

黑鱼的警觉性极高,钓黑鱼时,一定要保持钓场安静,不要有响动的声音。钓点离岸边尽量远一点,从另一侧往鱼窝移动钓饵,避免竿子的影子映在窝点。拟饵入水后,收线不要太快,等待黑鱼来扑食雷蛙。中鱼后,刹车要刹死,避免黑鱼往草丛中逃窜,然后迅速扬竿收线,不给黑鱼留喘息的机会。

无论用哪种拟饵,都应用“抽”“摆”法,拟饵入水后,即抽动竿头,此时拟饵受外力的牵引,会在水中呈上下跳动状。“摆”就是在抽的同时,向左或向右摆动竿尖,拟饵在水中呈小幅度的左右摆荡,很像一只小青蛙或小鱼去追捕黑鱼仔,这时旁边的老黑鱼为了保护自己的“儿女”便奋不顾身地去扑食来犯之“敌”。

四、青鱼

青鱼(图 34),南方人叫鲩鱼、青鲩、乌鲩、黑鲩,江淮一带称作螺蛳青。青鱼从东北到江南均可生活,但长江以南较多。青鱼的数量没有草鱼、鲢鱼多。青鱼成长速度快,个体大,在水库、湖泊中,出现几十千克重的青鱼不足为奇。

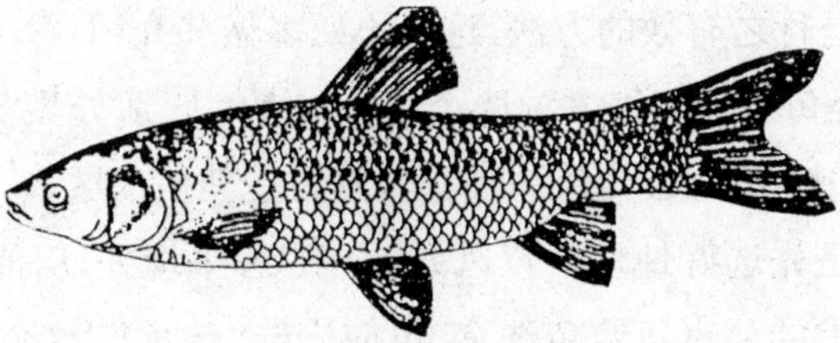

图 34 青鱼

(一)生活习性

青鱼属水底层生活的鱼类。通常不游到水的中、上层。青鱼生长速度快,当年孵化的鱼苗到年底就可长到 1000 克以上。性格没有草鱼活跃,但力量比草鱼大得多。人们若钓到大青鱼时,人与鱼的较量别有一番情趣,会留下长久的记忆。鱼在水中挣扎、窜游,人在岸上把着弯弓状的鱼竿,只见渔线忽地一下往左,又突然一下往右,有时人不得不随鱼在岸上奔走,这时钓友们在岸边助阵,待青鱼被钓鱼人遛得疲惫不堪,不得不随着渔线被拽到水边时,岸上的人们无不拍手雀跃,其情其景令人兴奋不已。在台湾,钓鱼爱好者尤其爱钓青鱼。其原因就是比钓鲫鱼、罗非鱼等小型鱼过瘾。

青鱼的食物特征:青鱼以水底层的软体动物为主要食物来源,尤其喜食螺蛳肉,所以青鱼又被人们叫做螺蛳青。青鱼也吃蚬、蚌、虾、蜻蜓幼虫、水虫等。在人工养鱼场中,青鱼自然以人工投放的颗粒性植物饵料为主。麸皮、糠粉、熟红薯、豆粉、米粒、青草也是青鱼的饵料,用熟红薯拌面钓青鱼是江淮一带人们常用的钓饵,而且效果非常好。

青鱼有牙齿,牙齿位于口腔的咽部,也叫咽齿。遇到螺蛳、蚌、蚬之类的有壳动物,它可以用咽齿咬碎硬壳,并将硬壳吐出吃壳内的肉。春、夏、秋季青鱼食欲旺盛,特别是秋天,青鱼特别贪食,在江淮流域,农村收割水稻的季节正是钓青鱼的"黄金时期"。

青鱼多生活在湖泊、水库、河湾等大水面的水域中。人工养鱼的小池塘青鱼较少,而且个头不大。因为蚌类、螺蛳类等多生长在自然的水域中,这些是青鱼的主食来源。

(二)钓青鱼的方法

1.做窝、养窝钓青鱼

造窝钓青鱼是行之有效的方法,这里不妨多做些介绍。

造窝,就是给鱼选个"食堂",选个"家",使鱼从别处聚集到窝里吃食、栖息,由于这里鱼的密度增大,钓鱼的收获自然大于其他水域。

人们建房总是先选好地址。背风处,向阳处,平坦处,房前无高山遮挡……都是建房人要考虑的要素。给鱼选窝,也应先选"地址",这个"地址"就是鱼经常出没的地方,并非水中的任何地方都可选窝,要考虑水的深浅、离岸的远近,是向阳还是背阴。选"地址"就是选钓点。

水底的地形相当重要。水底的地形怎么了解呢?往往可以从岸边的地形判断出水中的地形。如岸边是个斜山坡,那么水下也一定是个斜坡。如岸边是个两山相夹的山洼,水下也一定是个洼地;岸边是农田、庄稼地,水下也一定是平缓的地势。有时,还可以询问附近的农民,也可以了解水底的地形状况。

不适宜造窝的水下地形:是斜坡。斜坡处,饵料不宜集中,顺坡下滑分散;有淤泥,甚至淤泥很厚。饵料沉底后与淤泥混合,或被淤泥掩埋,鱼吃得费力,甚至吃不到;乱石杂草太多,饵料散落在杂草乱石中,鱼儿发现不了饵料,更吃不到这些饵料。

为了把鱼留到窝中,必须注重窝料的质量。

窝料应有三种物质成分,即虚料、实料和添加剂。

(1)虚料:虚料,并非虚无缥缈,而是与实相对而言。虚料指的是粉末状原料,如麦麸粉、糠粉、饼粉、豆粉等都属于这类物质。这些物质由于体积轻,入水后便分散开,随着水的波动向周围漂散开,这些碎屑在水中散开的情形,钓鱼人通常称为"雾化"。由于碎屑向四处扩散开,使水中的鱼儿能够较容易地发现这些物质,于是,鱼会循着这些诱饵游向饵料区。

(2)实料:实料指的是颗粒状、块状物质,入水后不易被水波移动,而是沉入水底或近于水底的水中。这些物质是让鱼可以充饥的食物。对鱼来讲,所追求的也正是这类物质，如小米、碎米、玉米、饼块、饭粒等。这部分物质是不可或缺的饵料。

(3)添加剂：添加剂，也有人叫辅料，也属于虚性物质。添加剂是配制诱饵必不可少的成分。添加剂的主要作用是增加饵料的气味。这是因为鱼的嗅觉十分灵敏，鱼在水中要发现和觅得食物首先靠的是嗅觉，当鱼在游动时闻到某种气味时，若符合自己的喜好，便会循着气味源的方向游过去。因此，气味在饵料配制中有着重要的作用。气味有甜味、香味、酸味、臭味、腥味等。用做添加剂的物质有固体的、液体的及糨糊状的，如粉末状的有中药材、中药泡酒、各种饮料、糖、水果的渣滓及有气味的植物（如蔬菜、花朵、叶、茎）、鱼粉、血粉、骨粉等。

作为添加剂，毕竟是次要成分，而且气味的浓度要适度，不可有刺鼻呛人的气味。用量也不宜多，种类也不宜杂，一种饵料应以一两种气味为主。如果将各种气味的添加剂混合，结果形成一种鱼讨厌的怪味，这种做法是不可取的。

青鱼的食性特点是喜食稻谷、玉米，可用稻谷、玉米做诱饵。也可用小麦做诱饵。用熟小麦比用生小麦好，生小麦鱼吃了会胀肚子，而熟小麦鱼吃了不会胀肚子。每天投放 10 千克左右，投了 3~5 天后就停止投饵，其目的是使鱼产生饥饿感，停投后的第二天就可以钓鱼了。

江西瑞金有位钓鱼高手在水库钓获了一条 96 千克巨青。他的钓鱼经验中重要的一条就是养窝。2010 年，从国庆节开始，他先后在水库的一个钓窝投了 500 千克玉米和 100 多千克田螺，还投了小麦、饲料。施钓的那天，他又按照 2.5 千克老玉米加 2 瓶“麝香水”加一罐“钓鱼王麝香玉米粒”的标准，配制 10 千克诱饵，划船送入钓点。这天，他终于擒获了这条重 96 千克，长 1.89 米，胸围 1.4 米的巨青。后来割开鱼肚子，发现肚内有百斤左右的未消化的玉米。

南京一位钓手于 2011 年也擒获了一条重达 43.2 千克的巨青。他的成功也是养窝的结果。初始，他准备了 15 千克泡好的玉米、30 千克鲜活的螺蛳，为了避免活螺蛳会爬走，他一个一个地把螺蛳砸碎，然后拌入饵料、玉米中，捏成团投向窝点，在此之后的一个月，陆续在该钓点钓鱼，补窝，偶尔也钓获一些小鱼。后来终于在该钓点钓获了这条巨青。

这几位钓友的成功经验说明，往窝点不断投放大量的饵料，养好窝是多么重要。对一些想钓大鱼的钓手会有启发和指导作用。

若家住在水库、湖泊附近的钓者，也可不断地往钓点投放木棒、青草、饭菜渣、家禽家畜的骨头，长此下去，也会有助于养窝，虽不一定能钓获大鱼，但窝中肯定聚有鱼群，会大大提高钓绩。

2. 路亚钓青鱼的方法

因青鱼是水中的“巨无霸”，所以竿应选用较长的硬调竿，轮也应选用优质轮，储线多的轮，线宜用大型号的 PE 线。还必须准备抄网或扎钩。

若是在已造的窝中施钩，最好用船钓，将船开到窝点，否则难以准确地将拟饵投到窝中。拟饵宜选用软饵，如得州、蚯蚓、麻虾、泥鳅、卷尾蛆等。也可用 VIB，通过抖、抽，使 VIB 发出响声，以引诱青鱼进窝，然后用软饵施钓。

五、鳜鱼

（一）鳜鱼的生活习性

鳜鱼俗称桂鱼、鯚花鱼、鳌花鱼。鳜鱼在我国分布广泛，属定居性鱼类，不做长距离的洄游。喜欢在流水缓慢的河道或河道交叉处生活，适宜的水深在 2~4 米之间。鳜鱼对水质较为挑剔，不喜浑浊的水、过于肥沃的水，喜清洁的水质、有活水的水域、水底少淤泥的沙石底的水域，常栖息于水中的岩石边、石洞中及有石块的凸凹不平的地方、水草乱树枝丛中。冬季活动量减少，夏季尤为活跃，夜间常游到岸边附近的浅水区觅食（图 35）。

图 35　鳜鱼

鳜鱼还有一个生活习性，就是喜大水面，不喜小水面。在小的塘堰中很少能钓到鳜鱼。

在静水中多沉在水底不动，窥测食物，若是流水，也会浮到水的中层寻觅食物。春季气温回升时，也会到浅水的草丛中觅食。尤其喜欢侧身平卧在水底的洼部及石块之间。

鳜鱼鱼体表面有片状的黄褐相间的花斑块，嘴巴宽，鳞细密且小，牙齿尖利，性格凶猛，背部有硬刺状的鳍。鳜鱼是肉食性鱼种，主要食物来源是水中的小动物，如小虾、泥鳅、鲌鲦鱼、小鲫鱼，尤其喜食泥鳅。

（二）造窝钓鳜鱼

给鳜鱼造窝的目的不是让鳜鱼在此“安家”，而是给鳜鱼提供可食的小鱼、小虾、泥鳅。引诱鳜鱼来窝觅食。这也是一种食物链诱鱼法。选择合适的水域，往水中投放木棒、饭菜剩渣、骨头、家禽内脏、牛粪等可供鱼食用的食料。有了木棒和食料，各种鱼会聚集过来。鳜鱼为了吞食小鱼，也就会游到此处。钓者即可在此钓鳜鱼了。

（三）路亚钓鳜鱼

用路亚钓鳜鱼拟饵可用米诺。鳜鱼在黄昏和天将亮时格外活跃、食欲旺盛，是钓鳜鱼的好时机。将米诺抛入水底，然后稍许上提钓线，或向左、向右慢牵，逗引鳜鱼攻击。此时若无反应，再将线、饵向上慢提，同时适度抖动竿梢，使米诺呈跳跃状。若几分钟后仍无反应，继续将米诺再往上提，一边上提一边抖动竿梢，再次逗引鳜鱼攻击。若仍无反应，则将米诺提出水面，换个钓点，依照上述操作程序继续引逗鳜鱼上钩。

六、鳡鱼

鳡鱼在我国分布很广，从黑龙江到红河，从洪湖到巢湖，都有鳡鱼。

鳡鱼因其头部及鳃盖部呈金黄色，人们也称它为“黄箭鱼”“铜头箭”，有些地方也叫宽头鳡、齐口鳡（图 36）。

图 36 鳡鱼

（一）生活习性

1. 性格凶猛

据资料介绍，一条体重 15 千克的鳡鱼，能吃掉 5 千克重的鲤鱼。由于它身体窄长，呈流线型，所以游速非常快，遇到其他小鱼，它会箭似地游去，发起攻击，受惊的鱼还未明白敌人来自何方就已成了它的腹中之物。因此，鳡鱼有“淡水鱼霸”之称。

2. 多生活在水的中上层

鳡鱼属于中上层鱼，耐缺氧能力差。在江河中鳡鱼有半洄游的习性。生殖期常逆水而游，到江河的中上游产卵。冬季到下游水势比较平缓的深水区越冬。鳡鱼生长迅速，4 龄的鳡鱼体长可达 110 厘米，体重近 20 千克，大的鳡鱼体重可达 100 千克。

3. 多在水库、湖泊中生活

小水域是没有鳡鱼的，鳡鱼多生活在大、中型的水库及湖泊、江河中。在我国，黑龙江水系、黄河水系，淮河水系、长江水系、红河水系，以及洞庭湖、巢湖、太湖、洪湖等水域都有鳡鱼。

4. 荤素皆食，以荤食为主

鳡鱼食欲旺盛，由于它活动量大，对食物的需求也大，不分荤素，来者不拒，见啥吃啥，吃食的动作几乎是抢食，攻击性捕食。尤其喜吃翘嘴鲌、鳘鲦、鲫鱼和虾类。

（二）选好钓点

钓鳡鱼选钓点的方法：因鳡鱼有追逐其他鱼捕食的习性，所以应选择水中有成群的鲌鱼、鳘鲦游动的水域及鱼较多的水域。

鳡鱼有喜风浪、喜流水的习性，钓点应优先在有波浪的水域或有流水的水域。若水中有木排、堤坝等，可选在这些物体的附近，因为这里较隐蔽，是其他鱼容易聚集的地方，其他鱼多，鳡鱼自然也多，中鱼的机会也多。大型水库、湖泊常常有水面较小的水汊、水湾，这些地方也是好钓点。在水库汊常常有人工养鱼的网箱，可在网箱外设钓点，因为鳡鱼对网箱里的鱼是“垂涎三尺”欲吃不能，便在网箱外转悠。

(三)路亚钓法

由于鳜鱼是大型类性格凶猛的鱼,所以用竿用线都应用质量较高的抗拉力强的。轮可选用2000的纺车轮。拟饵可选CC60S慢沉型米诺。操作手法是:快收,停顿和小幅抽动方式诱鱼。若一旦感到有鱼中钩,就要停止收线,将竿绷紧,防止大鱼脱钩,然后收收放放,把鱼遛到无力挣扎时,再将鱼拉到岸边。小胖子、亮片都可以试用。

七、鲈鱼

鲈鱼的生活状态与气温有着密切的关系。不同的气温条件,影响着鲈鱼生活的水层和对饵料的不同需求。作为路亚钓手,必须因时制宜、因地制宜,选择不同的钓点,使用不同的路亚(图37)。

图37 鲈鱼

(一)春季怎样钓鲈鱼

经过漫长的寒冷的冬季,春天来临气温回升,万物复苏,春花绽放花蕾,时而有阳春细雨,饥肠辘辘的鲈鱼生命力也日渐旺盛,为了补充体内的营养,便开始觅食,还要怀卵产卵,做窝,受精,哺育幼仔,食欲与日俱增。此时,也就可以出外钓鲈鱼了。

1. 首先要找准鲈鱼生活的水区

当水温在1℃~5℃时,鲈鱼并不活跃,鲈鱼仍在深水区生长、栖息,活动量不大,或深藏在老河道中的深沟或湖泊的深水区,由于不活跃,所食食物主要是身边的小鱼、小虾。

当水温上升到8℃以上时,鲈鱼的活动量增大,会从原来蛰伏的老河道的底部、水库的中部水域游向较浅的水域和狭窄的小水湾，这是因为浅水区受阳光的照射后，水温回升较深水区快的缘故。若水温上升到11℃时，雄鱼就开始在浅滩寻找地方做窝，这个窝就是雌鱼的产床。这时雌鱼就在雄鱼的不远处等待雄鱼做好产床。产床做好后，雌鱼就向产床游动，然后就在产床里产卵。一个产床中，必定有雌、雄两条鲈鱼。因为产床的位置多在水温较高、光照好的、融氧量丰富的亮水区，所以此时钓鲈鱼也应选择这样的水区。

所施钓的水区的水色以清澈为首选。在清澈的水中，拟饵的形象清晰，便于鲈鱼发现，及时捕食。

气温影响水温，光照状况也影响水温。向阳处比背阴处的水温略高。光照好的水区自然是鲈鱼做窝的首选的水区，因为这里不但水温较高，而且含氧量丰富。这样的水区也有利鱼卵的孵化，可以促进鱼卵的孵化，使之孵化出健壮的幼鱼。

选择适合施钓的水区自然应首先考虑有鲈鱼窝的水区。认准了鲈鱼做产床的窝，就不要犹豫，下定决心在此施钓。有时，可能要等待半个小时或更长时间，才有可能出现鱼汛。有这样的情况发生：你往产床投了钓饵，因为有响声，鲈鱼可能会暂时离开，躲避钓饵，但它不会游远。因为，这里是它精心选择的窝，稍停一会儿，它们还会游回到产床中。

2. 怎样用竿

不要选用太硬的鱼竿，可用偏软的中性竿。用这种竿，抽动时产生一种柔和的力度，因而使路亚的跳动接近一种自然的跳动，而且能够使鱼将饵轻易地吸进嘴里，而且不易脱钩。

3. 施钓手法

动作宜小。因为早春水温还属于低温，鱼并不活跃，有点懒洋洋的样子，此时鲈鱼对游速很快的拟饵不会去追逐。所以用竿的力度宜小，停顿的时间稍有延长。若水温在11℃以上时，由于鱼略显活跃，抽动竿子的幅度可以加大，停顿的时间也可以缩短，可以让饵在水中做出较为活跃的，甚至是夸张的动作，让饵在动作的同时产生一些响声，以逗引鱼追逐上钩。

水温的高低决定了所钓的水层。水温上升时，鱼活动的水层也上升，此时可用悬浮钓法。水温较低时，可用悬浮米诺，让饵在水中停留较长的时间。

水的清澈与浑浊也影响着手法和技巧。水浑浊时，鱼不易看清饵，此时应用有节奏的抽动手法，使路亚产生跳跃状，产生响声，用响声逗引鱼来寻饵，追饵。若水色清澈，响声就不宜太大，让饵的形体动作来逗引鱼上钩。

在施钓过程中，若效果不佳，鱼不咬钩，这时就用“激将法”，激怒鱼，使之扑食。可在路亚上加几粒响珠，晃动竿子，使响珠产生响声，这时鱼就有了警觉，以为有“敌来侵犯”，于是鱼就用扑食的方式攻击拟饵，就有可能张开嘴巴咬住拟饵迅速游入深水。

中午以后，气温上升，水温随之上升，此时鱼变得活跃，正是施钓的好时间段。

早春钓鲈鱼并不难，关键是把握对产床的寻找、认定，然后根据水温的变化而运用不同的施钓手法，多尝试，别放弃，定会有大收获。

（二）夏季怎样钓鲈鱼

夏季气温升高，鲈鱼十分活跃，也是钓鲈鱼的最好时机。

夏季，鲈鱼不再在朝阳的浅水区生活了，迁徙到库区、湖区的水位较深的水域，这些水域水温相对较低，而且含氧量较浅水区丰富。这时，钓点应选在水的深浅交界处。在高温的时候，鲈鱼也会为了避免太大的水压而到水位略浅的有障碍物的水区歇息，这里的食料较丰富，而且可以防备人们的捕捞。

若是在流动的河水中钓鲈鱼，也会大有收获。因为水的流动，水温较静水区略低，而且含氧量丰富。此时，鲈鱼多在近岸的岩石下、树根的空隙间、树桩的空隙间，但是水流流速过急的话，鲈鱼为了减少水速的冲击对体力的消耗而到水速相对平缓的水湾中生活、觅食。水湾里多有水生植物，水生植物中藏有小鱼、小虾、小昆虫，所以水湾里鲈鱼的食料较丰富，而且可以在草洞中藏身。

为了防止草秆挂钩，可用水面系列的拟饵。拟饵入水后，抽动竿子的幅度不宜过大，一是防止惊吓了水中的鱼，二是可避免钩子挂钩。

（三）秋季怎样钓鲈鱼

秋季水温有所下降（尤其是晚秋），但白天仍在 15 ℃以上，这正是鲈鱼生活的最适宜的水温，所以说，秋季是钓鲈鱼的黄金季节。

秋季，鲈鱼由于生活得舒适，食欲特别好，捕食频率非常高。在大水面的水库、湖泊中，鲈鱼会在深浅交界的水域生活，由深水区游到略浅的水区，如平滩、崖突和水库河道的支流、有水草的水区。若到了深秋，随着水温的下降，鲈鱼渐渐游到深水区的深沟、老河道中。

秋季钓鲈鱼的拟饵应控制在水的中层。所用拟饵首选复合亮片、摇摆饵。在浅水中宜用颜色较深的饵，在深水中宜用颜色较浅的饵，使饵的颜色与水的明亮度形成反差，这样便于鲈鱼尽快发现鱼饵。若水色较浑浊，可用水面系列的饵。

（四）冬季怎样钓鲈鱼

冬季气温下降到5 ℃以下。鲈鱼适应水温的能力虽然很强（可在0 ℃~36 ℃的气温中生活），但在冬季活动量会降低，食欲也减退。冬季由于水中的小鱼、小虾也都躲藏到深水中，有些不适应低温的小昆虫类也可能死亡，所以水中可供鲈鱼所食的食物也大大减少，这自然影响到鲈鱼的活动。因为活动时会消耗体力，使体内的营养减少，所以鲈鱼不会四处游动觅食，有点懒洋洋的样子。

水的浑浊与清澈也影响到鲈鱼生活的水层。水色清澈，鲈鱼生活在深水中；水色浑浊，鲈鱼生活在水的中上层，但在冬季，除非有河流水色不会太浑浊，所以鲈鱼多生活在深水中。

冬季用饵应动作缓慢，不宜大幅度抽动，可轻拖轻拉轻提，也可以轻抽略停，等待鲈鱼咬饵。选饵方面可用亮片或勺子，也可用摇摆饵。

钓点自然应选择湖泊中的老河道、深沟及陡崖下、硝石边。由于深水多远离堤岸，这时应用船钓，无论什么水区，船都可以到达，船钓肯定比岸上挥竿钓效果好得多。

冬季气候严寒，又有刺骨的北风，年老体弱的人最好不要出外钓鱼，即使年轻人也应防寒保暖，宜选择背北风的水域施钓。

（五）怎样钓大嘴鲈鱼

大嘴鲈鱼是鲈鱼的一种，属鲈形目太阳鱼科。原产地为美国加利福尼亚州。从20世纪80年代国内的一些地区引进了大嘴鲈鱼，因为大嘴鲈鱼病害少，生长迅速，耐低温，繁殖力旺盛，加之肉质鲜美、刺少，市场需求量大，养殖大嘴鲈鱼有很好的经济效益，养殖户越来越多。钓鱼人对大嘴鲈鱼也十分青睐。因为它贪吃、性格活跃，咬住钩后就疯狂挣扎、逃窜，人与鱼可以进行一种类似游戏的“斗智”，钓鱼人有时并不在乎钓到什么鱼，而在乎鱼中钩后，竿子呈弯弓状的快感和心理刺激，因此越来越多的钓鱼人把大嘴鲈鱼作为主攻的对象鱼。由于钓大嘴鲈鱼的人的普及，很多重大比赛也设专题——钓大嘴鲈鱼专场比赛。这么一来，生产渔具的厂家也专门为钓大嘴鲈鱼设计独特的钓具，因此说，现在钓大嘴鲈鱼已成为钓鱼活动中的一项重要内容。

近些年，大嘴鲈鱼被流放到天然水域，成为一种野生鱼。通常的习惯是在天然水域钓鱼是不收费的，所以不少钓鱼人就奔向这种水域。

1. 大嘴鲈鱼的生活习性

大嘴鲈鱼适应环境的能力很强，能在 1 ℃ ~36 ℃的气温中生活， 10 ℃以上时开始进食， 20 ℃ ~30 ℃时最为活跃。大嘴鲈鱼繁殖力特别强，产卵期为 2~7 月份，其中 4 月为产卵高峰期。加州鲈鱼在适当的水域中还可自然繁殖，而且受精卵的孵化时间仅几天。

大嘴鲈鱼的幼仔只食水中的藻类、轮虫，如绿藻、球藻，稍长大一些后食水中的浮游生物。

大嘴鲈鱼喜食动物类荤食，主要以小鱼、小虾为主要食物。

大嘴鲈鱼喜洁净的清水，不喜浑浊的透光度差的黄水，在江河中，常栖身于岸边的岩石空隙中或树枝中，在水库、池塘中生活的大嘴鲈鱼喜生活在沙质或沙泥质的较为清洁的水中，既不浮到水面，也不沉入水底，而在水的中层生活。

2. 钓点的选择、时机的选择

鲈鱼在不同的季节生活的水区也不同，因为鲈鱼是溯水性鱼类，每年的 5~10 月是钓鲈鱼的黄金时间。钓点可选择靠近大坝的水流流速较急的水区，若堤坝的附近有护坝的木桩或堆砌的石块，可作为钓点，桥墩的内外侧也是好钓点。气温较高时，钓点宜选在深水区。早晨、傍晚及夜间，钓点应选在浅水区。河流中水质较清澈，有流动的水，或洄水湾，均可做钓点。若是静水、水色发绿、发黑，说明此处是死水，水底多是肥沃的淤泥，不宜做钓点。若有大潮汛，或山洪倾泻，河中的水带有泥浆、水色浑浊，也不是鲈鱼生活的环境。只有待雨水停止，山洪停止，泥沙沉淀几天以后，方可施钓。鲈鱼在水库、湖泊中，大多生活在宽阔的主水面，不生活在支流。而且多生活在崖壁下、沟渠的陡坎下的垂直水中。

3. 怎样用饵

路亚钓大嘴鲈鱼的拟饵既可用硬饵，也可用软饵。

硬饵可选用以下几种。

(1)铅笔：因鲈鱼多生活在水的中上层，而铅笔饵就是一种漂浮在水面的无舌板的棍状饵(图 38)。

操作手法：钓者抽动鱼竿，在抽动时，应有跳动感的节奏，抽几下后便收线，收线时，可直接收线，也可呈弧形收线或忽左忽右的收线，使收线的轨迹呈“之”字形。

（2）螺旋桨（图39）

螺旋桨是复合亮片的一种。使用手法是先抛线后用匀速收线。可适当加强收线的力度，使螺旋桨产生水花和响声，以逗引鲈鱼扑食。

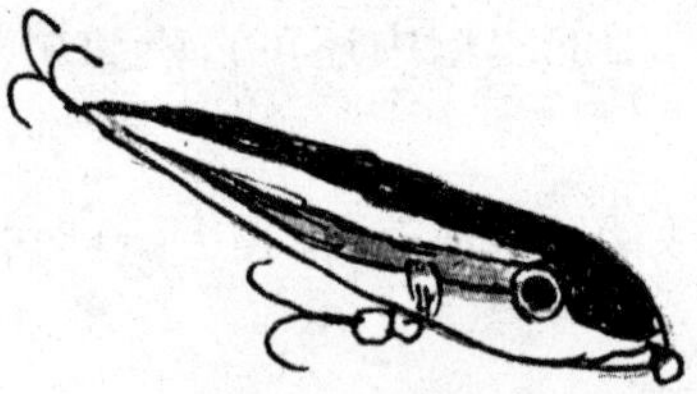

图38　铅笔

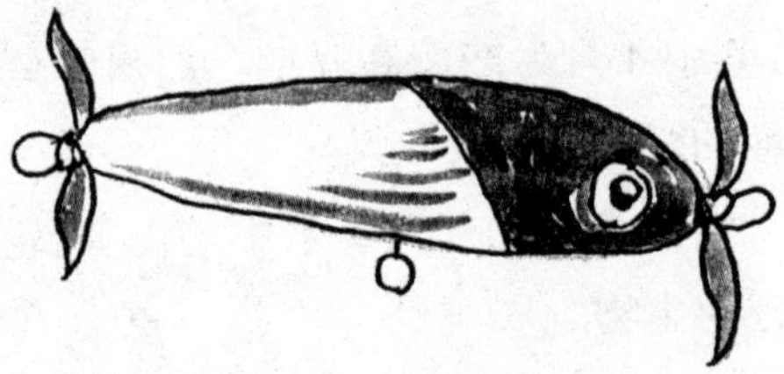

图39　螺旋桨

可选择有水草的水域，木桩的旁边。在水草区使用螺旋桨，应与水草保持距离。洄水湾、有流水的地方，均可使用螺旋桨。

（3）米诺（图40）

米诺也是在水的中上层使用的拟饵。米诺有浮水型和悬浮型。

使用手法是抽搐动作。当米诺到达钓者所设计的水层后，压低竿尖，再做抽搐样抖动竿尖，并抽抽停停，以逗引鲈鱼上钩。

（4）摇摆拟饵：摇摆形拟饵身体呈短胖状，头的前部有舌板。舌板的长度不一，钓者可根据自己的需要和习惯灵活选用。这种拟饵可在不同的水层使用。基本操作手法是快速收线，若遇到水中的障碍物时，就停止收线，拟饵可自动上浮，上浮后，加一些抽动动作，然后，再快速收线。由于动作幅度较大，逗引鱼的效果较明显，有时鱼一旦发现了目标，会主动攻击（图41）。

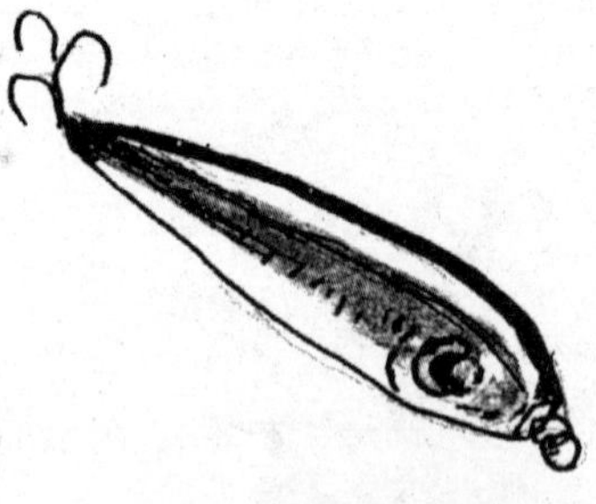

图40　悬浮型米诺

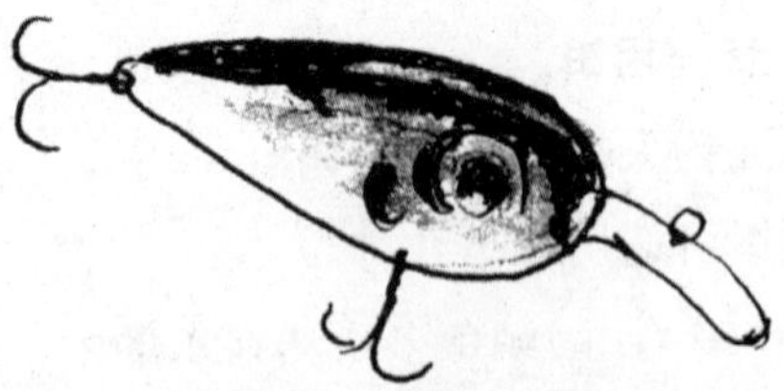

图41　摇摆拟饵

（5）波扒：适用于浮水钓。使用时，将竿梢下压并有节奏地上下抽动竿梢，其目的是使波扒在水中发出“波、波”的声音，并使水中产生水花。鲈鱼见此状况，以为“有敌侵犯”，由于鲈鱼生性较凶猛，有吃软不吃硬的脾气，对于“侵犯之敌”便奋起抵抗，去与“敌”搏斗（图 42）。

使用波扒时，也可先将波扒压入水的中上层，然后使之上浮，其目的是逗引处于中层水域的鲈鱼游到上层。

（6）颤泳型硬饵：这是用得很广泛的一种硬饵。目的就是通过钓者操控竿尖的不同手法，尽快搜索到鲈鱼所在的水层和方位（图 43）。

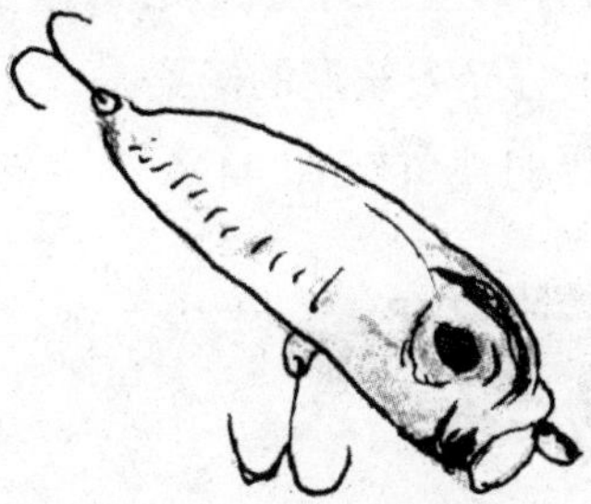

图 42　波扒

图 43　颤泳型硬饵

（7）亮片：会产生水波、声音，在阳光的折射下会发光。形状似小鱼。亮片的优越性是有防挂能力，适应有水草的水域。亮片还有快速、慢速之分。若收线快，亮片在水的上层；若收线慢，亮片可达到水的中层、下层，所以亮片属全泳层拟饵。

4. 钓具的选用

竿：使用鱼竿首先要考虑竿子的调性。竿子的调性有超快、快、中快和慢几种。超快为超硬调竿，快为硬调竿。钓大嘴鲈鱼宜用竿梢较硬的快性竿。这种竿反应速度较快，回弹速度也较快。

轮：钓大嘴鲈鱼应选用水滴轮，水滴轮较轻便。鼓轮的使用者也不少。这种轮储线量较大，外观给人以古典的感觉。

线：首选尼龙线。尼龙线有一定的延展性，抛投时，出线顺畅，而且有缓冲力。

PE 线的特点是线径较小，但耐拉力的强度高。不过，PE 线的延展性较差，传递信号缺乏缓冲，抛投时，容易出现乱线现象。所以，在钓大嘴鲈鱼时，多用在多水草、有杂乱的障碍物的水域。强的耐拉力可以使路亚穿透水草的空隙，以用 3 号或 4 号的 PE 线为佳。

八、鲇鱼

鲇鱼，俗称鲇拐子、黏鱼、河鲇、占鱼。

鲇鱼，因为它的嘴巴两边长有长长的胡须，又叫胡子鲇。野生的鲇鱼只有两根胡须，人工繁殖饲养的鲇鱼有 8 根胡须。野生的鲇鱼由于食物是纯天然的，不含任何化学物质，所以市场上更受欢迎。

鲇鱼在我国分布很广，从东北到珠江口均有鲇鱼。鲇鱼肉质细嫩，受到人们的喜爱。在淮河流域，鲇鱼炖水豆腐是一道十分受人欢迎的汤菜。

鲇鱼的视力极差，夜间活动频繁，所以人称“弱视鱼”（图 44）。

图 44　胡子鲇

（一）鲇食的生活习性和食性特征

1. 生活在水的底层

如水底的坑洼处，涵洞的阴暗处，树根系中，水底岩洞砂砾中，腐烂的树叶草叶间，江河的近岸处及流水缓慢的洄水湾，多水草的地方。

2. 喜阴雨天，喜流水，怕强光

鲇鱼在阴雨天格外活跃，可以离开洞穴四处游动觅食，也会游到近岸的浅水区活动。因鲇鱼怕强光，只在阴雨天和光线较暗的时间外出活动，所以，阴雨天容易钓获鲇鱼。

鲇鱼还喜欢逆水而游，大嘴巴对着流水，以从水中得到更多的食物。

鲇鱼最适宜的气温是 25℃左右。不耐低温，10℃以下停止活动和进食，钻入水底烂泥中或树洞中御寒。

鲇鱼的眼睛特别小，视力已经退化，畏光。猎取食物主要靠触觉和嗅觉。其长须的尖端有极其灵敏的触觉神经组织，靠此试探环境和寻找食物。

3. 杂食

鲇鱼属杂食性鱼种，但以荤食为主。水中的小鱼、小虾、小虫、小泥鳅、蚌肉、螺蛳肉都是鲇鱼的食物来源。糠粉、麦麸、面粉、饼粉可互相拌和，加水捏成窝窝头，蒸熟，晾凉，做成面团饵也可。

4. 夜间活跃

鲇鱼多在夜间游动，觅食。白天除了阴天雨天外，活动较少。因此，在夜晚钓鲇鱼比白天收获大。

5. 不耐寒，耐缺氧

水温在 10 ℃左右时，就很少活动；在 4 ℃以下时，就会死亡，除非藏在洞穴中、石缝中静卧不动。但鲇鱼耐缺氧的能力相当强，其鳃和皮肤都有“呼吸”功能，即使离开水，也能存活一段时间。

（二）怎样选钓点

钓鲇鱼首先要选准钓点。鲈鱼有穴居、钻洞的生活习性，所以水潭周边的洞穴、大树、古树下的树根系间的根穴是鲇鱼藏身、觅食的好窝点。

鲇鱼的视力已退化，较弱，寻找食物时，主要靠嘴两边长长的触须，光线阴暗并不影响鲇鱼寻觅食物。光线阴暗时，水中的小鱼、虾游动速度会减慢，鲇鱼此时正好凭借长长的触须触及小鱼、虾、蟹，所以容易获取食物。所以，寻找钓点时，不妨优先考虑那些背阴的、有大树遮挡阳光的光线较暗的水潭、洄水湾以及水色较浑浊的水域做钓点，水位过于浅，水面狭窄的浅滩不宜做钓点。

有些河沟多大小不一的石头，这些石头长期被水冲刷，石面无棱角，十分光滑。这些石头中间的较大的缝隙中也能有鲇鱼生活，它们可以在这里藏身。而这些空隙间也有较多的小鱼、小虾、小昆虫，因此，给缝中的鲇鱼提供了丰富的食物，这种水底也是钓鲇鱼的好钓点。

（三）拟饵的选用

鲇鱼属底层鱼，又以肉食为主，拟饵以软饵为主，如德州、卷尾蛆、面条虫、自进虾等，也可用 VIB。VIB 在抽动时会发出响声，这响声可诱鱼上钩。

鲇鱼游动的速度并不快，性格也不十分活跃，拟饵入水后，应用慢放慢收加跳动的手法，收几秒钟后，再停几秒钟，也可以提提放放，使拟饵上下、左右晃动。

鲇鱼的嘴巴宽大，拟饵自然应选大型号的。

在下雨天、夜间，鲇鱼都格外活跃，游动觅食，此时正是钓鲇鱼的好时机。

九、狗鱼

狗鱼，属狗鱼科，是一种大型鱼类。鱼体侧圆细长，头扁平，吻长，尾长，口大，牙齿锯形锐利。此鱼游速极快，能捕食个体较大的鱼。背部和体侧为黄绿色，带着很多黑色斑块，腹部为灰白色（图45）。狗鱼体型大，大狗鱼达1米多，体重近三十多千克。其寿命可长达70岁。

图45 狗鱼

狗鱼在北美、欧洲、亚洲均有，我国狗鱼在黑龙江分布面较广，主要在黑龙江的中上游、乌苏里江、松花江、牡丹江、嫩江的上中下游。图们江也有分布。文献中记载，绥芬河曾有该鱼种资源。有狗鱼资源的湖泊有：大小兴凯湖、呼伦湖、连环湖、五大连池、镜泊湖、扎龙湖、茂兴湖、乌兰泡、贝尔湖等。狗鱼属掠食性鱼种，被称为“湖中的狼”。

（一）生活习性

狗鱼喜栖息在静水、缓流的湖泊、水库等水域。它游泳迅速，行动敏捷。幼鱼喜集群，成鱼喜分散。春季水温升高融冰后，湖库中的狗鱼洄游至上游河口产卵，大江中的狗鱼洄游至小河口产卵。产卵后分散育肥。冬季游入江、湖、水库的深水区越冬。

狗鱼是凶猛性淡水鱼类之一，多以细长体型的鱼类为主要摄食对象。从解剖龙凤山水库中的狗鱼前肠（无胃）储留食物的结果看，雅罗鱼的出现率为74%，余为幼鲤、幼鲫、麦穗鱼、鳑鲏鱼等。从其他水域中剖析，发现狗鱼吃青蛙和水鸟的幼鸟。它非常贪食，尤其在产卵之后。除生殖期停食外，冬季也摄食。

狗鱼的生活习性和贪食行为，使它成为路亚钓的主攻对象鱼。

（二）钓点的选择

狗鱼喜逆水游动捕食那些顺水而下的小鱼，所以，有较大的流水处就是好钓点。

狗鱼也喜隐蔽的水区，如水中长有茂密的水草、树丛，这就是它的栖身之处。船只停泊的地方，涵洞附近、湖泊、江河沿岸的石崖处，深洼的洄水湾中，向水中突出的铧尖前，均是狗鱼常常出没的水区。

狗鱼还喜在宽阔的水区中生活，尤喜在水面追逐鳌鲦小鱼。若发现水面有明显的水花和惊慌失措而窜游的小鱼，就可断定此处有狗鱼在追捕这些小鳌鲦鱼，此时正是钓狗鱼的好时机。

（三）路亚钓狗鱼的方法

所用的路亚竿应根据施钓的水面状况而选用。若水面宽阔，用硬调长竿较合适；若水面狭窄，有流水，宜用较短的软调竿，对待水中的水草等障碍物有柔韧性。

线：尼龙线、PE线均行。因狗鱼牙齿锐利，为防止中钩后的狗鱼咬线，可在拟饵与主线之间加一段前导线（也叫防咬线），前导线应用软钢丝线或多股编织线合成的锦纶线。摘钩器也是必须准备的，因为狗鱼有尖锐的牙齿，甚至鱼鳃内外也布满了尖利的齿状突起。使用摘钩器时，应用长嘴钳夹住摘钩器的把柄。

拟饵的选用：旋转亮片、匙形亮片、米诺均可选用，以颜色鲜艳的旋转亮片为首选。因为旋转亮片可发出好听的拨水声，亮片的旋叶也能产生光亮，能刺激鱼的侧线感应和视觉感应。

钓狗鱼要分析水情，就是要观察分析狗鱼所在的水层及在不同的季节里在何处游动觅食。狗鱼的活动、洄游是很有规律的。在春季，气温回升后，就向上游的河口沿岸区域进入小河口，然后产卵；深秋则洄游到河流的大河口附近；冬季则在大河湖泊的深水区越冬。所以钓者应根据不同的季节在不同的水域选钓点。

狗鱼还有一个活动规律，就是在清晨和黄昏前觅食特别活跃，其他时间则活动量不大，以静养休息为主。

抛竿的要领是：估计拟饵落入水底后再紧线、慢拖，拖至近岸的草丛边或陡坎边，若钩上无鱼，再重复抛竿。

第三章

台湾钓鱼技法

台湾钓法是台湾钓鱼方法的简称，20 世纪 80 年代末从台湾传入大陆，尔后风靡全国的一种在池塘钓鲫鱼的方法。其实，台湾钓法并非起源于台湾，而是台湾钓鱼爱好者从日本那里学得的一种钓鱼方法，然后进行改进提高，使得这种钓鱼法更具科学性。日本人钓鲫鱼的方法名叫"海拉鲫钓法"。

台湾钓法对大陆钓鱼人来说，有一个认识、接受、传播、盛行、提高的过程。

一、台湾钓法是怎样传入大陆的

20 世纪 80 年代，随着中国经济体制改革的深入和发展，中国与世界各国的各种交流活动日益频繁，海峡两岸的交流活动也逐渐增多，文化、体育活动的交往更为活跃。1988 年 6 月，台湾钓鱼组织与中国钓鱼协会商定举办一次海峡两岸的钓鱼比赛。一年以后，准备就绪。1989 年 5 月 6 日，以郭兆瑛为领队的台湾钓鲫名人会成员在中国杭州与大陆钓手举行了第一次钓鱼比赛，其结果是台湾钓手囊括了总名次的前 6 名，大陆钓手钓绩不佳。5 月 11 日，比赛移师北京，国内选出 23 名钓鱼高手与台湾钓手比赛，台湾钓手再次包揽前 6 名。这个消息一经传出，在大陆钓鱼界影响很大，震惊很大。台湾钓手钓具的精良、钓技的娴熟令大陆钓手刮目相看。其实，在此之前，国内钓手也曾与日本、港澳钓手有过钓技的交流，也知道他们的钓技高，但没有引起高度重视，这两次与台湾钓手的比赛才使大陆钓手心服口服。

在 1989 年参加杭州钓鱼比赛的台湾钓鱼队的成员中，有一位名叫廖心阳的老人。他是医生出身，但酷爱钓鱼，有着 30 年的"钓龄"。在台湾各地由于钓鱼活动十分普及，因此各地都成立有钓鱼组织，廖心阳所在的就是一个中兴钓鱼小组。1988 年，他与钓鱼小组的成员一起来祖国内地参观访问。在参观访问的同时，他们与广州钓手组织了钓鱼邀请赛。第一次比赛是在广东的肇庆，其比赛结果是台湾钓手大获全胜，不久，又在广州举行了第二次钓鱼比赛，仍然是台湾钓手获胜。在比赛结束后的晚宴上，广州市市长称赞台湾钓手钓具的豪华、钓技都高于大陆钓手。廖心阳马上提出，可以送在座的钓友每人一套钓具，市长笑言道："全国这么多钓鱼人，你怎么送啊？办一个钓具厂都送不过来啊！"言者无心，听者有意。广州市长的这句话启发了廖心阳，他想：何不在大陆办一个钓具厂，再推广台湾钓鱼法，用台湾钓法钓鱼的人越多，钓具不就销售得越多吗？

廖心阳等人回到台湾后，就策划在大陆创办钓具厂事宜。他们几人共同投资300万台币，由廖心阳担任钓具公司的董事长，萧春平担任公司的总经理，公司的名字叫东峻钓具有限公司。

光生产钓具不行，还得有人使用，有人使用了，钓具才有销售市场。于是他们决定设立东峻台钓研究中心，用办学习班的方式吸引学员，免费培训，开展速成教学，把台湾钓鲫鱼的技术简单化地传授给学员。与此同时，积极组织各种钓鱼比赛，在比赛时，台湾钓手现身说法演示台湾钓法是如何快速钓鲫鱼的，从而扩大台湾钓法的影响。

大陆钓手由于对台湾钓法很感兴趣，参加学习班的人很多，从1991—1994年，东峻学习班共办了16期，学员来自全国29个省、市、自治区，共有学员1500人。东峻学习班的学员们把廖心阳传授的台湾钓鲫鱼技术概括为“台湾钓鲫法”，有人简单地叫“台湾钓法”，再简称为“台钓”。现在，一提到“台钓”，钓手们就知道是“台湾钓法”。

参加东峻学习班的学员在学得台钓技巧后，回到各自的所在地又向钓手们传授，这就像滚雪球一样，学习台湾钓法的人越来越多，到了20世纪末，台湾钓法已风行全国各地，成为大陆的一种时尚钓法。

由于台湾钓法的推广普及，大大促进了钓具产业的迅速发展，国内的许多地方都创办了钓具生产公司，不但生产钓具，而且生产专供台湾钓法使用的各种鱼饵。

曾经参加东峻学习班的学员后来都成为台湾钓法的领军人物。他们以娴熟的台钓技巧在各种钓鱼比赛中屡屡获胜，有许多钓手还获得了钓鱼大师的称号，有的成为职业钓鱼人，有的创办了钓具公司，如丛杰、王永贵、侯成胜、李维新、黄适之、邓刚……这些钓鱼高手不但掌握了台湾钓鱼技术，而且“青出于蓝而胜于蓝”。在后来的国内各种钓鱼比赛中，台湾钓手参加全国钓鱼比赛的成绩“一落千丈”。1995年，丛杰在全国钓鱼高手大赛上创造了6小时钓获鲫鱼813尾的亚洲纪录，平均时速135尾。1999年5月首届“老鬼杯”钓鱼大奖赛，翟少明以拉饵术创造了钓鲫时速265尾的新纪录，但两个月之后就被河南钓手李冬刷新，他的钓鲫时速达339尾。拉饵术的出现，使池塘钓鲫速度达到极致。

内地的钓手通过分析研究，得出一个结论：台湾钓法的实质是悬坠钓法，也就是在池塘速钓鲫鱼的一种方法。任何事物总是会向前发展的，国内钓手通过

实践，在台湾钓法的基础上，对调漂的技巧进行研讨，扩大了所钓的对象鱼的范围，并且由单纯的池塘钓扩大到水库钓、湖泊钓，由单纯的底钓扩大到悬钓，台湾钓法不只是竞技钓，休闲钓也可以使用，并且形成了钓技各异的技术流派。这期间，在理论上也出现了新的见解。

二、台湾钓法所产生的深远意义

（一）促进了钓技的创新和提高

台湾钓法在大陆已经有近30年的历史了，是中国钓鱼史上具有里程碑意义的事物，尽管这种钓法有它的局限性，但是台湾钓法所显示出的钓具的灵敏度，钓技的规范性，鱼饵使用的强诱鱼力，都是传统钓法所不具备的。在实践中，竞技钓手的绝佳的钓绩也无可争议地证明台湾钓法的钓技的先进性。台湾钓法所具有的快速诱鱼、快速挂饵、快速抛钩、快速扬竿、快速取鱼的特点使传统钓法相形见绌。

（二）促进了我国渔具产业的发展

由于台湾钓法在大陆的迅速兴起和普及，广大钓手购买渔具的要求也变得十分迫切，由于台湾钓法对使用的渔具的质量要求较高，品种型号也多，因此渔具生产厂家纷纷成立，生产规模迅速扩大。据资料显示，台钓传入大陆以来，我国渔具的生产量几十倍地增长，厂家也是几十倍地增加，从而大大促进了我国渔具生产的迅猛发展，于国于民都是件大好事。

（三）钓鱼活动成为新的经济增长点

渔具生产厂家为了推介自己的产品，不但在新闻媒体上做了大量的广告，同时也采取许多措施扩大产品销路，为自己多创利润，其主要手段是举办各种渔具展博会，在展博会上推销产品，二是举办各种钓鱼比赛，扩大自己产品的知名度、创名牌。钓鱼比赛的开展又促进了旅游业、餐饮业的发展。因此，台湾钓法促进了我国钓鱼活动的普及与提高的同时，也促进新的经济发展。

三、台湾钓法的主要特点

台湾钓法在钓鱼比赛中有其明显的优势。既然有超乎寻常的优势，必然有其自身的特点。

台湾钓法有以下几大特点：

(一)精良的渔具

台钓使用的鱼竿的特点：一是短。台钓使用的鱼竿通常在3米以上，5米以下，6米以上的长竿少见。二是轻。即是短竿，自然分量轻，加之材质好，质地细，显得十分轻便。碳素竿较之玻璃纤维竿更轻。根据用途不同，厂家还专门生产了钓鲫鱼的鲫鱼竿，钓鲤鱼的鲤鱼竿，在溪流垂钓的溪流竿，在池塘、河流中垂钓的池塘竿。按竿的性质还分硬调竿、中硬调竿、软调性竿。硬调竿以钓小型鱼为主，软调竿适宜钓较大的鲤鱼、草鱼。台湾钓法的鱼竿类别多，性能针对性强，能在各种场合发挥其优势。

台钓使用的钓线为细线，质地好。脑线（拴渔钩的一段线）较主线更细，多为0.1~0.2号的细尼龙线，而且脑线长（约20厘米）。

台湾钓法使用的是无倒刺钩。钩的型号多，从1~8号钩均有，用得最多的是3~5号钩，钓手出外钓鱼准备有型号不一的多种钩组，每只钩都系结有长短不一的脑线，以便随时更换。使用无倒刺钩的最大优越性是取鱼速度快。台钓使用的鱼护口中间有一个金属挡针。钓者钓住鱼后只须捏着脑线往挡针上一磕，鱼钩自动脱离鱼嘴，鱼自动滑入鱼护。另外，在许多钓鱼比赛时，钓获的鱼在计算了数量后，须将鱼倒入池塘中。这时，使用无倒刺钩就不会伤鱼，鱼入水成活率高。事实证明，即使在休闲钓中，也完全可以使用无倒刺钩。因使用无倒刺钩导致鱼脱钩钓不上来的情况是不多见的。

台钓法使用的是双钩，这是区别传统钓法最显著的特点。其优越性是：若池里鱼多，抢食，两只钩会同时上鱼，自然比单钩垂钓效果强。另一点是，若一个钩的钓饵脱落，散落在水底的钓饵可起到诱鱼的作用，另一只钩就发挥了钓鱼的作用，两只钩的作用会互相照应，互相补充。双钩的作用自然是一举两得。

台钓使用的浮漂多为较长的（20厘米以上）两头尖、中间粗的浮漂。浮漂的上端用几种不同颜色区分成小格格，每一小格叫一目。这些目的作用十分重要（以下章节将专门讲其作用）。

台钓使用的渔具中还有不可或缺的太空豆、漂座、铅皮坠等。

（二）使用悬坠

台湾钓法使用的是悬坠。这也是台湾钓法与传统钓法的最大区别。传统钓法的钓组铅坠是沉底的，脑线是平躺在水底。鱼在咬饵时，铅坠不可能向下运动，只有当鱼衔饵在口抬头游走时，才能将铅坠提离水底。因此，浮漂的漂讯几乎全是上送，传统钓法永远抓不到鱼吸饵入口的第一信号。台湾钓法的先进性就在于科学地运用了浮力与重力的平衡原理，利用线组（包括饵、钩、联结环、铅坠、铅皮座、太空豆、浮漂座、脑线、主线）的整体重力来平衡浮漂的浮力，铅坠是悬着的。这时，铅坠、钩、饵的重力不像传统钓法那样，独立于平衡体系之外，而是成为这个平衡整体中的一部分。由于钓饵、铅坠的重量被浮漂的浮力充分平衡，钩、饵、铅坠处于失重状态，这就大大提高了从钓饵到浮漂的整体灵敏度。水底的地面几乎不承担钓饵、铅坠的重量。在这种状态下，鱼只要在吃饵时把钩、饵吸入嘴中，就会打破浮漂的平衡状态，使浮漂产生下挫的信号，这个短促的一挫，就是台湾钓法的钓手对悬坠钓的“标准信号”的习惯认识，于是只要浮漂出现下挫的信号，钓手就会立即扬竿。显然，台湾钓法出现的鱼吞食钓饵的信号比传统钓法出现的信号要快得多，使钓手能迅速扬竿。信号快捷，扬竿快捷，自然大大增加了垂钓的中鱼率。

（三）垂钓程序规范

为了达到动作快捷，不浪费时间，以尽量提高钓鱼效率的目的，台钓法很讲究垂钓的一整套规范性的动作。

各种渔具的摆放都有要求。通常是右手持竿，敞口鱼护放在座位的左前方，抄网放在座位左侧，随时准备使用。

台钓法从挂饵、抛线、竿梢入水到扬竿、抄鱼、取鱼等一系列动作都有自然形成的规范性动作要领，否则就会延误时间，影响垂钓效率，若是参加比赛，自然落伍，取不上名次。

（四）独特的使用饵料的方法

台湾钓法使用的饵料及使用方法与传统钓法有明显的不同。具体表现在以下几点：

1. 诱饵、钓饵不分

传统钓法使用的饵料由两部分组成：一是先向水中垂钓处投放诱饵。通常用“打窝器”或用手抛。投放的是粗糙型饵料（以颗粒形状为主、粉状物质为次）。其作用是通过饵料的气味、颜色将鱼儿吸引到垂钓处。然后，再在钩上挂食饵，供鱼儿吞食的饵料。而台湾钓法使用的是一种饵料，这种饵料既起到诱鱼的作用，也是钓鱼的，供鱼儿吞食的饵料。在鱼儿未吞食前，部分饵料因水的作用而变软变散，慢慢从钩上脱落（有人称之为饵料的雾化），落入水中，起到诱鱼的作用。也有人在垂钓时，首先多次在钩上挂饵，投入水中，让其脱落、雾化，然后，再在钩上包裹团粒较小的饵料，供鱼儿吞食。另外，台钓法使用的是双钩，双钩上的饵料往往其中一个钩的饵脱落，起诱鱼的作用，而另一个钩上的饵起到钓鱼的作用。

2. 多用植物性质的饵料

台湾钓法很少使用动物性质的饵料，如蚯蚓、昆虫和家畜、家禽的内脏等，基本使用的是植物的种子、果实，一般是把它们粉碎后，加入其他辅助成分配制成饵料，如饼类、豆类、薯类。饵料配成后，在使用时，加水拌和、揉捏，随捏随用。

3. 对饵料使用的技术要求较高

台湾钓法的饵料是以粉状为主，颗粒状为次，这是由使用方法所决定。挂到钩上的饵料必须是团状，有一定黏性。但黏性要适度，太黏了，饵料入水不能化开，鱼儿触及不到鱼钩不行。台钓法要求饵料入水在 1~2 分钟之内雾化。没有黏度也不行，没黏性，颗粒状的成分多了，可能就挂不上钩，即使挂上了，落入水中就化开了，或是未入水时就散开了。如何调拌成黏度适当的鱼饵，需要不断地实践，反复比较。调拌好饵料后，可在水中试用一下，看溶化的时间是否得当。事先不妨先调稀一些，再逐渐添加干粉。若是稠了再调稀就比较费事。

除了鱼饵的黏稠、松散度要求适当外，对钓饵使用时的团粒的大小也必须得当。前面已介绍过，台钓中钩、线入水后，铅坠是悬着的，浮漂在水面以上露出的是“四目”，钩上挂饵后，浮漂下沉一些，水面以上露出“二目”，也就是说，两个钩上的两团鱼饵的重量应使浮漂下沉“二目”。鱼饵团大了，浮漂会沉入水中，显不出“二目”；鱼饵团小了，水面上的浮漂可能是“三目”“四目”。因此说，揉捏鱼饵团粒的大小，是个“技术活”。熟练者，能 3 秒钟捏一个大小适度的饵团，靠的是“熟能生巧”。

4. 使用的成品鱼饵多

台湾钓法在大陆兴起以后，渔具生产厂家及时研制、开发了多种多样的鱼饵。这些鱼饵使用的针对性很强，如适用性较广的“东峻”饵，突出香味的“锦龙”“丸九”，突出清淡味的“四季”“丸九黄鲫”，还有以钓鲫鱼为主的鲫鱼饵，以钓鲤鱼为主的鲤鱼饵，以钓罗非鱼为主的“福寿饵”。还有含蛋白质纤维的“拉饵”，不含蛋白质纤维的“搓饵”。这些钓饵制作精细，色、香、味俱全。有的鱼饵的配方是绝密的，钓鱼效果好，用来很方便。

5. 清洁、卫生

台湾钓法的用饵不像传统钓法中把蚯蚓、蛆虫、家禽内脏等作为饵料，这些东西很脏。而台湾钓法用饵就没有此类的脏物，清洁、卫生，袋包装。用多用少皆根据需要，易携带，易保管，利于保护环境卫生。

6. 不浪费饵料

台湾钓法用的是商品饵、袋包装，有粉状饵、片状饵、颗粒状饵。钓者到钓场后用多少取多少，配制的鱼饵不会剩余很多。剩下的干饵只要保管好（放入冰箱冷藏或冷冻），可长期使用，还可节约饵料。

7. 品种多，针对性强，选择余地大

商店里的鱼饵可谓是花样繁多，琳琅满目，针对各种鱼的饵料无所不有。钓者可根据自己的需求灵活选用。而且可以选用 2~3 种鱼饵混合使用，实践证明混合使用商品饵比单用一种饵的钓鱼效果要好。

（五）垂钓效果好

由于台钓从使用渔具到一系列垂钓过程都有较为规范的标准，也就是含有一定的科学性、先进性，在一些特定的钓鱼场所钓鱼效果比用传统钓法效果好。这里所说的“特定场所”指的是小水面的人工养鱼的池子、小湖，鱼的数量比较多，鱼种多是鲫鱼、罗非鱼之类的小型鱼。很多钓鱼比赛也正是在这种场所进行。鱼儿上钩快，必须要快速抛线、扬竿、抄鱼、取鱼。有些高手平均不到一分钟或 1~2 分钟就能完成一整套钓鱼动作，一小时能钓起三百多条鱼。若用传统钓法的长竿、长线，穿蚯蚓，其速度远远比不上台钓法，成绩自然落后。就某种意义讲，台湾钓法在一定场所的钓鱼竞赛中有着绝对优势。参赛者，谁不想取得好成绩呢？台钓法对钓手们有很大的吸引力，学习、传播台钓法成风就是自然而然的了。

四、台湾钓法与悬坠钓法有什么不同

台湾钓法传入中国大陆已有近20年的历史了。国内的钓手对台湾钓法不但能熟练地掌握,而且钓技又有所发展和提高,其钓法比台湾钓法更先进了。如果再与台湾钓法竞赛,恐怕名落孙山的不是大陆钓手而是台湾钓手了。这种钓法就是手竿悬坠钓,简称“悬坠钓”。台湾钓法的技巧的核心部分也是悬坠钓,但与大陆钓手的悬坠钓有所不同,有以下几个不同点:

(一)调漂的理念不同

“调四钓二”是台湾钓法的基本调漂法。大陆钓手的调漂法较台湾钓法的调漂法灵活,不局限于“调四钓二”,可以“调五钓三”,也可以“调六钓四”“调四钓一”。

台湾钓法认为空钩半水调漂露出水面的目数越多越灵敏,而“悬坠钓法”多是带饵半水调漂,调漂时露出水面的目数越少越灵敏。

(二)提竿动作有所不同

台湾钓法的提竿动作要求是持竿的手臂先向前伸直,然后再上扬,简称叫“前推上扬”。

悬坠钓法的提竿动作要求持竿时大臂带动小臂直接发力,上扬的范围小,有力的一扽,使鱼钩刺入鱼唇,无须“前推上扬”。这种动作刺鱼速度快,若遇着大鱼便于遛鱼。

(三)适应范围不同

台钓主要是在池塘里用底钓法钓小鲫鱼,而悬坠钓法不但可以用作速钓鲫鱼的竞技钓,也可用作野外休闲钓,不但可以底钓,而且可以浮钓,钓半水鱼,钓大鱼。

(四)压线的方法不同

台钓在抛钩后要求先把竿梢压入水中,再向后拉动浮漂30厘米,然后,再将竿梢向前推30厘米，其目的是使浮漂同钓饵能保持在一条直线上。

悬坠钓的压线也是先将竿梢压入水中，等浮漂站立后，再回送浮漂，其目的是使钓饵沉入水下，避免钓饵在沉到半水时被拉动。

不可否认，大陆钓手创造的悬坠钓法虽是台湾钓法的钓技的深化和提高，但基本点仍是相同的，真正有区别的就是悬坠。可以这么说，悬坠钓法的技巧比台湾钓法更高，所探讨、研究出的用漂方法更为科学，悬坠钓法是台湾钓法的“升级版”。

五、钓具的选用

（一）怎样选用鱼竿

使用的鱼竿有玻璃纤维竿和碳素竿两种。

1. 玻璃纤维竿

玻璃纤维竿是用玻璃纤维和树脂制成的鱼竿。这种鱼竿坚固耐用，可伸可缩，使用方便，弹性也好，有韧性，价格不高，是当前普通垂钓者广泛使用的鱼竿。根据使用者的不同需求，玻璃纤维竿有长竿、特长竿和袖珍便携式竿。长则十多米，袖珍式缩收后仅40厘米左右，携带非常方便。

玻璃纤维竿的性能是韧性好，承受的拉力强，而且不导电，价格也比碳素竿便宜，但是同碳素竿比较，同样长度的玻璃纤维竿比碳素竿重得多。专业钓手多是使用碳素竿。

2. 碳素纤维竿

碳素纤维竿是从20世纪90年代开始生产的一种鱼竿。其材料主要成分是碳纤维。碳纤维竿的特点是轻，其重量约为玻璃纤维竿的1/2，而且强度高。不足之处是该竿导电。垂钓时，若遇雷雨天气极不安全，若竿体触及高压线更危险，因碳素竿触电而出现的伤亡事故经常会发生。其价格较玻璃纤维竿贵。

碳纤维竿硬度好，但质脆，韧性不足，易折断，这也是碳纤维竿的另一个不足之处。

3. 怎样挑选鱼竿

为了避免误买假冒伪劣鱼竿，买时，首先应仔细观察竿的外观，看是否有光泽，做工是否精细，再拉开各节，看接口是否厚薄均匀，插头部分是否有裂缝。

把全竿伸直，握竿抻几下，看竿的强力、韧性如何。再看鱼竿上的商标、图案、文字是否清晰。正规厂家生产的鱼竿上（或外套上）标明有“ISO-9000”质量认证文字。这种认证是国际标准化组织发布的评价企业质量能力的系列标准代号的一种。

事实上，鱼竿的质量良莠不齐，市场上以次充好、以劣充优的现象十分普遍。碳素竿价格较贵，若掏了高价钱买个假冒伪劣货令人气恼。为此，买鱼竿时应考虑得复杂一点。首先从竿的重量上辨别是碳素竿还是玻璃纤维竿。碳素竿的重量多半是同长度的玻璃纤维竿的重量的1/4~1/3。如3.6米长的碳素竿重量仅60克左右，而同等长度的玻璃纤维竿重量多在150克左右。另外，注意长度是否够标准。如竿上标明是6米，可能实际长度比标明的长度要少30~50厘米。还应测试其落地声。将两种竿全抽开成单个，选其较粗的几根，竖着轻轻落地，碳素竿发出的声音清脆，玻璃纤维竿发出的声音较沉闷。

另外，应尽量去大型渔具店、证照齐全的渔具店买竿。其信誉度应该是高于小店。

台湾钓法使用的鱼竿就其性能软硬度可分为软调竿、中硬调竿和硬调竿三种。

软性调竿：把一副鱼竿全部拉出伸展以后，手的感觉竿子韧性较好，在竿子的中部就有弯曲的现象。这种竿子由于有一定的韧性，承受力较大，钓草鱼、鲤鱼、鲢鱼多用这种竿子。

硬性调竿：顾名思义，竿子有一定的硬度。竿子拉出伸开后，仅竿梢部分有些弯曲。这种竿子由于韧性差一些，适合于钓小型鱼，如鲫鱼、罗非鱼等。

中硬调竿：其硬度、韧性介于以上两种鱼竿之间，适应性较广，能钓大鱼，也能钓小鱼。如果图方便的话，可使用中硬调竿。

渔具生产厂家还根据垂钓的需求，针对不同场所不同鱼种，分别生产了鲫鱼竿、鲤鱼竿、池塘内河竿、溪流竿等不同用途的手竿。这些竿子的长度、软硬度各有不同，针对性较强。钓鱼高手常常根据不同的垂钓环境、鱼种的不同而使用不同品种的鱼竿。普通业余钓鱼爱好者就不必这么讲究了，有一副软硬度适中、4米多长的鱼竿也就可以了。

4. 怎样保护鱼竿

鱼竿是所有钓具中价格最贵的，所以要爱惜使用，精心保护。

鱼箱中应常备一块软布。每次钓鱼结束时，将布润湿，擦拭竿体，待竿体无水分干燥后，再逐节缩回，避免灰土、脏物留在竿体上，造成对竿体表面的腐蚀，况且也不美观。

不要让竿子内部进水。因为竿子内部进水后不易干。水的酸碱度对竿体有腐蚀作用。尤其是水质很差的污泥浊水，对竿子的损害更大。

不要用油脂、含化学物质的水擦拭竿体，这样做会导致竿的表面起泡、发霉、褪色。尤其是在夏天更不能这样做。

钓到大鱼时，当鱼已到近岸处，竿梢的弯曲度最小，稍不注意就会折断竿子的前两节。因此不要让竿子垂直，应斜到钓者的侧方，以加大竿梢的弯曲度，减少竿梢的承重力。

钩上取鱼时，垂钓者往往很激动，常常慌忙把竿扔到地上去取鱼，很容易踩住鱼竿，应引起垂钓者注意。在钓到大鱼时，更应注意先放好鱼竿。

若是钓钩在水中被草茎、树枝挂住了，千万不要死拉硬拽，要沉住气，从不同的角度提线，看是否可以提出钩。若钩子离岸边不远的话，可借农民的竹竿、铁钯，先把草茎拉断，或者把树枝拉到岸边，然后取钩。若这些方法都用了，还是不行，那就只好“丢卒保车”了，也就是舍弃钩线，保护鱼竿，办法是：扭动鱼竿，使竿梢以外的线尽量绕到竿子上，然后用劲拉。其结果是：可能把钩子拉出，钩线完好无损；另一个可能就是断线折钩，但竿子是完好的，这就是只损失了钩线，而保住了竿子，损失是最小的了。

渔具店有一种防电胶套出售，用这种胶套套住鱼竿的末节粗把，再把胶套放到火上（或酒精炉上）加热烘烤，胶套受热后用手按压，使胶套紧紧与竿把连在一起。有了这胶把，可以防止鱼竿触电伤人。尽管用了防电胶把，在钓鱼时还应远离电线为好，以防触电事故发生。须知钓鱼是安全第一，获鱼第二。

防止软带磨损开裂的妙招

竿梢是硬的，很细，而软带是软的，二者长期摩擦，容易造成软带磨坏。现在介绍一个小窍门可以避免软带磨损，延长软带的使用期。在竿梢前的软带上滴几滴“502”胶，几分钟后，有了胶的软带就变硬了，前面的软带无论怎么转动也磨不到竿尖上，自然减少了摩擦，延长了软带的使用期。

软带加胶保护（见图 46）。

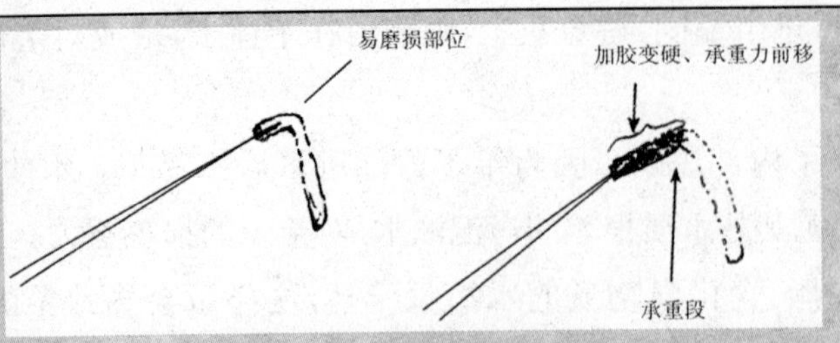

图 46　软带加胶保护法

(二)选用渔线还应注意四点

1. 滴水性好

所谓滴水性，就是线在离水后水残留少。尼龙线比锦纶线、棉线滴水性能好。

2. 拉力强

即结实耐用、不易折断。渔具店出售的渔线在外包装上都会标明此渔线的拉力。

3. 不弯曲变形

好的渔线无论怎么缠绕，放开后都是垂直的状态。变曲的线容易使钩在水中呈倾斜状态，鱼不易上钩，而且容易脱钩。

4. 柔软

无论是粗线还是细线，都应是柔软的，并且用一段时间后也不发硬，此线即为好线。

另外，锦纶线属另一种软性线，多用于海竿垂钓时绑钩。钓有牙齿的鱼（如淡水白鲳），宜用锦纶线，不易被鱼咬断。

5. 重视脑线的作用

在休闲钓中，许多钓友不单独使用脑线，也就是说，主线脑线是一条线，线的末端拴钩。他们认为，单独使用脑线麻烦，钓线上还得拴联结环，再把脑线与联结环连结。这种用线的方法，也无可厚非，反正不是竞技钓，钓多钓少都没关系。但是，若讲垂钓效果，还是单独使用脑线为好。

6. 单独使用脑线有以下优越性

（1）脑线比主线细，隐蔽性好，可提高钓鱼效果：脑线的线径通常是主线的 1/2 或 2/3。尤其钓小型鱼，如鲫鱼，由于鲫鱼的警惕性高，线若粗了，它们可能避而远之。而细线，加之又是与水一样的无色透明，鱼就很容易前来咬钩。

(2)增强了钓线的灵敏度：细线比粗线的灵敏度高一些，鱼吸食鱼饵的速度加快。

(3)有利于保护主线：细线的耐拉力比粗线差，即使断了，也是损失一小段脑线，换一根就是了。若没脑线，断的就是主线。主线断了，整根线可能就报废了，线上的浮漂、铅坠都没有了。

(4)换线灵活，快捷：钓鱼时，一般是什么脑线配什么钩，一线一钩，事先都准备好的。还可根据实际情况，如对象鱼的大小来灵活选用钩线，钓大些的鱼用大些的钩，钓小型鱼用小号的钩。脑线与主线是联结环连结，若需换线，把线从联结环上取下换上另一支脑线就行了。

至于脑线的长短问题，是长脑线好，还是短脑线好？应该具体情况具体分析，主要看使用的什么钓法。

传统钓法，脑线较短，多在5厘米左右，但至少在3厘米以上。传统钓法多是铅坠触水底，钩是卧在水底的。由于短线短，鱼中钩的信息反应较快。也由于脑线短，钩的稳定性能好，鱼一旦触及，就会将钩饵吸入口中。若脑线过长，又是卧于水底，鱼的游动会使水底的泥浆泛起，脑线、鱼钩也会随着水的波动而晃动，甚至移位。而短脑线就不会出现这种情况。

长脑线也不是没有优越性，长脑线多用于悬坠钓，悬坠钓也称“台钓”。台钓的脑线长度多在20厘米左右。台钓用的多是双钩，双钩用的脑线更细，加之铅坠离钩有20厘米，脑线的隐蔽性能相当好，鱼几乎发现不了脑线，而只看到钩饵，很容易在无戒备的情况下咬钩。

但是过长的脑线也有弊端。像上节所说的那样，由于脑线过细过长，鱼在游动时产生的水的波动很容易使脑线、钩饵晃动，为鱼的咬钩增添了麻烦，也就是说，钩线的稳定性能降低。另外，鲫鱼咬钩后的习惯动作是头向上扬，钓鱼人所言的“撅着尾巴游，咬钩就抬头”正是鲫鱼咬钩的特点。鱼一抬头，由于线细，不易发现渔线。

7. 线的型号及其使用意义

钓鱼人应了解线的型号及其拉力，以便在使用时选择恰当的型号的线，线的型号通常是以线的横截面的直径来计算的，如0.4号的线，它的直径就是0.4毫米。也就是说，线的型号越大，线越粗，拉力越强。也有另一种型号的线，以磅为计算单位，以1米长的一段线所能承受的重量是多少磅就叫几磅线。1磅等于0.45千克。但是国内用得最广泛的还是以线的直径为线的型号，这种方法简便易记。但日本产的渔线的型号与线的直径不是一个概念。

现从一份资料上摘录一组线的直径与其拉力的数字，便于大家参考使用，见表1。

表1　线径与拉力对照表

线径（毫米）	拉力（千克）	线径（毫米）	拉力（千克）
0.15	0.85	0.45	5.52
0.20	1.50	0.50	9.80
0.25	2.00	0.55	12.50
0.30	2.50	0.60	15.50
0.35	3.60	0.70	19.50
0.40	4.50	0.80	25.00

（三）浮漂

垂钓者是通过水中的浮漂来观察判断鱼儿咬钩上钩的，浮漂是十分重要的信号标志。台湾钓法使用的浮漂也有别于传统钓法使用的浮漂，不用“七星漂”，也不用“散漂”，而用立漂。这种立漂的长度在20厘米左右，呈两头尖细中间粗，似纺锤状的流线形或锥形。

浮漂的上段用几种不同的色彩区分成若干小细格。每一格叫一目，从顶端往下数叫一目、二目、三目、四目、五目……这几“目”在垂钓中起着十分重要的作用（其内容在后面将专门介绍）。

1. 浮漂的结构

浮漂的结构有三部分，即漂尾、漂身、漂脚（见图47）。

（1）漂尾：漂尾在漂身的上部，就是标有目数的这一部分。漂尾在浮漂中起到传递鱼讯的重要作用。钓手们都是通过漂尾的动态变化来观察鱼讯，掌握提竿时机的。钓鱼高手在选用浮漂时，首先考虑的是选用什么样的漂尾的浮漂。

漂尾又可分为软尾（即空心尾）和硬尾（即实心尾）两种。软尾是用塑料制成，比重小于水，可以增加浮漂的少许浮力。软尾的稳定性能较好，只有在一定的下挫力的情况下，才显示出动态。硬尾多是采用玻璃纤维或碳纤维材料制作，其比重比软尾大，对浮漂漂身的浮力略有减少。但是硬尾的灵敏度高于软尾。当浮漂下挫时，下沉的幅度较大，反应的信号较为明显。正是由于硬尾过于灵敏，能反映出鱼未中钩时的一些假信号，才使钓者不会轻易扬竿。

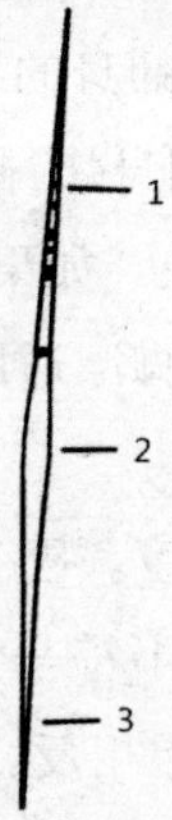

图 47　浮漂的结构

1. 漂尾　2. 漂身　3. 漂脚

（2）漂身：漂身就是浮漂的中间部分。漂身有粗细和长短之分。

漂身的粗细起到两个作用：一是决定吃铅量的大小；二是决定漂分水的阻力的大小。漂身越粗，浮力越大，所需的铅坠的重量越大。反之，细漂身的吃铅量小。漂身越粗，在水中的阻力就越大，浮漂翻身的速度就越慢；反之，细漂身的浮漂由于对水的阻力小，所以在水中翻身的速度就快，而且，翻身后立起的速度也越快。钓手们在底钓时和钓轻口鱼时，常用漂身细长的浮漂。在浮钓时，又常用漂身较粗的浮漂。

漂身除了有粗细之分外，还有长短之分。长身浮漂吃铅多，在站立状态下向四周活动时水阻力就大，所以漂身越长就越稳定。浮漂越长，其重心就越高，在翻身时阻力就越大，由于阻力大，所以翻身的速度就慢。长漂身的浮漂在外力作用下启动的速度也慢，其灵敏度差，较迟钝。所以钓手们多用长身漂钓大鱼。短漂身的浮漂稳定性能略低于长漂身的浮漂，但灵敏度高，很细小的鱼讯就能反映出来。

漂的形状与钓鱼也有很大关系。枣核形（即两头细、中间粗）的浮漂多用于钓易于中钩的鱼。细长的浮漂多用于钓狡猾的鱼。锥形的（即下粗上细）的漂稳定性能最好，多用于浮钓，或在有水浪的水域使用。

（3）漂脚：漂脚也有长短、粗细之分。漂脚的材质有竹脚、碳脚、玻璃纤维脚。竹脚又有长竹脚和短竹脚两种。好的竹脚选用的材质是竹子的外部接近竹皮的部分，其特点是结实耐用，有韧性。用碳纤维和玻璃纤维制作的漂脚没有浮力，选用这种漂脚不能过粗，过粗的漂脚会降低浮漂的浮力。

浮漂漂脚的长短与浮漂入水后翻身的速度关系很大。浮漂的漂脚长，浮漂翻身的速度慢；漂脚短，浮漂入水翻身快，翻身的快慢直接影响到钓鱼的速度。若是竞技钓，浮漂翻身快上鱼自然快。如果池塘中鱼的密度大，上钩快，应尽量避免使用长脚漂而使用短脚漂。长脚漂适用于鱼塘中鱼的密度小，鱼的活动量小，或用于开钓时的引鱼诱鱼阶段。

漂脚粗也会影响到浮漂的灵敏度。因为粗漂脚有一定的重量，会减弱漂身的浮力。粗漂脚切水性差，阻力大，不符合“浮漂应尽量减少对水的阻力”的用漂原则，短脚漂的性能恰恰与长脚漂相反。由于漂脚短，浮漂入水时翻身速度快，相应地增加了浮漂的灵敏度。

漂脚是插入浮漂座里的，在水中是看不到的。

2. 浮漂种类及其性能

浮漂的挑选和使用是台湾钓法中的一个关键环节。市场上浮漂的种类很多，形状多样，制作的材质也多样。要想把浮漂使用得得心应手，首先应了解各种材质的浮漂及其性能。常见的浮漂其材质有轻木（即巴尔杉木）、孔雀翎、芦苇及塑料等。现分别做一介绍：

（1）巴尔杉木漂：巴尔杉木是最轻的一种材质，质地柔软，比重小，结构不紧密。巴尔杉木漂具有洁白的外表。其性能是浮力大，稳定性好，灵敏度高，启动快，下挫幅度大。它具备了芦苇漂、孔雀翎漂的各种优点，是目前使用最多的一种浮漂。

（2）孔雀翎漂：孔雀翎漂是用孔雀的翎毛杆制作的浮漂。可分为去壳和带壳两种。带壳的孔雀翎漂不容易渗水，弹性好，浮力也好。去壳的孔雀翎漂灵敏度高，但是没有带壳的孔雀翎漂坚固耐用。市场上出售的高档孔雀翎漂多为去壳的孔雀翎制造的，灵敏度相当高。

（3）芦苇漂：芦苇漂是选用风干一年以后的芦苇制作的。其特点是外形美观。芦苇漂分实心漂和多片黏合漂两种。芦苇漂的特点是自身重量轻、比重小、灵敏度高、价廉。

（4）塑料漂：塑料漂使用的材质自然是化工原料，塑料漂属低档漂，重量较重，灵敏度也不如巴尔杉木漂和孔雀翎漂。多为普通休闲钓者使用。

3. 台钓浮漂与传统浮漂的区别

台湾钓法使用的浮漂与传统钓法所使用的浮漂无论从外形或是性能特征都有区别。

（1）外形的区别：传统钓法使用的浮漂多为上下一般粗的圆柱形，下部仅有一个很短的小尖针似的竹棍或塑料棍，插入用气门芯胶管制作的标座上。也就是说，传统钓法的浮漂仅有漂身和小插针（也可叫漂脚）两部分。台湾钓法的浮漂要比传统浮漂长4~6倍。台湾钓法的浮漂有明显的三部分，即漂尾、漂身、漂脚。仅漂尾就有10多厘米长，有的达到20厘米长（图48）。

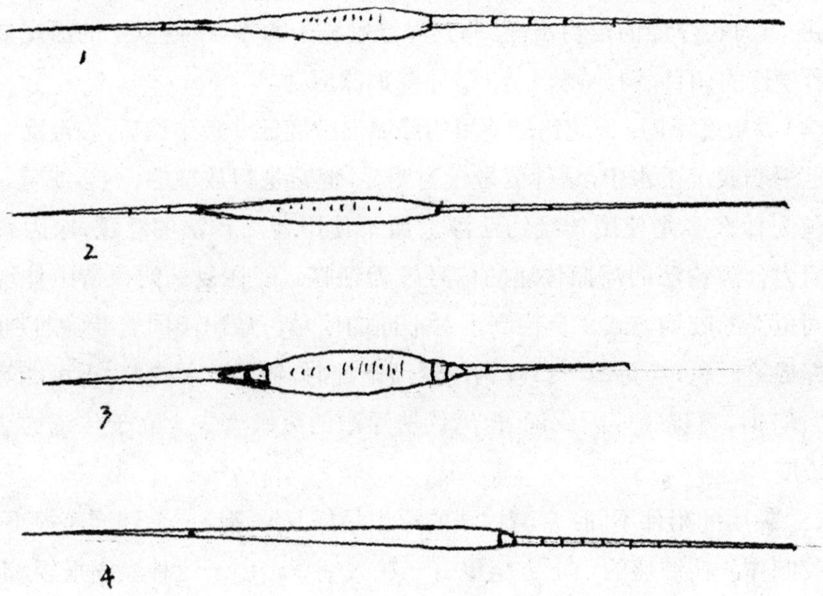

图48 各种浮漂

1. 鼓形漂 2. 流线形漂 3. 水滴形漂 4. 长形漂

（2）工作状态不同：传统钓法的浮漂仅起到反映鱼讯的作用。因为传统钓法的铅坠、钩、饵是卧于水底的。鱼咬钩后，先是带动铅坠，再拉动脑线、水线，鱼因中钩感到难受，用抬头上游的方式以减轻疼痛。这时，浮漂就是上升状态，或是平躺于水面，或是倾斜于水面。有些鱼中钩后，立即游窜。此时，浮漂就会全部沉没于水中，这种状态就是钓鱼人常说的“黑漂”。台湾钓法的浮漂不但起到传达鱼讯的作用，更重要的是起到平衡钓组的重力，使铅坠、钩饵悬于水下（或一钩触底），也就是达到“二力平衡”。由于铅坠、钩饵悬于水中，鱼咬钩后，直接带动脑线、水线，浮漂产生的信号多为下挫。因此说，台湾钓法能传递的信号要比传统浮漂传递的信号快得多，钓鱼人自然会在短时间内钓到鱼，从而大大提高了中鱼的概率。

（3）调漂方法不同：传统钓法的调漂方法较为简单。第一步是使水线的长度大于水的深度，这时钓组入水后钩坠沉入水底，浮漂平躺（或斜插状态）于水面。然后逐渐下移浮漂，缩短水线，当水线的长度与水的深度一致或小于水的深度时，浮漂就会直立于水中。其实这时的铅坠、钩仍然卧于水中。只要浮漂垂直于水中，钓者就可以在钩上挂饵施钓了。

台湾钓法的调漂方法较为复杂，但它是科学的调漂法。调漂的标准是使钩、坠的重力与浮漂的浮力平衡，调到浮漂垂直于水中，水面以上的漂尾显示出钓者所设计的调目，钩、坠悬于水底，才算调漂成功。

（4）灵敏度不同：传统钓法使用的浮漂灵敏度低。鱼中钩后，在浮漂上的反应多是平躺或沉于水中，这种信号较为明显，但它是粗放型的，不够细腻。老年人钓鱼为什么多是使用传统钓法浮漂而不使用台湾钓法的浮漂，原因就在于此。因为台湾钓法的浮漂传递的信号较为细腻。能在复杂的鱼情中体现和区分不同鱼类的咬钩方式。台钓高手对不同的信号可做出不同的准确的判断，及时把握提竿时机，当鱼第一口咬钩使浮漂下挫时，钓手就要提竿，不可能等到出现“黑漂”时，再提竿。因此说，台湾钓法浮漂的灵敏度大大高于传统钓法浮漂的灵敏度。

（5）使用的附件不同：台湾钓法的浮漂是插入浮漂座中。浮漂座很小很轻，用橡胶制作。在漂座的上下方至少有一粒太空豆。由于这种漂座很轻，不会增加浮漂的重量，因此也就不会降低浮漂的灵敏度。又由于在漂座的上下方有太空豆，从而可以固定浮漂座的位置，不会向下自动移动。而传统钓法的浮漂下面的小插针是插在气门芯胶管上，气门芯胶管较粗，至少有1厘米多长，从而增加了浮漂的重量，因此也大大降低了浮漂的灵敏度；加之不使用太空豆，有时气门芯胶管可能会向下移动，从而导致浮漂的移位。插入气门心胶管中的浮漂尖针在上下移动时摩擦渔线，从而使渔线受磨损，缩短了渔线的使用时间。

4. 怎样选用浮漂

台湾钓法使用的浮漂有各种形状，各种规格，价格也有很大的差别。不能笼统地认为哪种形状的好，哪种规格的好，也不能说价钱越贵的越好。选漂的原则应该是根据鱼情、水情、气象条件及个人的使用习惯，因为不同形状的漂、不同规格的漂都有其不同的适用范围，也就是说，客观环境因素决定了如何选用浮漂。

（1）气候因素：气候因素包括气压、风向、风力、光线等。

1) 气压：气压的高低对鱼的生活有很大影响，气压低时，鱼的食欲降低，活动量小，觅食自然不积极。这时，鱼吃食时一定是动作小、口轻。用漂时，应选漂尾长、漂身细的小号浮漂。因为气压低的原因，鱼为了呼吸到更多充足的氧气，就会游到水的中层、上层。这时，只能用浮钓法，应选短脚短尾的浮漂。

2) 明亮度：假如天气转阴，无阳光，明亮度低，钓鱼时，若漂身细小漂尾细长，就难以观察鱼咬钩时反映在漂尾上的各种动态。为此，就应选用漂尾轻短、漂身较粗的浮漂，或选用立柱式的浮漂。

3）风：风也是决定选漂的重要因素之一。有风时，水域必有波浪，有浪时，水面是波光粼粼，这时看漂十分刺眼，若漂尖过细过短，是不易观察鱼讯的。此时，应选用长尾的型号较大的浮漂。如果浮漂过小，在抛钩时，也会受风的阻力影响难以把钓组抛到预定的钓点。

（2）垂钓的水域因素：台湾钓法用在竞技钓时，多在鱼的密度较高的小池塘垂钓。由于水面小，钓点离岸不会太远，为了在单位时间里钓获更多的鱼，应选用灵敏度高的型号较小的浮漂。若是在水库、湖泊等宽大的水域垂钓，鱼的密度小，近岸处鱼更少，必须用长竿长线钓远水，钓深水，又因水面多波浪，若浮漂的漂尖细长，漂的型号小的话，钓鱼人就不易及时捕捉鱼咬钩的信号，小漂的稳定性能也差。因此，必须用型号较大、漂身较粗的浮漂。

（3）鱼情的因素：水中的鱼，因种类、大小的不同，它们吃钩时反映在浮漂上的信号也不一样。若是小鲫鱼、小䱗鲦鱼，它们吃钩的动作小，所以应选用灵敏度较高的短身细尾的小号浮漂。若是鱼很小，又刁滑，也应选用小漂。总之，欲钓大鱼就用大漂，钓什么类型的鱼就用什么型号的浮漂。

（4）钓者的因素：视力状况是选用浮漂应考虑的因素之一。年轻人视力好，视距远，远漂的范围很大。钓大鱼时，可以选用大型号漂，也可选用灵敏度高的小型号浮漂。

老年人视力弱，视距近，自然应选用大型号漂或立柱式的圆头浮漂。

5. 怎样购买浮漂

购买浮漂也要考虑多种因素。

（1）根据材质购漂：浮漂的材质有芦苇、孔雀翎、轻木、塑料等。因材质不同，其灵敏度、价格也不同。钓者可根据自身条件购漂。

(2)根据漂形选漂：浮漂的结构虽是三部分，但有的漂尾细长、漂身长，有的漂漂身粗短，漂尾也短。长尾的细身漂灵敏度高，但反映出的信号因为太灵敏而不好把握，适合于钓技经验丰富的钓手使用。而短粗型的浮漂其灵敏度虽然低一些，但抗风浪能力强，稳定性好，适合于野钓、休闲钓，也适合中老年人使用。

(3)根据竿的长度选漂：长竿适合于远钓，钓远水，应选用型号较大的短粗型的浮漂。而3~5米的短竿自然应配体型细小的浮漂，如3号、4号漂。

(4)根据垂钓方式选漂：垂钓方式分为浮钓和底钓两种。浮钓时，应选用短身、短尾的芦苇漂、孔雀翎漂。这种短身漂翻身快，对鱼讯的反映比较灵敏。底钓时，用长脚、长身、硬长尾的巴尔杉木漂，这种漂下沉快，稳定性好。钓混养塘的鱼，应选用碳脚、中长身、中长尾的孔雀翎漂或巴尔杉木漂，这种漂下沉迅速，抗干扰能力强，软尾的有一定的浮力，下挫动作明显。

6. 怎样保护浮漂

浮漂因为形体细长，漂脚、漂尾都很细小，漂体多为空心，是钓具中最易损坏的部件，使用时应格外细心。保护浮漂应注意以下几点：

(1)钓窝附近要开阔、无障碍物

钓鱼人都喜欢在水中有水草，有乱树枝的附近水域选钓窝，因为这些地方多是鱼隐藏、栖息的地方。但是，在这些地方钓鱼容易挂线断漂。因为鱼中钩后有一个习惯，就是向有障碍物的地方窜游，一旦游进乱树枝中、草丛中很容易出现绞线的情况，钓线被树枝缠住，拉不出来，浮漂自然也会受到损失，会发生断线、丢漂的情况。所以，窝点应与乱树枝、杂草丛有一定的距离，避免出现上述现象。

(2)钓到鱼时应先放竿线再取鱼

若是在小池塘里钓小鲫鱼，按正规的台湾钓法操作，由于鱼小很容易取鱼，只要将鱼倒进鱼护，就不会出现踩坏浮漂的情况。若是野钓，尤其是钓获了较大的鱼时，钓者常常是将鱼提上岸，然后放下竿去取鱼，这时最容易踩住浮漂。因为钓了大鱼，钓者很兴奋，只顾去取鱼，可忘了竿和漂，不但会踩坏浮漂，还有可能踩坏鱼竿。所以应小心取鱼，先把竿架到支竿架上，先放竿线再取鱼。

(3)收竿先收漂

钓鱼结束收竿时，应首先摘下浮漂，擦干水分，装入漂筒或漂盒。不要图省事，随便将浮漂放入鱼篓或装入衣服口袋里。将其装在衣服口袋里很容易折断。而装入鱼篓后，再放其他钓具时，也容易折断漂尾或漂脚。

（4）保护好漂目

浮漂的漂尾印有彩格漂目。由于这些漂目是用彩色油漆涂上的，若用力擦拭或者浮漂与其他钓具互相摩擦，就容易使彩格漂目脱漆，使漂目变得模糊不清，影响使用的效果。

（四）铅皮、铅皮座

传统钓法的铅座叫坠子、沉子，是脑线上端的铅坠。台湾钓法叫铅座，渔具店有售。中间为一细杆，包铅片用。铅皮也可自己制作。将粗铅丝（或电工用的粗保险丝）砸扁成薄片，再用剪力剪整齐即可（图49）。

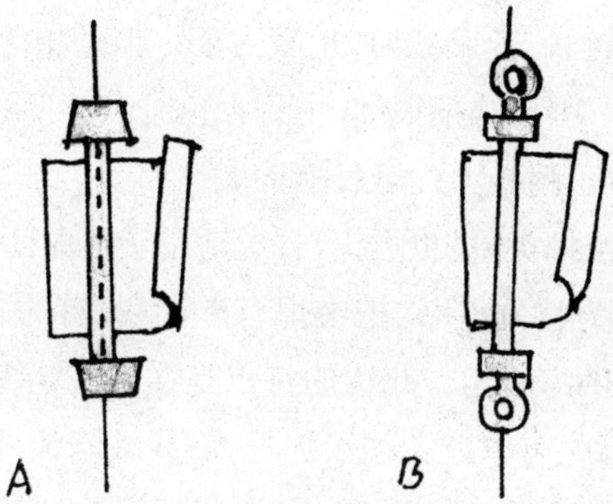

图49 铅皮、铅皮座

A. 空心座 B. 实心座

还有一种简便的办法，就是将铅皮直接裹到连接环上，只有长杆形连接环可以用。

（五）怎样选用鱼钩

1. 对鱼钩质量的要求

好的鱼钩应该是坚、韧、锋利。坚，即结实。钩条过细在使用时易变形，遇上大鱼钩被拉直脱钩。钩条的粗细凭直观和手感可以判断。钩是否锋利也很重要。鱼钩锋利，鱼在吃饵料时，垂钓者只要轻轻动一下竿子，鱼钩就可以钩住鱼嘴。钩是否锋利有一个简便的试验方法：将一块棉布平放在桌子上，把几只鱼钩随便放在布上，然后用两手扯着布的一边提起来，锋利的钩就会自然挂到布上。如钩从布上掉落下来就不算是锋利的钩。另外，钩的弯曲度应均匀适度。后端有钩柄或环，易于结线。钩还应有明显的倒刺。

2. 鱼钩的种类和形状

鱼钩除了型号的大小不一样外，其形状和种类也有多样（见图 50）。

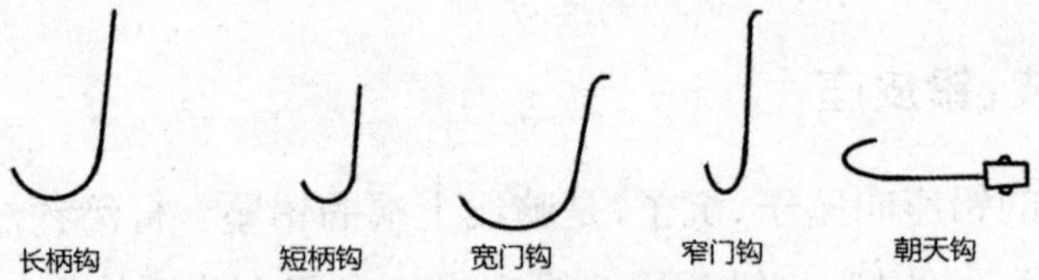

图 50　鱼钩的种类和形状

长柄钩的特点是适宜穿蚯蚓、红虫、昆虫、草、花朵类的钓饵，鱼中钩后，取钩较方便。由于钩柄较长，拴脑线时，也较方便。但是由于钩柄略长，钩条较细一些，若是小号长柄钩，因为钩条很细，钓到大鱼时，钩可能会被拉得变形。

短柄钩的钩条较粗，耐拉力优于长柄钩。

短柄钩既可以挂蚯蚓类、昆虫类饵料，更适用于挂面团类饵料。

朝天钩的形状较为特别，在钩把上焊有一团锡，有的是与钩把融为一体的钢材，粗把上有线孔，供穿线用。此钩的特点是在水底钩尖部朝上，钩柄横卧水中。由于钩尖朝上，因此可以避免被淤泥掩盖，或被暗流冲动，钩上的钓饵容易被鱼发现。尽管此钩有如此明显的特点，但用朝天钩的钓者多是苏杭一带的，在其他地区用者并不多。

3. 大钩好还是小钩好

垂钓者经常讨论这个问题：是大钩好还是小钩好？有的认为大钩好，有的认为小钩好。也往往有这样的情况：大钩也能钓到小鱼，小钩也能钓到大鱼。笔者认为选择中型钩为好。所谓中型钩，是指 4~7 号之间的钩，钩弯处的宽度为 5~7 毫米。这样的钩适应性强，对付大鱼、小鱼都可以。垂钓者一般都应准备几套不同型号的钩、线。如打算去钓家鱼或参加钓鱼比赛，就用大号钩、粗线；若打算钓野鱼，则可用中、小号钩和细线。

4. 钓鲫鱼常用的几种品牌钩

手竿钓鲫鱼时，用得最多的、最广泛的是以下几种品牌钩。

（1）伊势尼：伊势尼钩的特点是钩柄短，钩门较宽，弯部呈圆形，钩尖略向内外，钩条较粗，有倒刺钩，也有无倒刺钩。钩的耐拉力较强，用得最多的是4~7号钩。

伊势尼钩为黑色钩。

(2)伊豆：伊豆钩的钩柄长，钩条细，钩门宽，钩尖直。其耐拉力不如伊势尼钩。选用伊豆钩的型号为5~7号。

伊豆钩为黑色钩。

(3)关东钩：关东钩的钩条粗，钩门宽，钩柄长，钩尖直。为无倒刺钩，不伤鱼，摘钩快捷，更适用于竞技钓。关东钩的颜色有黑色、金黄色，用黑色钩的人较多。其型号从1~10号均有，适合钓中小型鱼。

还有一种“新关东”钩，钩条比普通关东钩粗，钩尖长，也是一种无倒刺钩，此钩多用来钓淡水鱼。

(4)千又钩：千又钩是用得最多的一种品牌钩，有倒刺，钩尖比关东钩细，比伊豆钩条粗。钩弯部呈圆弧形，钩尖略偏，尖部略向内勾，钩柄较长，适用范围广，钓海水鱼、淡水鱼都适用。

“千又”本意是“黑鲷”，说明千又多为钓黑鲷使用的。千又钩的规格有0.2~10号。其颜色有银白色钩和黑色钩两种，若钓上层鱼以选用白色钩为宜。

另外，还有一种改良的千又钩，其特点是钩尖不偏向，钩的弯部比其他千又钩略方一些。

(5)鲤スレ：“スレ”钩以钓鲤鱼为主，所以称スレ。钩呈直角弯曲，钩条较粗。型号有10~20号，颜色有银白色和黑色。

5. 简便的绑钩法

绑鱼钩有多种方法。买钩具时，可以请店员帮你绑鱼钩。为了平时使用方便，还是自己学会绑鱼钩为好，现在介绍一种简便的绑鱼钩方法。

(1)将渔线由钩柄向下伸展到钩的底弯部，用左手的食指、拇指控住渔线和钩的底弯部，线头折回至钩柄处。注意线头部至少应有5厘米以上，便于用手指捏住。

(2)右手拉着线头由钩柄上部至下部缠绕10圈以上。

(3)右手将线头从钩底部预先留的小圆环中穿过。

(4)左手捏住线头，右手将渔线向上拉紧，小圆环自然缩小，左手将线头向下使劲拉，右手将线使劲向上拉，拉紧后，用剪刀剪断线头(图51)。

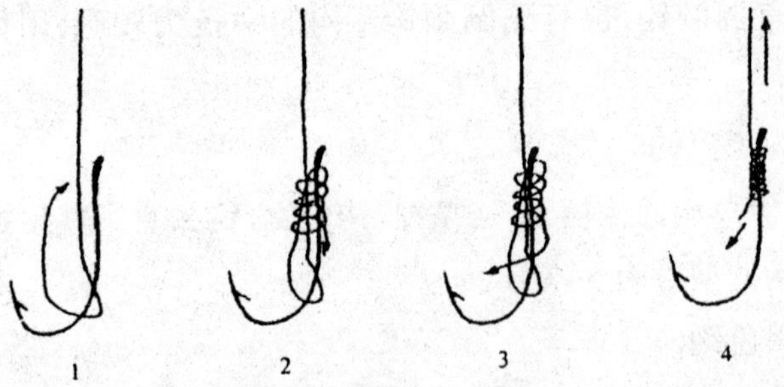

图 51　绑鱼钩的方法

绑鱼钩还应注意一个重要的细节，渔线一定要在钩尾的内侧（图 52），而不是在钩尾的外侧。这是因为，线在钩尾的内侧时，鱼咬钩时钩子的稳定性好，而且易中钩，脑线也不易被钩尾锋利的边沿磨断。

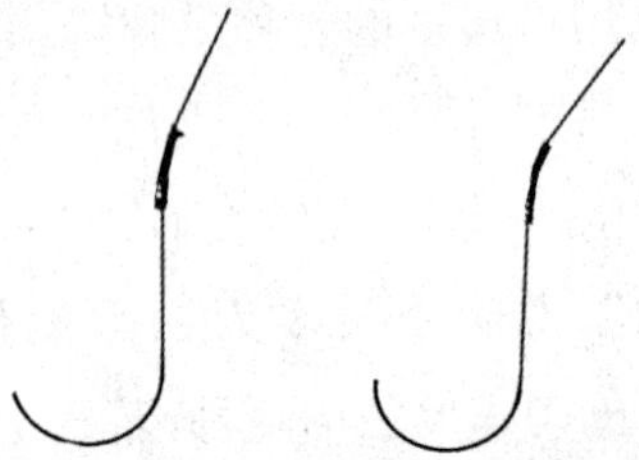

图 52　渔线和钩连接的位置

1. 正确的绑钩法　2. 不正确的绑钩法

（六）太空豆

太空豆虽小，但作用很大，是自产生了台湾钓法后出现的一种钓具配件。

太空豆长约 0.5 厘米，粗约 1.5 毫米。是橡胶制作，中间有细孔。其作用是穿在渔线上的浮漂的两边（一边一粒或二粒）防止鱼漂座在线上滑动。渔具店出售板装太空豆，是把太空豆固定在极细的金属丝上，使用时将太空豆从细金属丝上取下（见图 53）。

太空豆也有大、中、小号的区别，可根据渔线的粗细选择不同的太空豆。也可以在铅坠上、下各穿一粒太空豆，防止铅坠滑动。

太空豆的使用方法是：将钓线的线头从太空豆的小细丝环中穿过，并将线头折回；然后将太空豆下移，从小环中穿过，再穿过钓线；最后把钓线的线头拉直就可以了（见图 54）。用同样的方法可穿多粒太空豆。

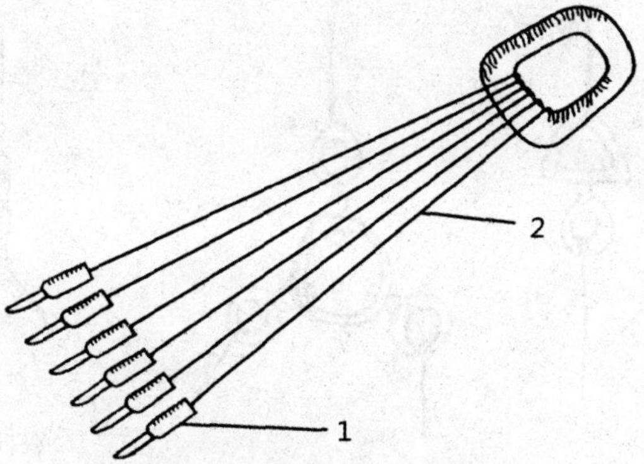

图 53 整板太空豆

1. 太空豆 2. 细金属丝

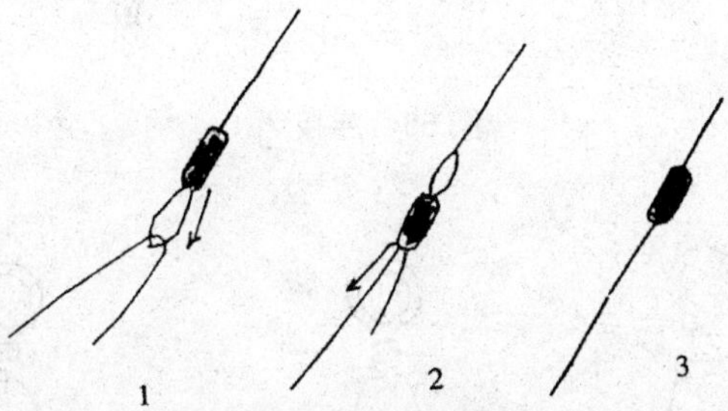

图 54 穿太空豆的方法

黑色的为太空豆

（七）连接环

连接环，是海竿钓鱼具中的小配件，主要用于连接炸弹钩和主线。根据不同的用途可选用不同的连接环。用得最多的、最为方便的当数别针式连接环及樽形连接环（图 55、56）。

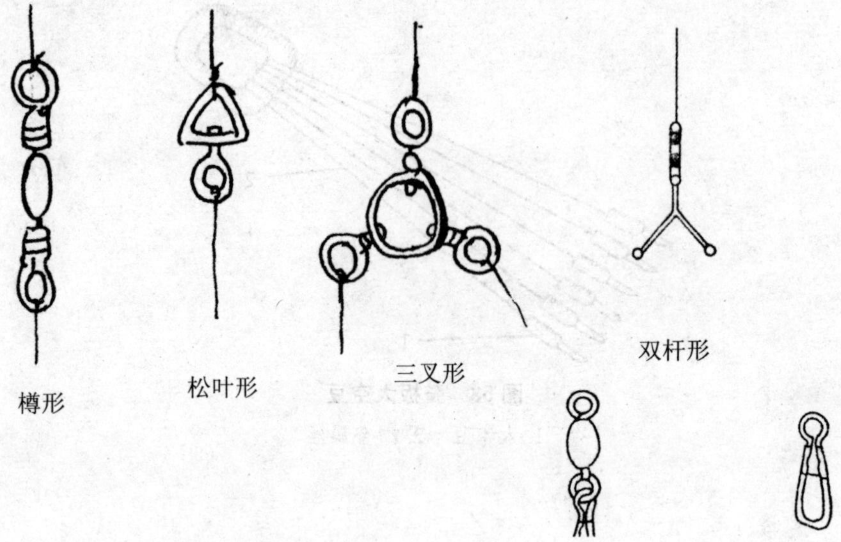

图 55　连接环

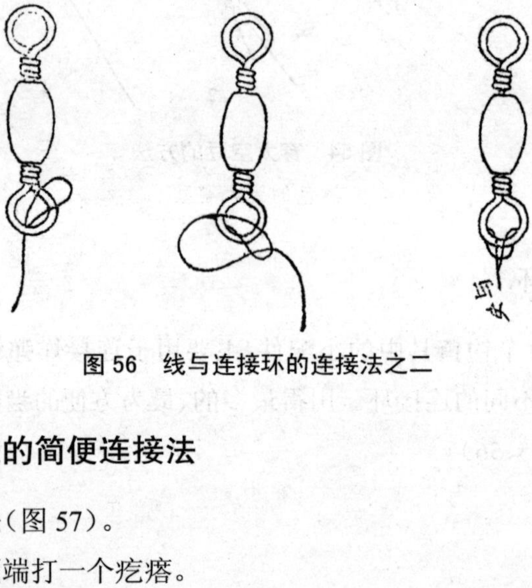

图 56　线与连接环的连接法之二

(八)竿与线的简便连接法

活套环连接法(图 57)。

1. 先在软带顶端打一个疙瘩。

2. 在渔线顶端结个圆环。

3. 把圆环对折成双圆环。

4. 把双圆环重叠在一起。

5. 把软带从圆环中穿过

6. 把线拉紧,使圆环紧套住软带。

取线时，只要松开圆环，软带从圆环中退出就行了。

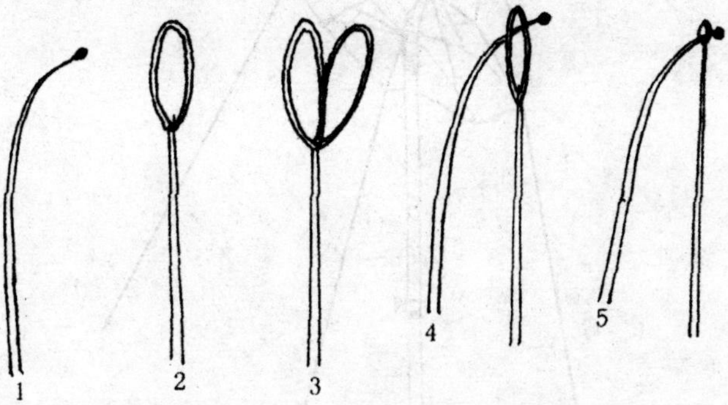

图 57 活套环连接法

（九）鱼竿包

鱼竿包供装鱼竿用，其长度、样式，可容量均不相同。先买竿，后买包，包为竿用。许多鱼竿包有多种功能，既有可装竿的长包，也有装小配件的小包。买包先检查其制作的工艺水平，更重要的是检查拉链的灵敏度，应多拉几次，开拉自如，无艰涩感。

（十）晴雨伞

出外钓鱼，晴雨伞是必须携带的生活用品。尤其是夏天钓鱼，为了防止紫外线的照射，必须有晴雨伞。人的皮肤若长时间在强烈的太阳光下暴晒，有患皮肤病的可能，甚至患皮肤癌。有的人只戴一顶草帽或太阳帽，只顾及了头部，而身体的其他部位裸露着，被太阳晒着，是不行的。晴雨伞既可以遮阳，又可以遮雨。渔具店出售的有一种晴雨伞是可以防止紫外线照射的，还配备有 3 个塑料楔子，把塑料楔子扎到地上，细尼龙绳上的挂钩挂到伞骨上，就可以防止风将晴雨伞吹歪吹倒（见图 58）。

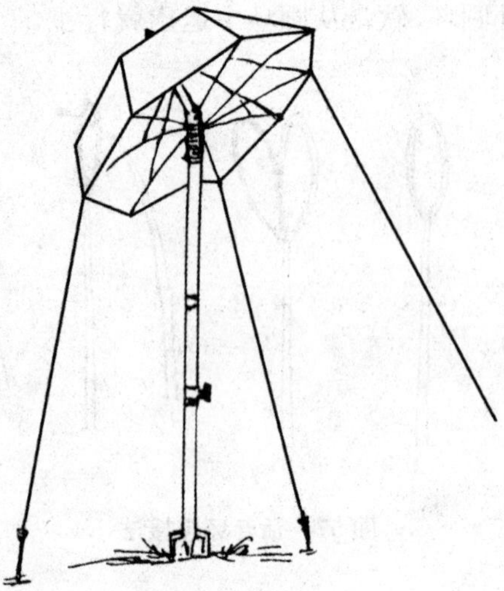

图 58 晴雨伞

(十一)抄网

为了尽快从水中取鱼,也避免鱼钩伤鱼,挂破鱼唇跑鱼,台湾钓法取鱼几乎是全部用抄网取鱼,尤其是遇到大鱼,避免鱼在水中挣扎,更需要用抄网网住鱼。抄网大小不一,有圆口、三角口等;其杆柄可以伸缩套装,铝合金材质,较轻,是首选的抄网(见图 59)。

图 59 抄网

抄网是可拆卸的,抄网把多是抽拉式,网把有长短之分,把的长短与网的口径是成正比的,网的口径越大,网把也越长。短的网把有 1.5 米(不包括网的口径)，这种抄网适合在小池塘钓鲫鱼使用。若在大水面钓鱼，抄网把的长度应不少于 2 米，便于抄大鱼，也便于在堤岸与水面落差较大的情况下抄鱼。

(十二)钓箱、钓台

钓台是钓箱的一种，是国际上广泛使用的一种钓箱。这种钓台可以冷藏食物、鱼。其功能多，既可当坐凳，前面又可插支竿架，支放饵料盘，甚至可以连接鱼护。正是由于功能多样，价格较高，多为职业钓手选用。作为普通的休闲钓手，买一个普通金属制作的钓箱就行了，甚至是花三二十元买一个塑料编织带编制的钓箱也未尝不可。这种钓箱是用钢筋棍做骨架，很硬实，可以当坐凳。配有背带、挂钩，既可以背在肩上，也可挂到自行车架上(图 60)。

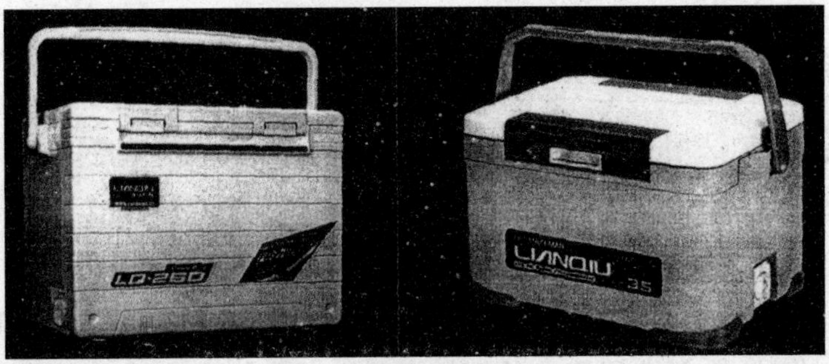

图 60　钓箱

(十三)支竿架

台钓的支竿架也叫炮台，其形状别致、新颖，是由工厂生产的台钓专用支架。

台钓支架是必不可少的辅助钓具。支竿架用不锈钢或铝合金材料制作。支架部分可以折叠，前擘部分可以套装抽拉。后部的锥形扦可以竖直插入岸边土中。支竿架的支扦也可以前后移动，以调节竿子的角度。

施钓时，鱼竿尾部翘起，鱼竿前梢部分插入水中，取鱼换饵时，也可将竿子架到支竿架上(图 61)。

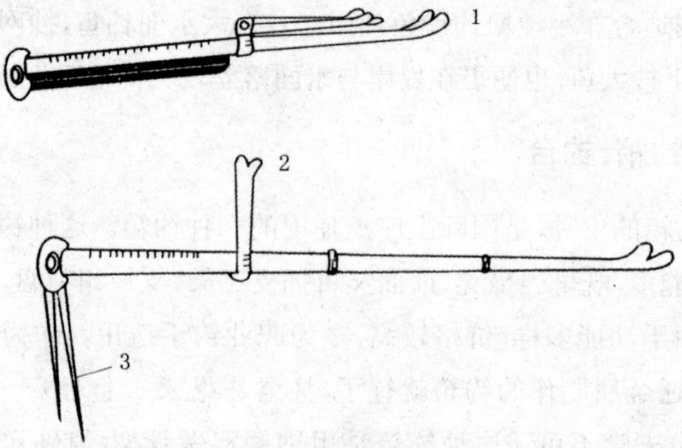

图 61　支竿架

1. 折叠在一起的支架　2. 用时拉开的支架　3. 插入土中的锥形扦

（十四）怎样选用坐凳

除了台湾钓法用工具箱代替马扎外，休闲钓、野钓都需要马扎。选用马扎应注意几个问题：

1. 轻便

为了减轻携带物品的重量，轻装出外，马扎应选用轻材质的。如用不锈钢管、木材制作的，不要选用笨重的钢筋制作的。有条件的话，可用不锈钢的，这是因为不锈钢的马扎既结实、不生锈又美观。若讲实惠，还是用木材制作的，尤其面上是帆布条的，不用时可以折叠的最好（图 62）。

2. 结实

选用结实耐用、承受力大的马扎，不要图便宜。若在钓鱼时马扎坏了，会影响垂钓情绪和钓鱼效果。

3. 高度合适

马扎的高度是钓友们最容易忽视的一个问题。马扎的高度要与自己的身高相适应。坐下后，两腿基本垂直，不能过度弯曲，导致影响血脉流通。当然也不能过高，形成脚离地的样子，这样也不安全，个子矮的人可选稍低的马扎，个子高的人一定选高腿马扎。

老年人可买带靠背的小折叠椅（图 63），坐着舒适，可减轻疲劳。

图 62 马扎

63 可折叠的靠椅

六、渔具的装配

(一)线、钩系结的方法

环状双线系结法(见图 64)的系结步骤是:

1. 将渔线弯成环状,用左手拇指和食指捏住线和钩柄。长线在钩柄里侧,另一线头在钩柄的外面。

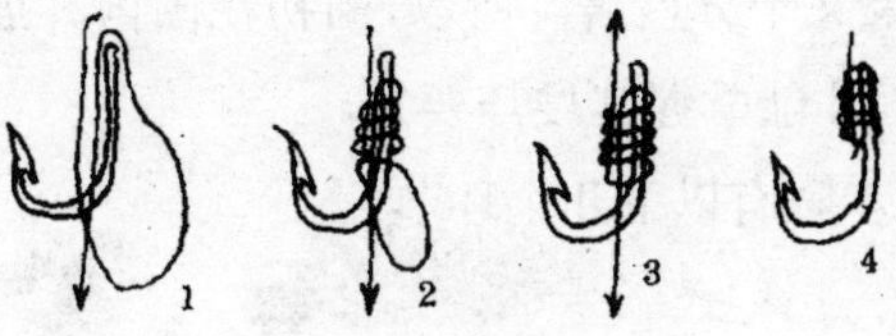

图 64 环状双线系结法

2. 两根线头不动,用右手的拇指和食指抻住环,由钩柄自上而下绕 3~6 周,注意每次都须将短线头绕在环内。然后,将短线头向下拉,长线向上拉,把剩余的环线拉紧在钩柄上,最后剪掉短线头。

(二)单线系结法(见图 65)

系结步骤是:

1. 用左手大拇指和食指捏住钩柄和线,线在钩柄内侧,线头留出 15 厘米左右。

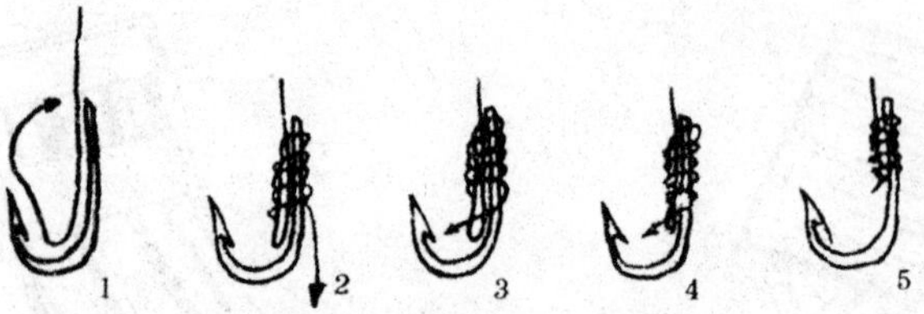

图 65　单线系结法

2. 用右手拿住短线的头，由钩柄自上而下绕 4~5 道。

3. 将剩余的线头从线的弯曲处穿过。

4. 将长线拉紧，短线也拉紧。

5. 剪掉剩余线头。若是锦纶线，可用烟头将线头烧一下，再立即用小刀柄将线头按在结头底部。

七、台湾钓法的施钓步骤

台湾钓法的施钓过程与传统钓法有着明显的区别，不像传统钓法那么随意，想怎么挥竿就怎么挥竿，想怎么取鱼就怎么取鱼。

台湾钓法有一套规范化的程序，这些程序的产生是经过许多人长时间的实践，不断摸索总结出的。这些规范动作具有一定的科学性，照此规范动作施钓，既节省时间，钓鱼效果又十分显著。所以，当初在国内开展台湾钓法时，还得进培训班学习一段时间，才能掌握其技巧要领。

台湾钓法的施钓步骤有以下几个环节：

1. 调试浮漂。

2. 诱鱼的技巧。

3. 挥竿、抛线。

4. 竿梢压水。

5. 观察浮漂的动态变化，掌握提竿时机。

6. 提竿的要领。

7. 如何取鱼。

(一)怎样调试浮漂

1. 名词解释

(1)目数:在浮漂的漂尾上,生产厂家将鱼漂的漂尾用不同色彩的油漆标注长度不一的各种小格,每一格叫一目,第一目指的是浮漂漂尾从上至下的第一格,第二格叫第二目。每支浮漂的总目数没有统一规定,少则7目、8目,多则十多目(图66)。

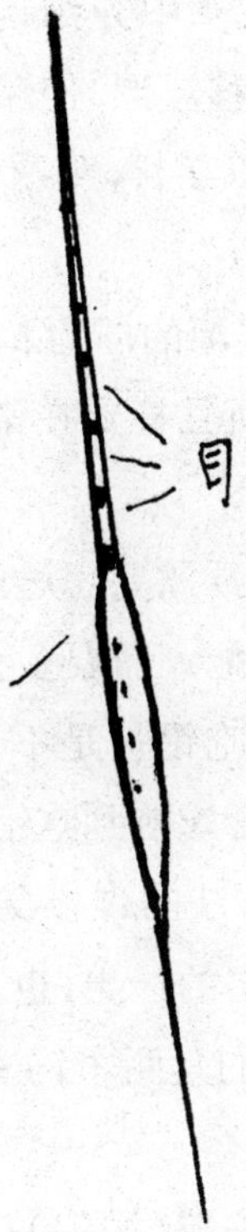

图66 浮漂的漂目

(2)调目:在调试浮漂时,当一个配件齐全的钓组投入水中后,钩上不挂饵,钩未触及水底时水面以上的漂尾所露出的目数。也可解释为:钓者所设计的浮漂在水面以上的浮漂目数。如"调4目",就是在空钩状态下,钓者设计水面以上的浮漂目数为4目。

(3)钓目:钩上挂饵后,其中一钩触及水底,另一钩悬于水中,这时水面以上浮漂所显示的目数,也就是钓者在完成了调试浮漂的所有程序后准备待鱼上钩时水面以上浮漂所显示的目数。如"调4钓2",就是空钩时,浮漂显示的是4

目，钩上挂饵后，因钓饵的重量使浮漂下沉 2 目，水面以上只剩 2 目，这 2 目也就是钓者设计的浮漂目数。调目的多少没有硬性规定，是钓者根据鱼情、自己的视力情况设计的目数。钓目越少，其灵敏度越高。老年人因视力较差，浮漂露出水面少，就不易看清，所以可以设计所钓的浮漂目数多一些。钓 4 目、钓 5 目都是可以的。

（4）平水：这是浮漂调校中经常出现的一个名词。平水就是浮漂在水中竖立后其漂尾的最上端（漂尖）与水面齐平，钓者几乎看不到漂尖，漂尖既不是沉入水中也不显露目数。有人在文章中介绍说，调试浮漂时，第一步就是找“平水”使浮漂呈现平水状态，然后上移浮漂，使浮漂显出目数，再在双钩上挂饵，由于饵团重量的原因，浮漂又下沉 1~2 目，所剩的目数即是钓目。也有人把这种现象叫“全字力零点”简称“归零点”。

（5）二力平衡：二力指的是浮漂的浮力和钓组的重力。当钩、坠悬于水底，浮漂垂直于水中，漂尖露出水面而且稳定在某一位置时，就表示浮力与重力平衡了。这种状态就叫“二力平衡”。

（6）吃铅：吃铅的意思是某支浮漂要想达到钓者设计的“调目”或“钓目”的理想状态需要多重的铅皮与之搭配。需要多少铅皮就是“吃”多少铅。不同质量、不同形状、不同型号的浮漂的吃铅量是不一样的。即使是同一支浮漂因使用的“调目”与“钓目”的多少，也会影响到吃铅量的多少。

（7）半水：在介绍调校浮漂方法的许多文章中，都会见到“空钩半水调漂”的说法，这个“半水”绝不是指水层的一半，也不可能用多少厘米的长度来界定半水是多深的水，是一种泛指，指的是两个钩未接触水底时所处的水层，也就是水线的长度小于水的深度的水层。

（8）归零点：漂入水后，漂的顶端（漂尖）与水面在一个水平线上，也就是水面不露漂尖，这种现象就叫全浮力零点。如何找到这个点呢？就是靠增加或减少铅皮座铅皮的办法，使浮漂在水中达到这个状态。应注意的是，此时钩上是不挂饵的。

（9）调灵敏与调迟钝：灵敏，就是反应快，能对极微小的外力做出反应；迟钝就是反应慢。调目时，调到浮漂在水面上露出的目数多，叫调灵敏；露出的目数少，叫调迟钝。调漂时钩上是无饵的，只有铅坠的重量轻、体积小，浮漂露出的目数才多。如果调的目数低，7 目调 3 目、调 2 目，说明铅皮重量大。

（10）钓灵敏与钓迟钝：浮漂露出的目数少就是钓灵敏。如 8 目标尖调 4

目，调5目就谈不上灵敏。若钓4目、5目，说明子线已接近水底，子线呈弯曲状。若改为钓3目、2目，就必须把浮漂下移，缩短子线，让钩饵接近水底就灵敏得多了。反之，浮漂在水面以上露出的目数多，说明子线长，也说明水线长，鱼咬钩拖动铅坠才能使浮漂有动态变化，否则反应就小，这就是迟钝了，所以叫钓迟钝。

2. 调试浮漂的程序

（1）先找水深：用目测法估计水深，将水线放长，也就是水线的长度大于水的深度，然后将钓组投入水中，这时浮漂必然横躺于水面，说明钓坠已接近水底了；然后将浮漂向下移一段距离，再投入水中，在钓组的重力与浮漂的浮力相平衡的情况下浮漂就会直立于水中，这也说明水线的长度小于水深或与水深一致；然后再下移浮漂若干厘米，其目的是要钩坠悬于水中，此时，水线的长度必然小于水的深度。若铅坠的重量大于浮漂的浮力，在水面以上是见不到浮漂尖的。

（2）使浮漂尖露出水面：若铅皮过重就从铅皮座上剪去一些铅皮，注意一次不要剪得过多，只能一点一点地剪，直到浮漂的漂尾露出4目。这时钩与坠在水中处于悬浮状态，漂尾上露出4目，说明调目成功。

（3）钓2目：漂尾露出4目，是钩上无饵的状态。这时在两只钩上挂上饵团，将钩饵投入水中，由于饵团的重力的原因，漂尾必然下沉一些，下沉后若漂尾上显示2目，说明饵团的重量符合钓手的设计；若显不出2目（或是一目、半目），说明饵团偏重，可将饵团捏小一点，减轻一些重量，再投入水中，使漂尾露出二目。这时就算调漂成功了。这就叫做“调4钓2”（见图67）。

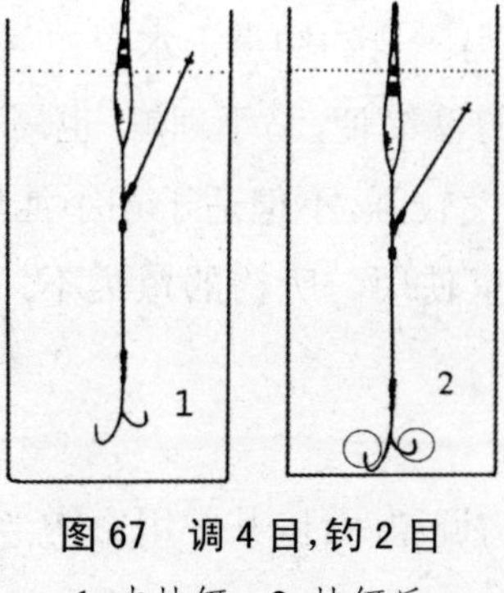

图67　调4目，钓2目

1. 未挂饵　2. 挂饵后

在钓鱼时，“调四钓二”是基本法则，是调试浮漂的基本功。掌握了“调4钓2”的方法可触类旁通再“调X钓X”就容易操作了。当然，也不必死用“调4钓2”，多调一点、少调一点都是可以的。

调试浮漂时，应注意以下几点：

(1)在进行“调4目”时，要注意竿梢应入水，主线也自然入水，这种调漂法浮漂所显示的目数较为真实。

(2)饵团的重量要恰到好处：饵团重了，浮漂就显示不出2目，反之，则显示的是2目半或3目。掌握饵团的重量靠实践，熟能生巧。

(3)在初次挂饵调2目时，饵料应黏一些，避免饵团入水后就脱离了钩，空钩调漂显示的钓目是不真实的。

(4)调好漂后的复核：也就是把钩饵投到近处的另一个钓点，看浮漂所显示的钓目是否有变化，若有变化，说明两处的水深不一样。

3.“归零点”调漂法

“归零点”是一位钓鱼大师调漂的一种方法，“归零点”调漂法的步骤。

(1)在铅皮座上装上铅皮：装铅皮时，应对浮漂的浮力有个估计，铅皮应稍重一些。

(2)在两只钩上挂上饵团。

(3)将钓组投入水中：这时浮漂就全部没入水中。

(4)然后，从铅皮座上剪去一些铅皮，再将钩组投入水中。反复几次后，由于铅皮的减少，浮漂自然会慢慢上升，直至浮漂的漂尾尖部与水平面相平。此时，就是“二力平衡”，即“全浮力零点”。

(5)上移浮漂，水线就逐渐延长，直至漂尾露出1目或2目。这时，其中的一只钓钩就已经接近水底，另一只钓钩悬于水中。

“归零点”调漂法操作方法简便，易于理解，也易于掌握。

“归零点”调漂法适应性较强，不但适于在小池塘钓鲫鱼，也适合于在混养塘、湖泊、水库等大小水面里使用。所钓的鱼类不只是鲫鱼，可以钓其他鱼，如鲤鱼、鳊鱼、草鱼等。

4. 空钩半水调漂法

鱼漂有带饵调漂和空钩调漂两种，其中用空钩半水调漂法的钓手也很多。

空钩调漂有以下步骤：

(1)使漂尖露出水面：将重量大于浮漂浮力的铅皮卷到铅皮座上，将钓组抛入水中，由于铅坠的重量大于浮漂的浮力，为了使浮漂上升，必须从铅皮座上减去一些铅皮。每次少剪一点，直至漂尖浮出水面。浮出水面的浮漂的目数即是调目。

（2）验正两钩是否离底：在长脑线上挂饵（或挂铅皮），然后将钓组投入水中，这时若水面以上原先显示的调目有所减少，也就是浮漂下沉一些，证明刚才所调的浮漂是正确的，因为达到了悬坠悬钩的目的。若加了饵团，浮漂的目数没有变化，说明初次调试的钩坠是触底的，这时应将浮漂下移，使调目增多 1 目或 2 目。

（3）调钓目：漂尖浮出水面，两钩离底，表示二力平衡，然后在两只钩上挂饵，将钓组投入水中，浮漂会下沉一些，原来的二力平衡被打破了。钩饵接触到水底，浮漂就停止了下沉，二力第二次达到平衡，这时漂尖上所显示的目数就是钓目。若看不到漂尖，说明水线过长，应向上移动浮漂，使漂尖露出水面。

5. 调漂中的灵敏与迟钝

调漂时的灵敏与迟钝是钓鱼人经常议论的话题。具体讲，有调灵敏与调迟钝、钓灵敏与钓迟钝两个方面的意思。

（1）调灵敏与调迟钝：灵敏，就是反应快，能对极微小的外力做出反应；反应慢，就是迟钝。调目时，调到浮漂在水面上露出的目数多，叫调灵敏；露出的目数少，叫调迟钝。调漂的时候钩上是无饵的，只有铅坠的重量轻、体积小，浮漂露出的目数才多。如果调的目数低，7 目调 3 目、调 2 目，说明铅皮重量大。

（2）钓灵敏与钓迟钝：钓灵敏与调灵敏在浮漂上的表现正好相反。浮漂露的目数少就是钓灵敏。如 8 目漂尖调 4 目、调 5 目，就谈不上灵敏，若钓 4 目、5 目，说明子线、铅坠已接近水底，子线弯曲，若改为钓 3 目、2 目，就必须把浮漂下移，缩短子线，让钩、饵接近水底，钓组就灵敏得多了。反之，浮漂在水面以上露出的目数多，说明子线长，也说明水线长，鱼咬钩拖动铅坠才能使浮漂有动态变化，否则钓组反应就不灵敏，这也就迟钝了，所以叫“钓迟钝”。

至于是要钓灵敏还是钓迟钝，可根据个人年龄、视力情况，灵活掌握，年龄大、视力差的人不妨就钓迟钝。

（二）如何诱鱼

诱鱼，无论是传统钓法还是台湾钓法，都是不可或缺的一个环节。其目的是首先将鱼引诱到垂钓的地方。传统钓法是用手抛诱饵，或用打窝器将诱饵投入水中。传统钓法用的诱饵与钓饵不一样，诱饵的量大，有时达几千克，若是饼类，可以成块成团地往水里扔。但台湾钓法的诱饵、钓饵同是一种饵料，不用抛掷法，是把饵料挂在钩上，钩入水后将饵料抖落水中。台湾钓法的饵料多是粉状饵，入水后在 1~3 分钟内即自然溶于水中，形成一片雾状物。若是钓鱼比赛，更不允许抛掷饵料，其原因是防止水声大影响别人垂钓，也会惊吓鱼儿，对自己垂钓也不利。

但是，诱鱼的过程是必不可少的一步。怎么诱鱼进“窝”呢？通常有如下办法：

（1）将饵料包在铅坠上，饵团要大，如乒乓球大、鸡蛋大都行。钩、坠入水后，利用手的力量使竿梢抖动，让饵料落入水中。饵团大，投 2~3 次即可。然后垂钓。若是几分钟了，浮漂没反应，还可以再次投饵诱鱼。

（2）在钩上包饵：双钩均包饵。饵团要比垂钓用的饵团大，而且要多次投饵。若几分钟后浮漂没反应，也须再次投饵。

（3）若因天气原因引起气压低，鱼儿会在水的中、上层活动，这时所投的诱饵应不入水底，在水的中层就抖落掉。还可以在饵料外层蘸一些干粉状饵，饵料见水就散落了，漂浮在水面，这时就在水的中、上层垂钓。

若钓鲌鱼、鳌鲦之类的上层鱼，用上述方法投诱饵即可。

若在养鱼塘中垂钓，因水面不会太大，鱼的密度大，诱饵的投放量可以少一些，甚至可以直接垂钓。若几分钟后无鱼上钩，再投些诱饵。

（三）扬竿、抛线

站立抛线。有人习惯站着抛线，比起坐着抛线，站立既有优点，也有缺憾。优点是投钩较准确，误差小。缺点是：站立时，人影大于坐着，若在“生塘”（指平常很少有人垂钓的塘）容易惊吓鱼儿。抛线后，还得坐下，这一起一坐，势必比坐姿麻烦，损耗体力。

站立抛线的正确姿势应该是：身体直立，右脚上前半步，或左脚后退一点，身子自然向左微微侧一点，右手持竿，左手拿着铅坠，并注意将两个鱼钩分开，别绞到一块，右手用腕和手臂的力量将竿向右前方扬起，左手拉紧铅坠后，顺着竿的弹力将铅坠、钩送出。

第一次抛线后，就可以试钓。但通常的做法是连续抛线数次，其目的是将钩上的鱼饵抖入水中，形成一小片雾化状饵料区，以诱鱼游来。

为了抛线落点准确，平时也可以在岸上、庭院做空钩抛投练习。可以先预定一个目标，或者在地上画一个圆圈，然后手握竿，按照上面介绍的抛线方法，将钩、线投到圆圈内。熟能生巧，平日练习多了，到时就运用自如了。

站着抛线要比坐着抛线准确，也易掌握其抛线要领，但坐着抛线比站着抛线优越处多。平时不妨先练习站立抛线，然后再练坐着抛线。

还有一种平水抛线法。若遇 4~5 级的大风，迫风抛线由于风力的阻力难以抛远，此时可用平水抛线法。将竿子压低，离水面越近越好，随后将竿子斜放至身体的左侧，右手持竿，左手捏住鱼钩或脑线，竿尖呈弯弓状，然后挥动竿梢，渔线在接近水面的位置落入钓点，这样大大减弱了风的阻力，很容易抛出钓组。

高竿劈投法。若遇上更大的风，可用高竿劈投法。右手持竿，竿梢在头顶上方，左手拉住钩饵，然后用臂向下压的力量，把钩组抛向钓点。

不过若遇大风时，最好不要逆风钓，钓点应选在风尾，这样挥竿，线随风走，自然不存在抛不出线的情况了。

（四）竿梢压水

钩、线抛到钓点后渐渐沉入水中，这时用竿梢将水面以上的余线压入水中，并将竿向回拉一段距离。有人说拉回 20 厘米，也有人说拉回 30 厘米，这要根据水面以上的线（通常称作风线）的长短而定，不能死搬教条，以把风线拉直，浮漂垂直立于水中为止。怎么判断风线是否拉直了呢？如果拉到浮漂有动的反应，若再拉，浮漂会没入水中。若是浮漂拉入水中了，或者浮漂歪斜着立于水中，就应再把竿梢向前伸出一些，直到浮漂垂直立于水中为止。

风线入水，竿梢入水，是台湾钓法的独到之处，其优越性在于：

（1）避免风浪吹动风线，保证浮漂不会因风浪摇晃、漂动：传统钓法的风线较长，漂在水面，若遇风浪，风线被吹动，带动浮漂也相应摇晃、移动。台湾钓法的风线没入水中，是呈直线状态，不会因风浪而影响浮漂的晃动。浮漂始终直立水中，信号灵敏、准确。

（2）提竿快捷，反应灵敏：传统钓法的风线由于过长，弯弯曲曲漂在水面，有鱼上钩，漂子有反应了，提竿时，首先是把风线拉直，然后才带动水线，这样显得“拖泥带水”，不够灵敏、迅速。台湾钓法没有这些弯弯曲曲的风线，只要浮漂显示出鱼儿已吃钩，竿梢一动直接带动水线，比传统钓法快捷得多，相应地减少了鱼儿脱钩、跑鱼的现象，提高鱼儿上钩率。

拉直了风线，再将竿梢斜着插入水中，将鱼竿放到支架上，但是右手仍握着竿把，这叫“竿不离手，眼不离漂”。

竿梢入水，风线入水的情形如下图（见图 68）。

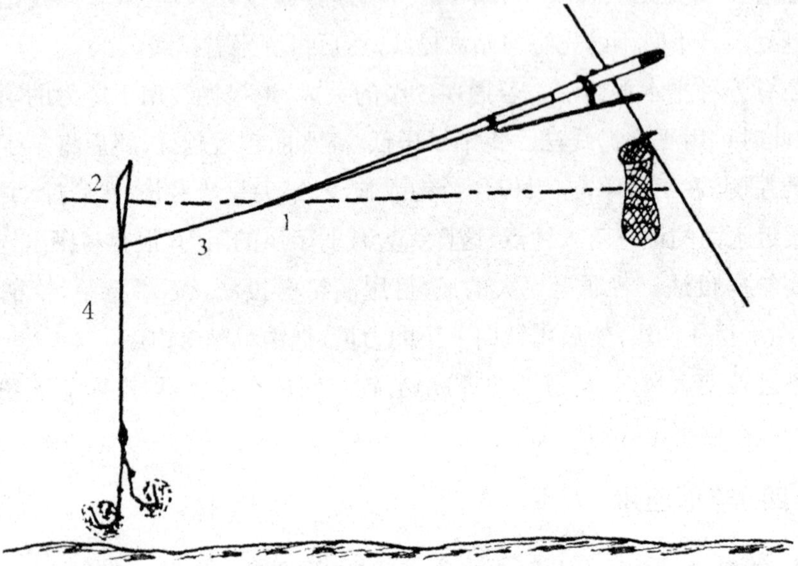

图 68　竿梢、风线入水示意图

1. 鱼竿梢　2. 浮漂　3. 风线　4. 水线

（五）如何观察浮漂和掌握提竿时机

台湾钓法使用的浮漂较传统钓法使用的浮漂要灵敏得多。正因为特别灵敏，所以浮漂的反应、变化要比传统钓法反应快、变化多，也就比较难以掌握。这就要靠垂钓者在实践中不断摸索、体会，不断提高钓技，掌握浮漂的变化规律，做到判断准确，提竿及时。

1. 浮漂的几种变化动态

因水中和水下的多种因素，会影响到浮漂的动态的变化。浮漂动态的变化有如下几种：

（1）横平式漂浮在水面。

（2）下抽：指有力、有节奏感地向下沉 1 目、2 目、3 目……

（3）下沉：指浮漂全部沉没水中。

（4）浮漂歪斜着朝另一个方向移动。此种移动没节奏感，速度均匀，不紧不慢。

(5)浮漂垂直着很缓慢地朝另一个方向移动。

(6)上浮:有节奏感地向上浮出3目、4目……

(7)迅速地向水下沉去,然后又迅速地从另一个方向浮出,然后又迅速沉入水中。浮漂会拉出很远,沉没或浮出迅速又有力。

(8)浮漂向上浮出2目、1目,再也不动。

2. 影响浮漂动态变化的因素

有多种水上、水下因素使水中的浮漂的动态发生变化。

(1)风、浪的影响:浮漂随着波浪一起一伏,但此种起伏没有明显的有力的节奏。

(2)鱼钩未沉到水底时,鱼儿就在水的中、上层吞食鱼饵,引起浮漂动态的变化。

(3)鱼儿在水底拱食散落的饵料,触动鱼钩,引起浮漂动态的变化。

(4)鱼儿的身子游动时触动鱼钩。

(5)鱼儿游动的水流波及鱼钩。

(6)鱼儿吞食钩上的鱼饵引起浮漂动态的变化。

(7)鱼钩扎住了鱼唇、鱼嘴,鱼儿感到疼痛引起的浮漂动态的变化。

(8)鱼儿吞了鱼钩,挣扎着游动。

(9)鱼钩的饵料脱落,鱼钩空了,重量减轻了,引起浮漂的动态的变化。

(10)鱼儿的大小形体不同,吞吃鱼饵时产生的力量不同,引起浮漂动态的变化。

(11)鱼种不同,吞食饵料的方法不同,引起浮漂动态的变化。

3. 如何通过浮漂动态变化及时掌握提竿时机

鱼儿咬钩后,引起的浮漂动态的变化,同其他因素引起的浮漂动态的变化有所不同。这不同点就是:鱼儿咬钩时和咬钩后,因鱼儿本身的力量使浮漂的沉、浮有一定的力度,有一种节奏感,而鱼儿拱食、鱼儿游动的水流或鱼饵脱落影响到浮漂动态的沉浮变化缺乏力度,也没有明显的节奏感,向上浮起或向水下沉没的速度较均匀。这是区别以上两种情况的重要标志。但是,有时鱼儿吞钩后,会慢慢将鱼身处于水平状态,因嘴中有钩刺痛了鱼儿,鱼儿也会慢慢向上翘头,使浮漂慢慢上浮1目、2目,不过,鱼儿咬钩的第一个动作是有力度和节奏点的。常常见到浮漂有力地向下一扽,然后就慢慢上浮,这正是鱼儿咬钩后在浮漂上的反应。

还有一种情况，就是浮漂平平地躺在水面，或者是浮漂的大部分都露出水平面（或平或斜）。引起这种情况的有三种因素：第一，若是开始垂钓，尚在测试水的深浅时出现这种情况，可能是因为水深度小于水线的长度，水线过长，铅坠、鱼钩已接近水底，但浮漂还没入水或刚接近水面。第二，水下有水草、树枝、石块等障碍物，鱼钩下水后落在这些障碍物上面，使鱼钩并未沉入水底，浮漂自然也入不了水。第三，就是鱼儿在水的中层、下层、水底吞食了鱼钩，因钩尖的刺痛使鱼儿翘头，以减少刺痛，这时浮漂呈斜躺状和水平横躺水面状。若在垂钓中不存在前两种因素，就可以断定是鱼儿上钩了，应及时提竿。造成浮漂横着躺在水面的往往还是大鱼，垂钓者千万莫失良机，及时提竿。

4. 怎么样才能看出浮漂的动态的变化，及时把握提竿的时机

（1）若钓钩刚入水，浮漂就被猛地拉入水中，然后又从较远的地方冒出水面，然后又猛地入手，浮漂又迅速地浮出水面，很可能是很小的鱼打搅、闹窝。避免的办法可将钓饵团粒加大，或者暂时到另一处垂钓。

（2）浮漂有力地向下一扽，再一扽，然后浮漂慢慢上升一目或二目，是鱼儿已上钩最典型的表现，应及时提竿。甚至当浮漂有力的向下一扽、二扽时，就可以提竿，但提竿时，要靠手腕、手臂的力量，将鱼竿向上一扽，力量要有节奏，动作短促，其目的是让鱼钩迅速钩住鱼嘴，节省鱼儿咬饵的时间。这是主动“出击”，不是等浮漂上浮了再提竿。台湾钓法是用短竿、近距离垂钓，主动“出击”十分必要。尤其是比赛中，可以大大提高在最短时间内的上钩率。

（3）若钓钩刚入水，还未沉入水底之前，浮漂在水面呈横平状态，这是鱼儿在水的中、上层就将鱼饵吞食了，应及时提竿。此现象排除水底有障碍物，鱼钩不能沉底的情况。

（4）抛线后，浮漂没有向下扽的现象，第一现象是上浮，且无短促有力的表现，多半是鱼身擦钩，或是鱼儿拱食钓钩附近散落的饵料。

（5）鱼钩入水后，浮漂不是向上、向下有力地浮沉，而是呈螺旋状的摇晃，多半是黄鳝在咬钩。

（6）鱼钩入水后，浮漂很慢地呈均匀速度向水中慢慢沉没，或向别处渐沉渐移动，多半是虾咬钩（包括龙虾咬钩）。

（7）鱼钩入水后，浮漂向下有力一扽，就浮出一目、二目，或呈歪斜状，这是大鱼咬钩的信号。鱼大、劲大、嘴大，咬钩干净利索，一下就将钩吞入口中了。

(8)浮漂向下扽,向上浮出一些,然后有力地沉入水中,再也没见浮出,这多半是草鱼、鲤鱼咬了钩。

(9)浮漂轻微晃动,然后慢慢向上浮出一目、二目,再也不见浮漂上升或下沉,这是钩上的鱼饵被鱼撞落,鱼钩无饵,其下坠力减小,浮漂自然上浮。

(10)浮漂下沉不明显,后慢慢上浮三目、四目,甚至五目,然后不再下沉,这是鱼吞食了鱼钩上升送钩的信号。

(11)浮漂有规律地小幅度地一沉一浮,下沉上浮的距离一样,多半是波浪带动浮漂的上下波动,不是鱼儿咬钩的信号。

(12)钓钩刚入水,浮漂就慢慢上浮一目,然后又上浮一目,不见下沉,也不见平着水面横躺,这是钓饵在钓钩入水后就脱落了的现象,不应再等待,应及时提竿重新挂饵。

(六)提竿的要领

提竿,就是垂钓者通过观察浮漂,认定钩上已有鱼了,及时把钩从水中提起来。有些地方叫扬竿,还有些地方叫挥竿。

准确掌握提竿时机十分关键。垂钓高手通常是在鱼儿正在咬钩时就果断地用手腕和手臂的力量将竿一扽,这一扽短促,有爆发力,钩就主动钩住鱼嘴或鱼唇。经验少的垂钓者往往是当鱼儿已被鱼钩挂牢,浮漂出现上浮或平卧水面时才提竿,其钓鱼的技巧不如前者,同等时间的获鱼率也不如前者。

如何才能正确地提竿呢?

1. 提竿时靠的是腕力和前臂力,而不是全身的力量。缺乏垂钓经验的人见鱼儿咬钩了,兴奋又紧张,于是双手握竿,使劲将竿扬起,动作太大,力量太大,即使钓起了鱼,也会吓跑其他鱼。所以,提竿时动作幅度应小,应有力,尽量使水面少出现浪花。

2. 在提竿过程中,若钩上有鱼,竿梢会感觉有一定的重量,重量的大小也会感觉到。若判断钩上的鱼不太大,可以将鱼直接提出水面,钓鱼人称之为“飞鱼”。其动作要领是:持竿的右手向上高举至头顶,靠竿的弹性和惯力将鱼提出,但鱼运动的轨迹是从水中向左前方斜上方运动,而不是在钓者的正面运动。因为鱼护、抄网都在钓者的中左侧。左手接过鱼后往鱼护的碰针上一磕,鱼就脱钩进入鱼护了。

若是250克以上的鱼或更大的鱼,就不要将鱼提出水面,而应将鱼移到窝子的外面，在水中将鱼拉到岸边。应注意的是，竿梢始终保护弧形，鱼头向上，避免鱼挣扎。若是更大的鱼，则要遛鱼。遛鱼时，尽量远离窝子（假如附近没垂钓者的话），渔线始终绷着，不能将鱼竿与水面平行，应保持 30°~60° 的角度，竿线既要顺着鱼的窜劲走，也应有一定的控制力。鱼越大，越要冷静，不要急于将鱼拉到岸边，有时至少要遛 10 分钟以上的时间。待感到鱼的挣扎力减弱，再将鱼慢慢往岸边拉，然后用抄网抄鱼。若是很小的鱼就不必用抄网了。台湾钓法讲究大小鱼都应用抄网。但不少钓友通过实践认为，小鱼用抄网太麻烦，没有用手直接取鱼省事。当然，有时在钓鱼比赛中有明确规定，必须用抄网，这是另一种情况。

（七）如何取鱼

讲究动作规范化，是台湾钓鱼法的一大特点，包括如何取鱼，台湾钓法也有明确的要求。当鱼被拉到岸边时，右手握竿，左手顺便拿起抄网，将鱼抄进网中。这时右手把竿放到支竿架上，腾出手握住抄网的网口颈部，左手则将没挂住鱼的一只空钩分到网口以外，注意不要钩住网线，手掌控制住鱼身，用手指尖从鱼嘴里取出鱼钩，鱼儿落入抄网中。随之，左手将抄网口对准鱼护翻倒，将鱼扣进鱼护，抄网放回原位。然后用毛巾擦手，继续在钩上挂饵，进行垂钓。有人是“左撇子”，其动作可能正好相反。这个过程看起来有些过细，甚至“繁琐”，但是，一旦熟练之后就十分得心应手，觉得不如此这般就真的繁琐了。

还有一种取鱼方法是：鱼进入抄网后，左手在网外抓住鱼，右手先分开另一只空钩，然后从鱼嘴里取下钩，右手将抄网倒扣，网中的鱼落入鱼护。

施钓中的不良习惯和动作：

1. 饵料调制不当。常见的是饵料过软或过硬。饵料过软，钩饵入水后；饵料易脱钩，钩成裸钩；饵料过硬，鱼咬不开，鱼嘴触不到钩，中钩率大大降低。

2. 抛线。挥竿动作幅度过大，竿子的影子映入水中，会惊吓水中的鱼。扬竿动作过大，用力过大，鱼钩还可能刺破鱼唇，造成跑鱼，同时也会惊跑窝中的鱼。

3. 飞鱼方向不正确，导致鱼飞到自己胸前，甚至撞到怀里。

4. 遛大鱼惊慌失措，新手常常是站起来，身子往后退，这样人与鱼的距离越来越远，不易用网抄鱼。有些钓者用手握竿子的中部或竿梢，甚至用手抓渔线，这样容易造成折竿或断线。因为用手抓渔线，就没有缓冲力，最容易出现断线跑鱼的现象。

八、使用商品饵的诀窍

自从台湾钓法传入祖国内地，继而风行大江南北之后，各种商品鱼饵应运而生，品种繁多，性能各异，打破了几千年来钓鱼人自制鱼饵的局面。可以说，商品鱼饵的出现是鱼饵使用史上的一大变革，具有深远的意义。现在的专业钓手几乎全部使用的是商品饵，即使业余钓手，用商品饵的人也不少，而且越来越多。

（一）商品饵有许多独特的优越性

1. 使用目的明确，针对性强

商品饵的用途分得很细，目标明确，有的饵专门用来钓鲫鱼，有的专门用来钓鲤鱼等。还根据使用方法的不同，生产有搓饵、拉饵。搓饵就是用指揉捏饵团挂饵；拉饵的饵料中含有拉丝粉，黏性大。使用时，不用手指揉捏饵料，而是将钓钩从饵料盘中拉过，就可以挂上饵料。因其挂饵速度快，从而提高了钓鱼效率。有气味不同的香型饵、甜味饵、浓腥淡香饵、浓香淡甜饵；有专钓罗非鱼的福寿饵；有以诱鱼为主的诱饵，更多的是以钓为主的钓饵。按钓饵的形状分，有片状鱼饵，此饵易膨胀，适合钓小型鱼用；有粉状饵，此饵不易膨胀，张力小，适合钓中型鱼；还有颗粒状鱼饵，适合钓大型鱼，味道浓，养鱼主常用此料喂鱼。

2. 清洁卫生，无污染

商品饵选料精细、严格，工业化生产。因此，饵料清洁卫生，对人体和水质不会造成污染，使用起来放心，无副作用。

3. 使用方便

买来成品饵后，拆开袋即可使用，不像使用传统饵那么麻烦。商品饵是袋装的干饵，用时可酌情配制，用多少取多少。简单一点的是倒进一些水经过几分钟膨胀即可；复杂一点的也就是将几种饵料科学配制使用。

4. 钓鱼效果突出

现在，竞技钓鱼几乎全部用商品鱼饵，事实证明，用商品饵钓鱼效果突出。休闲钓、野钓用商品饵的也越来越多，占了钓饵的“半壁江山”。有的钓者为了节约，把商品饵与传统饵混合使用，从而提高了钓鱼效率。因此说，商品饵的广泛应用是今后的发展趋势，未曾使用商品饵的钓友要逐渐学会如何使用商品饵，早用早受益。

5. 品种繁多，可供多种选择

商品饵可谓琳琅满目，钓不同种类的鱼有不同的鱼饵。味型细化，比重不一，可以说应有尽有，无奇不有，选择余地非常大。

6. 节约，不浪费

商品饵是分袋包装，分量不一，买多买少，任意选购，钓者可根据自己的需要购买适量的商品饵。

商品饵可现拌现用，用多少拌多少，随机应变，因此不存在过量拌饵用不完倒掉的浪费现象。

（二）商品饵有哪些外形

商品鱼饵按外形可分为三种：片状饵、粉状饵、颗粒状饵。

1. 片状饵

多是用麦麸粉制作。其特点是比重轻，易膨胀，在水中雾化快，如“南北”“黄鲫”等。片状饵多做诱饵使用，即钓者在正式施钓前，连续用钩投饵数次，用手腕抖竿，使饵团离钩，饵团沉入水中。

2. 粉状饵

其颗粒比片状饵更小，呈粉末状，其原料多为薯类（土豆、红薯）的粉状物。其特点是黏性大，不易膨胀，但气味较浓郁。粉状饵多做钓饵使用，如“锦龙”“丸九”等饵就是粉状饵。

3. 颗粒状饵

鱼饵的颗粒大小不一，大的长度有1厘米以上，圆柱状，小的也有绿豆粒大。颗粒状鱼饵多是作为鱼饲料，鱼塘主将颗粒状饵撒入水中，颗粒状饵质量比粉状饵、片状饵差得多，廉价。但是，鱼若长期食用颗粒状饵便有了食癖性，习惯吃颗粒状饵。若在这里钓鱼，钓者也应使用颗粒状饵。

（三）商品饵的味型

鱼对气味特别敏感。不同种类的鱼对气味的喜好也不一样，如鲫鱼喜食有香气味的饵，鲢鱼、鳙鱼喜食有酸味的饵，许多鱼喜食含腥味的饵。针对鱼的这些不同食性特征，鱼饵生产厂家便生产出不同味型的鱼饵。

关于用饵的谚语

春虫夏面秋蚂蚱。

钓饵不在贵不贵,只看用法对不对。

吃不了,吃不饱,不想跑(诱饵的作用)。

钓鱼不钓草,肯定钓不到。

七分钓饵,三分钓位。

清水用荤饵,浑水用素饵。

秋风细雨,鱼儿贪食。

春荤夏素,秋香冬甜。

鲫鱼喜甘甜,鲤鱼喜香醇,

鲢鳙喜酸臭,鲇鱼喜膻腥。

青鱼螺蛳草鱼草,甲鱼偏爱鲜猪肝。

静水用素饵,流水用荤饵。

肥水出懒鱼,瘦水出饿鱼,深水出大鱼。

浑水钓鲤,绿水钓草,清水钓鲫,活水钓鳊。

1. 香型饵

香型饵用得最多,品种也最多,如"锦龙""丸九""南北"等。香型饵又分天然香型和香精型两种。天然香型以粮食作物的自然香型为显著特点,如米香、麦香、豆香。天然香型鱼饵的特点是香味持久,但不太浓郁,所以诱鱼的效果慢。香精型香饵是用化工原料做香料添加到鱼饵中。其特点是香味浓烈,诱鱼效果好。由于是化工原料,香型的品种较多,大致有以下几种香型。

(1)果香型:果香型适用的水域较广,气温高时,效果尤佳。

(2)清香型:适用于水质较肥的水域,如老塘、多淤泥的塘、死水塘(无进水口、出水口)。

(3)奶香型:适用于瘦水塘,也适用于水面宽阔的水库、堰坝。

(4)酒香型:适用于各种水域,一年四季均可使用。

2. 腥饵

除了香型饵外,用得最多的是腥饵,腥饵的主要原料是虾粉,尤其以南极虾粉为最好。除虾粉外,还有血粉、骨粉、蚕蛹粉、蚯蚓粉等,如"丸九""老鬼"腥饵等。

此外，还有一种清淡型鱼饵。其气味较淡，适合在水质较肥的池塘使用，也适合在炎热的夏季使用，如“丸九黄鲫”“四季”等。

腥型还可分为藻腥、豆腥和动物腥等多种腥型，如用海藻、水藻、螺旋藻为原料制作的成品饵为藻腥型。

用豆类制作的饵为豆腥型。

用虾粉、骨粉、血粉等原料制作的饵为动物腥型。

3. 香腥型、腥香型

成品饵中还有复合型，即香腥型、腥香型，还有浓香腥、淡香腥、浓香淡腥、浓腥淡香之分。若钓鲫鱼以浓腥淡香为主，钓野塘应以浓香淡腥为主，水肥宜用淡清香饵，水肥宜用浓腥香。

（四）商品饵的使用诀窍

1. 有针对性地选用商品饵

市场上的商品饵种类很多，用途不一。购买时，既要考虑对象鱼，也要考虑气温、季节等自然环境因素。也可以请有经验的朋友帮助选购，这样既少花钱，又实用。另外，不要一次买得很多，因为商品饵十分充足，不必担心买不到，况且商品饵的保质期大多是 6 个月。

2. 认真挑选，仅防假冒伪劣商品饵

商品饵的质量也是参差不齐，品牌鱼龙混杂，也有假冒伪劣、以次充好、以假充真的现象。买饵时，必须先看外包装。正规厂家生产的商品饵的包装印刷精致，字迹清晰，商标醒目。尤其是看有没有厂址，有没有电话号码、代号码及相关的批号及生产日期、保质日期。再透过包装看饵料，看颜色是否鲜亮，有无霉变现象，是否干燥，是否有发软结团现象。最好让卖主打开观其颜色，闻其气味。

3. 了解商品饵的性能

商品饵的外形有多种，如粉状饵、片状饵、颗粒状饵。其性能也不一样，含拉丝粉多的黏性大，耐水泡；含雪花粉多的在水中雾化快，诱鱼效果好。商品饵的味型也有多种，如芳香型饵、腥味型饵、酸味型饵。不同的性能有不同的作用。垂钓者应根据自己的需求而灵活选用。

4. 多种商品饵混合使用

在使用商品饵时，无论是做诱饵或者做钓饵，均可以选2~3种商品饵混合使用，比单使一种商品饵效果好。不过，几种饵料混合时，应以一两种饵料为主，而另外一些饵料用量很小，仅作为添加剂。

商品饵可与传统饵混合使用，这也是采用传统钓法的钓鱼人常用的用饵方法。他们用饵是以传统自配饵为主，适量加些商品饵，以提高饵料的质量。一次我们几人外出钓鱼，有三人是用海竿（抛竿）钓鱼，其中一人在钓不着鱼的情况下，在传统饵中加了钓草鱼的商品饵，结果他在3个小时内钓了7条草鱼，而全用传统饵的另外二人总共才钓了1条草鱼。由此可见，使用商品饵的优越性。

无论钓什么鱼，都可以在传统饵中加入一些商品饵，做诱饵可以加，做钓饵也可以加。这样做，既提高了饵料的质量，又比全用商品饵经济实惠。

商品饵与颗粒饵混用。颗粒饵就是鱼塘主喂鱼的鱼饲料，单独用颗粒饵可以钓鱼，还可以与商品饵混合用。混合方法是：先把颗粒饵料用水浸湿成湿面状，然后，根据垂钓的对象鱼加入商品饵，用量多少可以酌情掌握。若在该养鱼塘垂钓，因为该处的鱼已经习惯食用颗粒饵，因此商品饵用量可以少一些。若在其他水域垂钓或是在野外的水库、湖泊中钓鱼，可以加大商品饵的用量，甚至以商品饵为主。笔者曾经多次用这种方法混合使用两种饵料，效果非常好。

5. 既可做诱饵，也可做钓饵

商品饵用法灵活多样，既可做诱饵，也可做钓饵；既可用一种饵料，也可以将几种饵料混合使用。但是在混合使用时，应以一种饵料为主，其他几种为辅。

6. 商品饵与自配饵混合使用

不少钓鱼者所用饵料是以自配饵料为主，然后加些商品饵。这样做，既有了明确的针对性，又提高了饵料的质量。也可以商品饵为主，少加些自备的料。如为了增加黏度，可加些面粉；做诱饵时，可加些酒泡小米、麦麸粉、饼粉等。

与自制饵混合使用，可以节约用饵成本，自制饵的原料要比商品饵便宜得多。

在休闲钓中，更应将自制饵与商品饵混合使用。

7. 要买正规厂家的产品

市场上的商品饵种类繁多，产品质量良莠不齐，一定要买正规厂家的产品。购买时，首先观察其外包装，看印刷的字迹、图案是否清晰，有否厂址、电话、网址及批号。最好去大渔具店买饵，大渔具店进货渠道正规，信誉度高。名牌鱼饵价格虽贵一些，但使用放心，不要只图便宜。

8. 仔细阅读产品说明

市场上的商品饵品种繁多、琳琅满目，可供选购的余地很大。购买饵料时，一定要仔细阅读饵料包装袋上关于产品的各种说明，如：生产日期、保质期，饵料的原料成分有哪些，是搓饵还是拉饵，是薯类成分多还是麦类、豆类成分多，是什么味型（香型、腥型）。

9. 开饵技巧

配制商品饵的过程钓鱼人俗称为“开饵”。开饵要注意三点：

一是先铺平饵料再倒水。配制饵料的第一步是选用一个平底的大小适中的饵料盆和一个盛水的量杯。倒入盆中的饵料不宜过多，估计可用 2 小时即可。将饵料倒入盆中后，在盆底铺平。饵料层的厚度约 0. 5~0. 7 厘米（相当于食指厚度的 1/2）。然后，用量杯往盆中倒水。

二是掌握好饵料及水的用量。用量杯往盆中倒水，掌握好水的用量，使水快速渗入饵料中。使用含小麦蛋白的饵料时，由于该饵料吸水性强，“吃”水很快，水量应加大一些，以便使底层的饵料也能充分吸收到水分。

三是将饵料静置数分钟。饵料吸收水分后，含有小麦蛋白的饵料逐渐变成丝状。此时，不能用手搅拌饵料，也不能翻动饵料，让其静置数分钟。夏天需 3~5 分钟，冬天需 30 分钟以上。

静置适当的时间后，用手指将已经膨胀的饵料轻轻翻动，然后，再放置数分钟，使饵料充分吸收水分，也可轻轻地用手指将饵料按一定的方向（顺时针或逆时针）调拌，不要过分揉搓，否则饵团会过度发黏。

10. 饵料应保持湿润防止失水

饵料配制好后，应用湿毛巾盖住大部分饵料，只露出一小部分供挂钩用。

饵料中水分的多与少都会影响到饵料的软硬度。水分少，饵团发硬；水分多，饵团变软。开始调制饵料时，应控制水量，宁愿使饵团硬一些，也不能使饵团过软。因为饵团过软，必须加粉状饵。加入粉状饵后不易调拌，会导致饵团过黏，而在硬饵中加水就省事多了。

若使用的是片粉的小麦蛋白类饵料，应注意在饵料外边覆盖毛巾，避免饵料与空气、阳光过分接触。饵料接触空气后会吸收水分，导致饵料变稀变软，无法挂钩。调制饵料时，不要一次调得过多。

11. 灵活使用添加剂

商品饵中有许多添加剂产品，其作用不可小看，钓者可根据实际情况灵活选用。

常用的添加剂有各种香精、虾粉、蚕蛹粉等。

（1）促饥添加剂：在鱼情不好的情况下，使用此添加剂可促使鱼产生饥饿感，增强食欲，如“促饥”“消食精”等。还可与其他饵料混合使用。

（2）强食类：可以刺激鱼的感官功能，强迫鱼摄食。此类添加剂多用于垂钓环境欠佳，如气压低、水温较高或过低时。

（3）增氧类：若水中氧气容量低、气压低时，由此导致鱼不活跃，无食欲，可掺于饵料中或单独使用。

12. 鱼饵的比重与使用

同等体积的鱼饵但其重量不相同，我们称之为不同的比重，粉末状的鱼饵比重轻，颗粒状的鱼饵比重重。垂钓时是选用比重轻的，还是选用比重重的，要依据不同的水质、不同的鱼情而灵活掌握。比重轻的鱼饵如“舍鲫”，其主要原料是麦麸，采用膨化工艺加工，质地轻，是薄片状，入水后雾化速度快，诱鱼效果显著。若钓小型鱼，如鲫鱼、鳊鱼，可用此类比重轻的饵诱鱼。薯类等原料加工的鱼饵比重较重，在水中雾化速度慢，但沉落水底的速度快，在深水区使用，钓大鲫、鲤鱼效果好，在小鳌鲦多的水域使用可以避免这些小杂鱼搅窝。也有些钓友在刚开始钓鱼打窝时，用比重轻的雾化开的粉状饵，待鱼诱来了，而且有大鱼进窝时，就改用比重重的饵料，这确实是明智、灵活机动之举。若鱼情变差，窝中鱼少，再用比重轻的雾化快的粉状饵，以扩大鱼饵的影响力。

水的深浅不同用饵也不同，水浅宜用比重轻的雾化饵，水深则用比重大的薯类饵。

九、挂饵的技巧

台钓法挂饵有两种方法，一是搓饵，一是拉饵。

垂钓高手通常是一手持竿，一手揉捏饵料。大部分人习惯用右手待竿，左手顺便在身旁的饵料盒中取些饵料用手指揉捏。眼睛虽然在注视浮漂，但凭感觉左手就能揉捏出黄豆粒大小的钓饵。要用食指、中指、大拇指揉捏鱼饵，揉捏到软硬适度。若揉的时间过长，饵的黏度太大，在水中不易化开。反之，入水则散，也不行。

饵粒团揉好后就是挂饵了。饵团应把钩的尖、钩的弯部全部包住。若是长柄钩，钩柄部分可以不包。正确的挂饵应该如下图（见图68）所示。

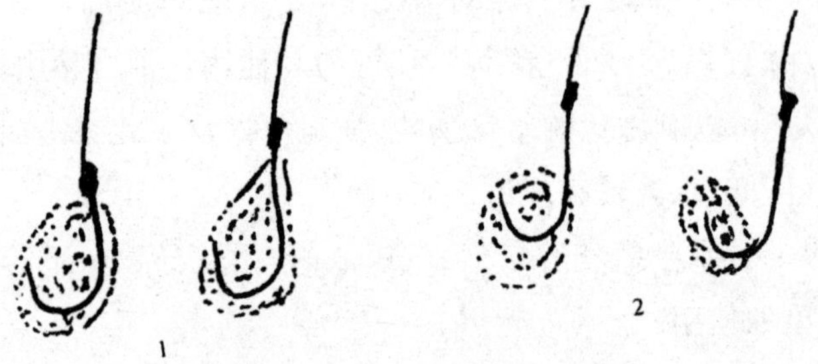

图68　挂饵形态

1. 正确挂饵形态　2. 不正确挂饵形态

高级钓手十分注重饵团的形态。不同的饵团形态对诱鱼、鱼中钩率有着不同的影响。

圆形：饵团呈圆球、圆粒状，这是用得最多的一种饵团形态。多用在沉底钓，饵团的黏性应大一些，减缓雾化时间。

水滴形：上尖下圆。饵团应硬，用饵黏性大一些，钓中、大型鱼多用此饵团。

纺锤形：也是流线型，饵团中间较粗像腰鼓样，应含一些雪花粉，在水中雾化速度较快，主攻以吸、喝为进食方式的鱼。

扁圆形：饵团捏好后，用指头在中间压一下，使之成扁圆形，其功能同纺锤形。

另一种挂饵方法是拉饵。搓饵的方法较简便，拉饵的技巧高于搓饵。拉饵其实是对搓饵的一种改进，是一家鱼饵制作公司的一位先生在实践中摸索创新的一种挂饵方法。

拉饵所用的饵料中必须含有植物纤维，能将细微的颗粒黏合在一起，并由于纤维的作用使饵料挂到钩上。拉饵最突出的优越性是能快速挂饵，从而节省挂饵时间，提高钓鱼效率，尤其适用于竞技钓中，用拉饵1小时可钓获大量的鱼，若用搓饵是绝不可能的。

另一个优越性是拉出的饵团蓬松，雾化性强，入水后是漂浮状，很容易被鱼吃进口，中钩率高，所以能大大提高钓鱼效率，也增加了钓者的兴趣。

拉饵时，必须有拉饵盘。拉饵盘有大小之分，钓者可根据自己的需要和使用习惯选用。拉饵盘还有一种磁盘。

拉饵有几种方法。最简便的是盖拉法。操作方法是：一只手把调制好的饵团握在手掌里（通常习惯用左手），另一只手将双钩横向放到饵团上，握饵团的手向下翻转，右手顺势将双钩从饵团中向右拉出，这时双钩自然挂上了饵料。

另一种拉饵法是压钩法。右手将双钩略微分开，放到饵盘上，右手握住饵团翻转，使饵团压住双钩，然后右手斜向向右把钩从饵团中拉过，双钩自然挂了饵料。

还有一种方法是压钩法。压钩法用的是带有磁性的拉饵盘。饵团放在磁盘上，将钩置入饵盘左侧，用左手将双钩压入饵团，右手顺势向右拉出，双钩也会挂上饵料。

配制拉饵也是有技巧的，若配法不当，拉出的饵状态就不好，不是钩子挂不上饵，就是挂上的全是面筋。其核心技巧是科学掌握小麦蛋白纤维的用量及用水量。小麦蛋白纤维少了，拉不出饵，况且饵的附钩性能差，钩子入水后不久饵料就脱钩了。若纤维蛋白用量过多，饵团过硬，入水不易雾化，成一团死饵，鱼咬不动。用水量必须恰当好处，否则加水过量或用量不足，都拉不出受鱼喜爱的好饵。

为了检测饵料的钓鱼效果，双钩可以分别挂荤饵和素饵，即一只钩挂动物类饵料，另一只钩挂植物类饵料，也可以双钩都挂荤饵或素饵；还可以一只钩挂拉饵，另一只钩挂搓饵。然后，根据鱼的上钩情况再灵活调整。这就是“实践出真知”。

饵团的雾化状况与钓鱼效果也有密切关系。通常的做法是若钓点水位较深，又有些水浪，饵团中的蛋白纤维含量可适当多一些，以增加饵团的黏度，耐水浪冲击；若水位较浅、水面不大，饵团中的雪花粉的含量可适量增加，饵团入水后雾化状态明显一些，易于鱼快速中钩。

臭饵不“臭”

配制和使用鱼饵时，多是用香饵、甜饵或酸饵，很少用脏臭饵。其实，臭饵不“臭”，完全可以用臭饵钓鱼，有时使用效果甚至比其他气味的饵还好。

制作臭饵的方法是：原料可用麦麸粉、糠粉或豆饼粉，用一种也行，两种混合更好。用量酌情掌握，天热时，每次用1~2千克原料，够1~2次出钓使用，春、秋每次可用2~3千克原料，够3~5次出钓使用。夏季气温高，制作时间短，将饵料用水拌匀，用淘米水、洗碗水更好。拌匀后，装入塑料袋，扎紧口，外边再套层塑料袋，也扎口。放在强阳光下暴晒2~3天。使用时，为了增加黏度，可掺些面粉。此饵做诱饵，供打窝用，亦可用作钓饵，做钓饵时，可加些豆腐乳，以增加饵料气味。

臭饵既可钓鲤鱼、鲫鱼，也可钓草鱼。从实践情况看，钓鲤鱼效果最好。

十、休闲钓中学习台湾钓

台湾钓鱼初开始传入大陆时，主要是用于池塘钓鲫鱼和竞技钓。就是在人工放养小鲫鱼的小池塘用台湾钓法快速钓鱼。在竞技钓中也是快速钓小鲫鱼。随着台湾钓法在大陆的普及，广大钓手对台湾钓法进行了深入地研究、探讨、改进和提高，后来就出现了与台湾钓法又相同又不相同的悬坠钓法（悬坠钓法与台湾钓法的异同本书已另有章节说明），而且将台湾钓法用到休闲钓、野钓，也收到了很好的钓鱼效果。

在休闲钓、野钓中如何运用台湾钓法呢？

（一）钓具的选用

台湾钓法多为短竿、中长竿和齐竿线，在休闲钓中也可以用短竿、中长竿。由于竿子不长，抛线、取鱼都十分方便，不必每次收鱼时再一节一节地收竿，扬竿收线，鱼就会收到水边。操作要领是：右手持竿收线，若鱼小直接将鱼从空中提到水边，左手持抄网抄鱼，再摘钩，鱼入护。若鱼超过250克，收线时，鱼在水中被拉到水边，也是用左手持抄网抄鱼，摘鱼入护。这样做，动作快捷。

在休闲钓、野钓中也可以使用双脑线、双钩。双钩是台湾钓法用钩的主要特点。用双钩比用单钩钓鱼的效果肯定好得多，中鱼的机会多 1 倍。即使一钩中鱼，另一钩上的饵料可能落入水中，起到了诱饵的作用。

台湾钓法的支竿架（炮台）也可用于休闲钓。用台湾钓法的支竿架架上竿后，人就可不掌竿了，比采用传统钓法的支竿架优越性大（见图 69）。

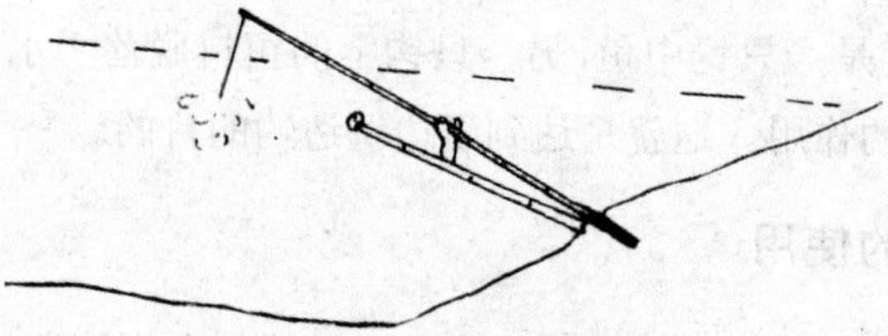

图 69　台湾钓法的支竿方法

竿梢压入水中是台湾钓法的要领，但在休闲钓中，若无风且水中无波浪时，竿梢可以不入手。若水的深度不深的话，由于用的是齐竿线，风线较长，即使竿梢入水，风线也是卷曲在水中，所以竿梢入水的作用不大。

使用敞口长颈大鱼护比用传统竹篓小鱼网兜优越性大。在休闲钓中完全不用传统小鱼护而采用台湾钓法的大鱼护。大鱼护的敞口就在钓者的面前，伸手就可将鱼丢进鱼护。鱼护长，可用于堤岸与水面落差较大的地方，鱼护底沉入水中。大鱼护的盛鱼空间大，不但可以多装鱼，而且鱼在鱼护中可自由活动，延长鱼的成活时间。

浮漂的选用，老年人由于视力较差，可以选用立柱式的大头齐头漂。这种浮漂的灵敏度虽然小一些，因为是休闲钓，不比钓鱼速度，对钓鱼没什么影响。这种浮漂的优越性是看漂清晰，其动态变化较明显。年轻人可以选用台湾钓法使用的长尾纺锤形的长浮漂，这种浮漂稳定性能好，反应灵敏。

（二）边诱边钓，先诱后钓

台湾钓法另一个显著的特点是诱饵、钓饵没什么区别，同为一种饵料，而传统钓法所用的钓饵与诱饵是两种不同质量的饵料。在休闲钓中，完全可以采用台湾钓法的用饵方法——边诱边钓，先诱后钓。

其具体方法是：先拌制较软的饵料，包住铅坠或挂在双钩上。饵团应比钓饵大得多，可以挂乒乓球那么一大团。挥竿将饵料投入钓窝，此后扽竿梢，其目的是让饵团离开铅坠或双钩。饵料入水应立即散开。然后，再用上述方法连续向水中投入多团饵料，少则也应有 5~6 次，其目的是使落入水中的饵料散成一片，形成一片诱饵区。

这时就可以在钩上挂钓饵施钓了。若钓钩在 1~2 分钟内无鱼中钩，就提竿收钩，重新挂饵。钓饵的硬度应比初开始使用的诱饵硬一些，其目的是使钓饵在水中保持 1~2 分钟不脱钩。由于台湾钓法使用的是双钩，除了双钩同时中鱼外，另一种情况就是一只钩中鱼，另一只钩上的饵料脱落于水中，落入水中的饵料就起到了诱饵的作用。这就是达到了边诱边钓的目的。

（三）饵料的使用

台湾钓法几乎全部使用的是商品饵料，而且多为几种商品饵料的混合。而传统钓法多半使用的自配饵料。这两种饵料各有所长，商品饵料质量高，针对性强，卫生。但价钱较高，需去渔具店购买。传统钓法的自配饵料是就地取材，原料来源多样，调配品种多，而且所用的饵料适合当地的鱼的食性特点，但制作较为麻烦，若选用动物性质的荤饵有的也不够卫生、不易保管，其饵料的质量不如商品饵的质量高。在休闲钓中，可以将自制饵料与商品饵混合使用。混合的原则是以其中一种为主，另一种为辅，或者以商品饵为主，自配饵料为辅，或以自配饵料为主，商品饵为辅。可视当时的水情、鱼情、气象条件而定。若钓者对用饵有独到之处，有秘方，不妨以自配饵料为主。但商品饵种类多，有专门钓鲫鱼、草鱼、罗非鱼的，若钓这些鱼，就应该选用有针对性的专用鱼饵。由于使用目的明确，钓鱼效果肯定会好。

（四）生活用品的选用

钓鱼是一种休闲式的娱乐活动。钓鱼就要钓得舒适，减少劳累，不损害健康。台湾钓法对生活用品的准备是细心的、完备的。条件好的使用的是专门的钓台、钓箱，坐凳的高低、毛巾所放的位置都有要求，还有必不可少的墨镜、风雨伞等。传统钓法的钓者往往对这些用品准备不足，有的仅戴个小遮阳帽，有的赤胳膊露腿，坐凳的高低也不考虑。因此说在休闲钓中也应按台湾钓法准备生活用品，以减少体力的消耗，保护视力和皮肤，使钓鱼活动有益于身体健康。

十一、怎样参加竞技比赛

台湾钓鱼的技法，在初始阶段多是为竞技比赛而设计的，所以在池塘中钓小鲫鱼时，台湾钓法有无可比拟的优越性，有位参赛者曾创下了一小时钓获三百多尾鲫鱼的全国纪录。所以在介绍台湾钓法时，很有必要介绍如何参加竞技比赛使之获得好成绩的基本常识。

随着经济的繁荣，国家的富强，人民物质和文化生活水平的不断提高，钓鱼活动越来越受到人民群众的喜爱，相应而来的钓鱼俱乐部、钓鱼协会等组织越来越多。渔具产业的发展，钓鱼场所的增多，为广大钓鱼爱好者提供了更多的有利条件，钓鱼比赛日渐频繁。钓鱼比赛有着积极的社会意义和经济意义，对参赛者大有裨益。通过参赛，钓友之间切磋技艺、探讨学习新技术、交流经验、加强联系、增进友谊。若是大型比赛，对外地钓友来说，也是一次观光旅游的机会，还会促进旅游产业的发展。

台湾钓法传入大陆，被越来越多的钓鱼爱好者接受，并大有广泛传播之势。将台湾钓法与传统钓法进行比照，吸取台湾钓法中先进的、科学的东西，改进传统钓法中落后的、效率不高的方面，对钓鱼技能的进一步提高将是一件很重要的工作。台湾钓法传入大陆，正是通过各种钓鱼比赛这个途径，是钓鱼比赛沟通了海峡两岸钓友钓鱼技艺的交流。

台湾钓法最适合在钓鱼比赛中采用，若是钓鲫鱼，在人工养鱼场钓鱼，唯有台湾钓法最先进。本章较为详细地谈一谈关于如何参加钓鱼比赛的问题。因为今后各种钓鱼比赛会更加频繁，如何参赛是大家很感兴趣的问题。

既然参赛，人人都想争取得到好成绩。然而好成绩的取得，是由多方面因素决定的。许多钓友在参赛后，往往会留下各种遗憾。由于某一方面的疏忽、失误，使奖项与自己擦肩而过。钓鱼比赛，不单是个人技术的较量，同时也是综合素质的较量，而心理素质和应变能力起着十分重要的作用。

参加钓鱼比赛，不像平时业余垂钓那么自由随意，而是受到诸多条件的约束。规定的时间，规定的地点，不可选择的钓位，也可能是规定的对象鱼，规定的钓具，还有许多不准用的手段，对参赛者无疑是一种或多种约束。面对这些客观“限制”应当怎么办？如何在参赛中争取得到好成绩？这要从参赛出发前的各种准备谈起。

为了参赛,为了在参赛中争取得到最理想的成绩,笔者将参赛的全过程中应注意的事项归纳为10个方面,即做到10个心:平常心、细心、静心、有心、专心、耐心、虚心、好心、恒心、问心。

(一)平常心

参加钓鱼比赛,大家都想取得好成绩,都想获奖,这种愿望是在情理之中。但获奖者毕竟是极少数。获奖者应该是以综合实力作为基础、作为保证,但也不排除种种机遇。就说钓位吧,往往是抽签定位,好位置和差位置对钓鱼效果起着特别重要的作用。再说,比赛时是高手云集,强中更有强中手,你有绝招,他有秘方,特别是比赛点当地的参赛者,对当地的气象、气温变化比较熟悉,对当地的鱼的食性特征了如指掌,甚至早就对钓点渔场的情况摸得一清二楚,使他们有了别人无可相比的优势,这些客观情况都应充分估计到。所以,首要的一点,就是要以一种平和的"平常心"对待比赛。

尽量争取获得优胜,为着这个目标去做好各种准备,其中包括思想准备。获胜了当然好,如果不能获胜怎么办?应有这种思想准备,做到积极努力,坦然面对。参加比赛的收获应是多方面的。如去外地参赛,到过去未曾到过的地方,自然是一次观光旅游的好机会。比赛地点通常选在经济较发达、自然景色秀美、气候宜人的地方,吃、住、行肯定都很便利,有人接待,有人导游。参加比赛,相会了老朋友,交识了新朋友,"朋友多了路好走",增强了友情,建立了友谊,自然是一件好事。钓鱼比赛,高手云集,互相切磋钓技,研究探讨新问题,交流信息,开阔了视野,对自己今后的钓鱼会起到积极的作用,这又是一大收获。反之,若一定认为自己各方面都行,拿名次非我莫属,没有第二种思想准备,临到钓场时可能会固执己见,"一条道走到黑"。若取不上名次就怨天尤人,强调客观原因,要不就懊恼,影响情绪,导致影响身心健康,实际上这完全是思想方法的错误造成的,实在是得不偿失。

(二)细心

细心,就是细致地做好出发前和到达比赛目的地以后的各种准备工作,做到万无一失。

出发前要办的事很多,最重要的是"武器的装备"。竿子,有条件的话,可以准备2~3副，如硬调性竿、中性鱼竿、长竿。若是用过的旧竿，要逐节检查。渔线、鱼钩、浮漂，各种型号的都应准备，将备用线绕到绕线轮上，并且要多备几个绕线轮。钩、线、漂的配比都要试验好，让其成套，分开包装。铅皮、铅坠、太空豆、连接环、浮漂插座也应各准备数个。若渔线用的时间长了，要断然丢弃，换新线。钓饵更为重要。参赛者在接到比赛通知时应尽量多打听一些情况，若能了解到此次比赛中对象鱼是什么则更好，尽量多获取些关于赛事的信息。从电视上的“气象预报”了解比赛地的天气情况。饵料以带原材料为主。主料、辅料、添加剂尽量准备齐全。香味类、酸味类的曲酒、甜酒、香精等也应准备。

生活用品尽量从简，以减轻随身负担。再说，现在市场上物质十分丰富，即使缺点什么也不要紧。年老、有慢性疾病者应带好平常用的药物，还要准备些应急用品，如手电筒、雨伞等。

到了比赛地以后，要准备的事也很多，而且十分必要。

首先要详细了解此次比赛的相关要求和“政策”，要吃透精神，一切行动要符合组委会要求，若违犯了比赛规则，则前功尽弃。若是参加团体赛，赛前要召开预备会，共同分析形势，提出对策，打有准备之仗。

一般情况下，允许到赛场先试钓。即使没有试钓机会，也应到赛场去走走看看，从养鱼专业户或相关人员口中了解渔场的情况，什么鱼种、水的深度、水的质量、喂的什么饲料、鱼的大小等都应尽量知道。有位钓鱼大师在全国很有名气、多次参加国家级的钓鱼比赛。每次参赛，他都是提前到场，先去钓场了解情况，并反复试钓，摸透情况，做到心中有数，所以几乎每次参赛他都能稳操胜券。他曾三次蝉联某项比赛的冠军。

为了在赛场节省时间，有些钓饵应在比赛之前就着手准备，如需要蒸熟的面粉、发酵的饵料等，应事先准备好。还可以在赛场附近捉些青虫、蚱蜢备用。

（三）静心

静心，指的是比赛前夜心情要平静，养精蓄锐，准备参加第二天的比赛。避免因兴奋过度、闲聊熬夜而引起失眠，以致比赛时疲倦困盹，分散垂钓注意力。

比赛正式开始的前些天，往往有这种情况，渔友之间聚到一起（特别是老朋友）常有说不完的话，夜间很可能互请吃喝，年轻人性格豪爽，狂饮狂喝，控制不住自己，回到住处酒劲发作，胃里难受，夜里受凉，引起发烧感冒，必然影响第二天的比赛。

比赛前也不能过多地逛商店、游山玩水，避免过度消耗体力，甚至发生意外。

还应注意，比赛前夜不要胡思乱想，患得患失，应做好各种结果的预想。若夜里失眠，应服用安定之类的镇静药，强制自己睡眠。

（四）有心

抽签定位以后，赛手们各就各位，哨声一响，比赛开始。首先要把钓具有次序地放到方便易取的地方。虽然在比赛前赛手们已经对钓场的各种情况有了初步的了解，对池内鱼种的分布情况也心中有数，但毕竟是总体上不十分清晰的。确定了钓位后，还须在短时间内尽快准确了解客观环境。若在养鱼池钓鱼还好办一些，因水面小，鱼的密度高，池内不会有障碍物，池底较平坦。若是在湖中、水库垂钓，情况就复杂得多了。由于水面开阔，往往有风浪，垂钓位置的水底情况不太了解，所以对参赛者来说，首先要立即对自己所处的环境做一尽量准确的判断。例如：若风大（4 级以上）就应考虑用大号浮漂；通过测试水的深度，考虑用什么竿。若在水库、湖中垂钓，通常的情况是近岸处水很浅，这时就应用长竿、长线，将钩尽量抛得远一些，至少要抛在水深在 1 米以上的水域，若水中有草，尽量靠近水草边下钩。时间就是效率，垂钓者首先要做个“有心人”。否则，不管三七二十一，急着下钩，觉得不行，又重新改换钓具，肯定要误事。只有较为准确地判断，才能有的放矢。

比赛时，往往围观的人很多，看热闹的有，趁机占点小便宜的也有。参赛者务必看护好自己的钓具，避免丢失，或被别人踩坏。尤其是较贵重的备用竿，一定要放在自己的面前。还有渔具包，里面都是必不可少的备用品，也应放到自己看得到的地方。

还要适当观察其他钓友的钓鱼情况，若有人已开始连连提竿取鱼，应尽量获取其垂钓方法、钓具使用情况。

钓鱼比赛可能有多项内容，有的是按总重量计分，有的是按单尾重量计分。多半是两项都有，在一个单位时间内比赛总重量，在另一个单位时间里比赛单尾重量，通常是两项合在一起，分别评比。钓上大鱼比钓小鱼划算，应考虑采用什么钓具、钓饵能尽量多钓大鱼，钓获最大的鱼才好。还有些比赛，按鱼种不同分别比赛；如：上午专钓鲫鱼，下午专钓鲤鱼或草鱼。鱼种不同，食饵特征不同，所使用的钓具、饵料自然不同。大鱼通常不会游到近岸的水边，多半在深水区，所以垂钓定位后，也应选深水区。

（五）专心

垂钓开始后，一切杂念皆应抛在脑后，不应考虑后果，专心致志垂钓。

这时，比赛场所可能十分热闹：扩音器不时地广播，小红旗一杆杆在岸边飘动，裁判员来回走动，观众结成队，围成堆，这种喧闹的环境按说对垂钓者是不利的。当然，有些比赛可能不是这种情况，赛场十分安静。不管客观环境如何，垂钓者都应排除一切干扰，也可能刚开始情况不好，无鱼儿上钩，也不要急。静静地观察，做到眼不离漂，竿不离手，平心静气等鱼上钩，若身旁的钓友已经多次提竿取鱼，而自己的水域“无鱼问津”，那么就应找找原因，改换钓饵或钓法，或者从钩、线的匹配上下功夫。俗话说：“心静才能绣花，心专才能钓鱼。”古诗描写钓鱼人的专注：“曲岸深潭一山叟，驻眼看钩不离手，世人欲得知姓名，良久问他不开口。”参赛者也应具备这种专心致志的习惯，做到屏声敛气，意念集中于眼、脑，一切杂念俱退，达到专注、静心的思想境界。

不要犯规。每次比赛，组织者都制定有相关规则，参赛者必须牢记，而且要严格遵守。一旦犯规，不但会将成绩全盘作废，甚至被取消参赛资格。因而不要心存侥幸，要老老实实参赛。

（六）耐心

遇事有耐心，是一个人心理素质良好的表现。钓鱼需要耐心，耐心也可以通过经常的钓鱼活动培养。俗话讲：“心急不能等人，性急不能钓鱼。”在钓鱼比赛中，耐心更为重要。我们应该想到，除非在养鱼塘中垂钓，鱼儿上钩快，若是在大到几百公顷、上千公顷的水库、湖泊中钓鱼，碧波浩渺，水天相连，鱼的密度很小，而你就那么两只小钩（双钩垂钓），两团花生仁大的钓饵，在那么大的水中显得微乎其微的小。鱼儿要游过来也得些时间，不可能一下子就上钩，耐心等待是唯一的办法。

若过了一段时间，别人的鱼竿连连提起，一条条鱼儿往鱼护中放，鱼儿在人家的鱼护中撞得水哗啦啦地响，这时你的心也可能咚咚地跳，为什么？心慌了，紧张了，着急了，总希望自己的浮漂快快沉下去，快快起鱼。实际上，光着急是没有用的，应该从自身找原因，看看是钓饵的问题，还是钓位的问题，或者是钓的水层面的问题。若底钓效果不好，可以在水的中上层浮钓；若原先用的素饵，可以改用荤饵，若钓点水太深，可改在浅水区钓。若有可能的话，不妨看看别人是怎么钓的，进行比较，找出原因。若是什么问题都不存在，而就是无鱼上钩，那就是你的钓位的问题了，这里可能根本就不会有鱼。既然如此，也不能急，胜败乃兵家常事，只好等下一轮重新选择钓位了。也许，在你耐心等待的过程中，因气温起了变化，或是风向、风力的变化，你这里会“时来运转”，有鱼上钩了。

（七）虚心

“虚心使人进步，骄傲使人落后”，这是真理，对参加钓鱼比赛的人同样适用。即使一个钓鱼生涯很长，经验相当丰富的钓鱼高手，若一直感到志得意满，抱着故步自封的态度，也可能会在某一次赛事中失手，乃至惨败。这并不奇怪。钓鱼活动虽然是一项看似简单的娱乐性活动，其实也是十分复杂的、变化万千的、充满辩证法的实践活动。能否钓上鱼受多种因素的制约，而人对客观事物的认识是有局限性的。人的主观态度应随着客观事物的变化而变化。例如，在钓鱼比赛中，自己的钓钩就是不上鱼，别人却连连提竿取鱼，而自己仍认为自己的判断和钓法并不错，这就错了。事实证明，别人连连获鱼，说明别人的方法对头。所以这时一定要从自身找原因，从钓饵上找原因，从钓具的匹配上找原因，从钓法上找原因。如有可能的话，亲自看看别人用的是什么饵，是在深水钓还是在浮钓。再如，自己的钓点并不差，但是钓获的多是小鱼，自己看不上这小鱼，就换饵、换钩、换钓法，一心想钓大鱼，认为钓上一条大鱼胜过很多条小鱼，这种愿望虽然美好，可是事与愿违，就是无大鱼上钩。如果自己非要钓大鱼，结果大的一直未见钓上来，而小的也没钓着，时间也耽误了。这同样是一种固执己见、不能面对现实的思想方法，导致失误，错过了钓小鱼的机会。

另一种情况是：开始垂钓效率很高，连连获鱼，于是沾沾自喜。可是过了一段时间后，情况却起了变化，浮漂一动不动，无鱼上钩。这时仍不考虑这是为什么？钓法不变，结果在后一段时间落后了。其实，这也不奇怪，很可能在后一段时间里，气温、风向起了变化，鱼儿的活动受到影响而跑到深水区，或浮到水的中上层，或食欲大减。还有一个情况，在比赛的第一场自己成绩十分突出，对第二场、第三场比赛掉以轻心，缺乏应变的思想准备，导致在后来的比赛中终于败北。究其原因，仍是缺乏虚心的态度，是一种骄傲自满的表现。须知：骄兵必败。平日办事如此，钓鱼比赛同样如此。

(八)好心

这里所说的好心就是要有一副好心肠,对钓友热情,乐于助人,与人为善。无论是相识的还是不相识的朋友,都应采取这种态度,遇事应“成人之美”,而不能幸灾乐祸。参赛活动,对人品是一种检验。有些人看到别人断了线,跑了鱼,心里乐滋滋的,总想看别人出错,差错越多自己越得意,这是人品格低下的表现。再如,别人一时缺点什么备件,想求自己支持,自己有却谎说没有,不肯助人。这些行为,估计与钓鱼人平时的思想品德有关,平时就是这种心胸狭窄、斤斤计较的人。我们之所以说钓鱼活动能陶冶人的情操,其中也包括这些内容。再如,为了怕别人钓到鱼,胜过自己,便有意使坏点子,或故意大声喧哗,或垂钓时故意把水弄得很响,甚至把竿子尽量往别人的垂钓处伸去……这都是不道德的行为。

我们应该这样做:如别人钓住大鱼了,正在遛鱼,顾不上拿抄网,自己就应上前主动帮助别人拿抄网,甚至帮人抄鱼。有些比赛可能不准这么做,这是另外一种情况。若是一位垂钓新手,遛鱼没经验,自己也应主动给予帮助。别人缺少什么求助于自己,自己应尽量提供方便;若明知别人钓鱼不得要领,自己应给予建议。若自己钓鱼效果好,别人前来询问,也应如实告诉人家自己是怎么个钓法,用的什么饵料,什么型号的钩线。总之应认识到,钓鱼比赛的结果、名次的取得固然重要,但人与人之间的友谊更为重要,一个人的品德高尚比什么都珍贵。

(九)恒心

恒心,指的是参加钓鱼比赛的人应有的毅力,有持之以恒、坚持到底的决心和信心。这包括以下三个方面的内容:

一是不怕失败的精神。赛手在比赛中往往因多种因素导致某一个时段成绩不佳,比分落后,因此有些人就垂头丧气、失去信心,对后来的几场比赛不再用心,以应付的态度走进钓场,甚至放弃比赛。也可能在某场比赛时,见别人鱼护的鱼越来越多,而自己收获不大,就心灰意冷,甚至怨天尤人,认为是钓位的原因,是自己运气不佳,不从自身的垂钓方法上找原因。反之若能客观地对待挫折,认真分析原因,进而采取措施,随机应变,很可能转败为胜,出现“柳暗花明又一村”的新局面。

二是不让胜利冲昏头脑。在比赛中，成绩很好，觉得稳操胜券，因而对最后阶段的比赛麻痹大意，结果让别人的成绩上来了，而自己相比较却落后了，令自己扼腕痛惜，悔不该“大意失荆州”，然而后悔也晚了。这实际上也是缺乏坚持到底、持之以恒的恒心，是一种骄傲必败的表现。

三是不可放过两个时段。按钓鱼的通常规律，上午11时以后至下午3时以前是钓鱼效果最差的5个小时。这是因为夏天、秋天中午气温特别的高，鱼儿会到深水处歇凉避暑，食欲减退。钓鱼人对这个时段不大留意，人也因酷暑懒得垂钓。钓鱼比赛有时可能在中午12时才结束，下午2时就开始，若是这个时段里比赛，垂钓者依然应聚精会神，切不可松懈斗志，特别是钓鱼成绩不佳的人，更应努力。水中鱼儿的活动既有规律也有特殊，夏天的中午，草鱼的活动仍很活跃，其他鱼种也不是绝不吃钩，上钩的往往还是大鱼。为了取得好成绩，专心垂钓，说不定会有意想不到的收获。再一个时段是临近比赛结束的时间。垂钓者往往认为：反正快结束了，胜利者踌躇满志，落伍者心灰意冷，未到比赛结束就想草草收兵。其实这个时候仍是很重要的时段。对落伍者来说更为重要。通常情况下，比赛多在下午黄昏时结束，第二天发奖。黄昏时是鱼儿食欲旺盛、最易钓获的时间。在即将收竿的前几分钟，钓到了鱼，钓上了最大的鱼，这种情况是不稀奇的。所以垂钓者应有坚持到最后一分钟，有听不到哨音决不收竿的决心。对落伍者更应抓住别人不在意的这个时段争取意外的收获，可能会转败为胜。鱼儿从上钩到被钓获也就是短短的几分钟。有些比赛还规定，在比赛结束的哨声响过之后，若有人仍在遛鱼，还允许将鱼提上岸，或者是在多少分钟之内有效。

所以说，这两个时段都很重要，垂钓者万万不可掉以轻心。

坚持到最后一分钟，是最难能可贵的精神，是一个人遇事能严格要求，一丝不苟的作风的表现，缺乏这种作风的应努力培养。

（十）问心

问心，就是赛事结束以后的自我反问，认真总结经验教训。把每次参赛作为一次学习、提高的机会。

要从正反两个方面总结。取胜了，总结出能够取胜的原因，是哪个环节上做得好；失败了，落伍了，更应反思，是哪个环节出了毛病，是技术上的问题还是思想上的问题，是麻痹大意了还是缺乏应变能力？别人取得优胜成绩的原因何在？若是团体赛，更应在一块开个座谈总结会。这项工作十分必要，对今后参加钓鱼活动和比赛一定会有帮助。一个钓鱼人只有善于总结经验教训才会不断提高垂钓技艺，若是几十年“一贯制”(一种渔具、一种鱼饵、一种钓法)，只能说明此人始终处于钓鱼的“初级阶段”，未进入到“自由王国”的境地。

比赛结束回家后，最好写点文字东西保存，把时间、地点、参赛内容、自己的垂钓方法、结果、经验教训是什么等内容做一记载，费时不多，却有着多方面的意义。垂钓的朋友不妨一试。

第四章

民间流行钓法

我国地域辽阔，钓鱼活动已经有了几千年的历史，一代又一代的钓鱼人在钓鱼实践中摸索出了许许多多的钓鱼方法，有些好的方法由于简单易学，钓鱼效果突出，所以能够流传下来，成为我国钓鱼文化宝库中的经典，时至今日，这些钓鱼方法仍在民间流行。这些有生命力的好方法仍值得我们学习借鉴。

现将几种用得最广泛的民间流行钓法做一介绍。

一、单钩钓

由于许多人使用的是手竿，手竿钓中至今有许多人仍使用单钩钓，单钩又可分为坠上钩和坠下钩两种（图 70）。

坠下钩，顾名思义，钩在下，坠在上，坠为死坠，坠与钩的距离约为 5~15 厘米，长者可达 20 厘米，但不宜过短或过长。过短，鱼易发现铅坠，况且鱼吃饵时也不方便。过长，子线容易动，导致钩的晃动，增加了不稳定性。

还有一种是坠上钩，钩在坠的上方。这种坠下的特点是坠触水底，钩子不触底，鱼游的过程中发现鱼饵。若是水底淤泥较多，有杂草石块的话，也适应用坠上钩，坠子在水底淤泥中关系不大，钩饵不会被淤泥和杂草掩盖。

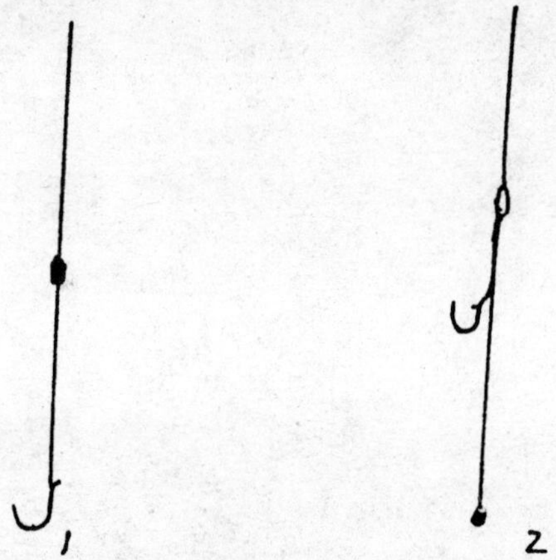

图 70 单钩

A. 止转钮 B. 脚柄 C. 拨线架 D. 摇柄 E. 绕线轴 F. 泄力旋钮

坠上钩的另一优越性是增加了钓组的稳定性，若在流水中钓鱼，也适量使用坠上钩，现在使用坠上钩的人也不少。

普通钓法；上钩保持钩洒向上，只要鱼咬住了钩就不会脱钩，提鱼主高；鱼上钩后，漂子反应灵敏。

以上方法，垂钓者可根据情况加以选择。

5. 一卧一悬钩

一卧一悬钩钩脑线较长，也是常用的结构方式。铅坠与浮标的配比不一，钩一入水后便成了一卧一悬，但是对垂钓效果影响不大。

6. 坠上坠下双悬钩

坠上坠下双悬钩，两只钩分别在坠的上方和下方，钩与钩之是间有一定距离。

三、炸弹钩

炸弹钩（也叫爆炸钩、集团钩），是近二十年流行的一种时兴钓法。

炸弹钩多用于海竿（抛竿），多为 6 只钩一组，型号有多种（即中号钩组、大号钩组），钩的型号大，脑线略长，中小号钩的脑线略短（如图 74）。

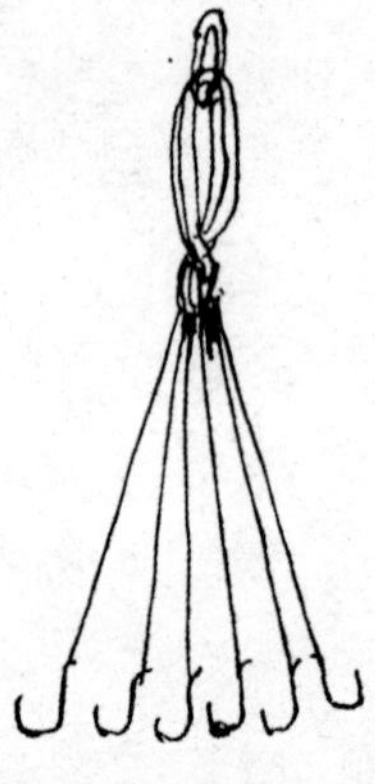

图 74　炸弹钩

炸弹钩所用的饵料为糟食饵，以饼粉、麸粉为主，加白面粉，以增加黏度。但不宜过黏，否则饵团入水后雾化不开，钩就不能裸露，影响鱼中钩。中钩原理是：饵团在水底雾化开以后，饵料就堆积在水底，饵依然在饵料中，因为鱼吃食的方式为喝食（滤食），鱼将饵料喝入口中时，钩也随饵料被喝入鱼口中，挂住鱼嘴。

其实，手竿也可以使用炸弹钩，尤其在秋末、初冬使用炸弹钩钓鱼效果也很好，笔者就经常在用手竿钓鱼时使用炸弹钩，但用的竿以长竿为主（10 米以上）。

四、葡萄钩

葡萄钩组所用的也是炸弹钩，只是挂饵方法不同于炸弹钩。炸弹钩是先在塔簧上或脑线上挂一团饵料，然后将各只钩嵌入饵团中。而葡萄钩是在每只钩上包裹饵料，1 只钩 1 包，若是 6 只钩就包 6 团饵，提起脑线像一串葡萄一样（图 75）。葡萄钩由于饵料少，钩尖容易挂住鱼嘴。有时用葡萄钩钓鱼比用炸弹钩的效果还好。

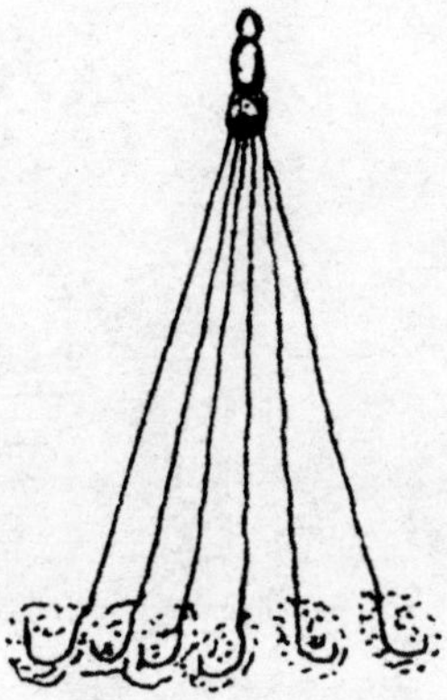

图 75　葡萄钩组

五、弹簧扁担钩

弹簧扁担钩是一种在部分钓者中使用的新颖的钩组。

在用海竿钓鱼时，投放诱饵是个麻烦事，诱饵自然是应先投放。由于海竿施钩的钓点离岸较远（少则 30 米，多则 50 米以上），第二次投钩时很难准确地投到已投诱饵的那个窝点，钩组投不到诱饵窝，它不是白白浪费了诱饵吗？

现在有个小窍门可以解决饵投不准的问题，而保证你绝对是诱饵，钓饵同在一个窝点，这个窍门就是诱饵，钓饵同在一处，同时投入窝点，这就是弹簧扁担钩的组钩方法。

2. 串钩在水中的状态多是上下垂直分布或斜向分布，使水中的上、中、下层都有钓钩，施钓的范围比单钩广。

3. 在春末夏初和秋末冬初的季节，每天水中的水温度化幅度较大，鱼为了适应水温，可能从中层游白底层，或从底层游向中层，鱼无论游到哪个水层，都有鱼饵等着它，钓鱼人都有鱼中钩的可能。因此说，串钩可以适应气温，水温的变化。而单钩只能单钓底层或单钓中层。

4. 所钓的对象鱼范围广的。不同的鱼种生活在不同的水层，有时虽然也会改变泳层，但出现这种现象的情况较少。串钩既可以钓底层鱼，也可钓中层鱼。

5. 串钩钓可起到侦察鱼情的作用。鱼的食性基本是三类：素食性、荤食性、杂食性。尤其是杂食性的鱼在某一时间段可能只吃荤食不吃素食。钓鱼是此时是该用荤饵还是该用素饵呢？此时，不妨在串钩上分别装荤食和素食，然后投到钓窝。鱼中钩后，看它是吃荤食还是吃素食，然后，就以这种饵料为主。

（二）子线的长度

这里说的子线就是组成半钩钩组的这段线，而不是绑的那段支线。

无论是海竿或手竿子线的长度，大约在 1~1.2 米。主要是根据所钓钓场的水的深度而定，水浅、子线短；水较深，子线长到 1.5 米。因为通常钓鱼的水深多在 2 米以内。有些塘是碟子状，水面很宽，但水不深，即使投远一点，多在 1.5 米以内的水深，此时的子线不在 1 米左右。子线太长，施钓不方便。

气象与钓鱼的谚语

梅雨钓鱼，满篓而归。

雨后放晴，赶快出行。

雨天鱼靠边。

春钓东南风，秋钓西北风。

大风钓风尾，小风钓风头。

下雾不下钩，收雾再钓鱼。

霜下东南风，十钓九放空。

秋雨过后用长竿，冬钓下雨忙收竿。

清明雨纷纷，钓鱼人成群。

人穿梭袄鱼不动；人穿夹衣鱼儿动，人穿单衣鱼儿蹦。

下看水，上看天。看看风向再下竿。

清早赶在太阳红，黄昏赶在鸡进笼。

夕阳西下，钓鱼最佳。

守钓落日后，不钓暮雨前。

风动水动，水动鱼动。

钓鱼不钓午，钓午白辛苦（鲢鱼除外）。

大风钓大鱼，小风钓小鱼，无风不得鱼。

闷热天无鱼钓，刮风天不白跑。

（三）串钩用钩的型号和个数

串钩用的大小取决于两点：一是所钓的对象鱼的大小若钓大型鱼（如草鱼、鲤鱼）应该用 5 号以上的中型钩或大型钩（8 号以上的钩），若欲钓鲫鱼、鳊鱼之类的小型鱼就用 4 号左右小型钩就可以了。

是用长柄钩还是用短柄钩呢？取决于挂什么性质的钓饵。若挂蚯蚓、猪肝类的动物类饵，应用长柄钩；若挂植物类的面团饵或玉米粒、饭粒，就应用短柄钩。

串钩的只数不能少于 3 只，最好也不要多于 5 只，以 4 只钩为最好。只数多了一个个地挂饵费时间；钩少了（3 个）起不到串钩的作用。

另外，还应根据水的深度来考虑用钩的多少在水库、湖泊中钓鱼，若水深在 3 米以上时，可考虑用 5~6 只钩；水浅时用 3~4 只钩就可以了。

（四）串钩钓怎样识鱼讯

在用半钩钓鱼时，有多种识别鱼讯的方法。

1. 用浮漂。钓线上使用浮漂。当调整好水深后，最下边的钩触及水底，浮漂呈立柱状。若有点中钩，浮漂或完全沉没水中，或向上升一目或多目，浮漂甚至呈倾斜状或拱船于水面上，这是有鱼中钩后浮漂的漂讯。

2. 竿梢上夹鱼铃。钓者通过铃声的大小缓急，来判断鱼是否中钩。

3. 观察竿梢的上下晃动（也可称为点头）。若竿稍只是微微点头，说明水中有鱼咬钩；若连续大幅度的点头，甚至竿梢呈弯弓状，说明有大鱼中钩了。此时

越多。因为不少人认为，串钩钓有时比用炸弹钩钓鱼效果还好。作者的一位朋友用海竿串钩钓鲌鱼，一天钓鱼获六百多条，总重量超过 70 千克。

不少钓友用串钩钓黄颡鱼效果也很好，现在许多人都用串钩钓黄颡鱼。

1. 钓具的选用

市场的海竿有玻璃纤维竿和碳纤维竿两种，玻璃纤维竿的韧性好，但硬挺度不如碳纤纸竿，况且比碳纤维竿得得多。现在用碳纤维海竿的人多。海竿的量度短则 1. 8 米，长则 5. 4 米，用得最多的是 2. 7 米的竿或 3 米多长的竿。

使用海竿多是 3 只以上，最好是买同一品牌，其好处是便于维修。若某只竿的某一节坏了，可用其他竿的这一节配用，不必去渔具店另行补配。

钓线可用 2~4 号的。

绕线轮的储线量至少应储 100 米，选用质量在中档的线轮。钓鱼人有句话说：“好竿不如好轮。”

串钩的组接方法：用一根长约 2 米的脑线，在脑线上每隔 20 厘米处再用长约 10 厘米的短脑互结 1 只钩，共结钩 6~8 只。脑线的末端拴一只小铅坠，这是底钓、拉钓的用法。若是浮钓，应加一只浮漂。

饵料的使用：钩饵以用蚯蚓为主，红蚯蚓、黑蚯蚓均可。也可以用其中的几只钩挂蚯蚓。要钓鲌鱼自然应用浮钓。浮钓不必用饵，而是在每只钩的钩柄上扎一撮白羽毛是动态，鲌鱼有追逐觅食的习惯，见到白羽毛就去吞食，故垂钓获效果较好。

串钩钓用悬钓法还可以钓鲢鱼、鳙鱼，不过，用饵方法与钓鲌鱼不同，主要是用有酸味的糟食。

底钓、浮钓时，钩上挂饵料；拉钓，钩上可以绑细羊毛或白羽毛（细毛），羽毛盖住钩柄即可（见图 81）。

拉钓（也可叫甩钩钓）就像甩大鞭一样，将钓线甩出 20~30 米，待坠稍往下沉时就往回慢慢收线。在此过程中，水的中上层的鱼就可能追逐钩上的羽毛并吞食。取了鱼后再次甩钩，如此往返边走边甩，若气温高天气晴朗时钓鱼效果非常好。一人几小时内可钓获数十千克鱼。

2. 使用海竿串钩还应注意几个问题

（1）根据钓鱼的目的而使用不同性质的饵料：如钓草鱼，可用青草捆成小草把，用绿叶蔬菜卷成团穿钩；若钓鲢鱼可同带酸味的糟食类饵料；若钓黄颡鱼，可在钩上穿蚯蚓；钓草鱼、鲢鱼，钩的数量应减少，有 2~4 只钩即中，钓黄颡、白鱼可用5~8只钩。

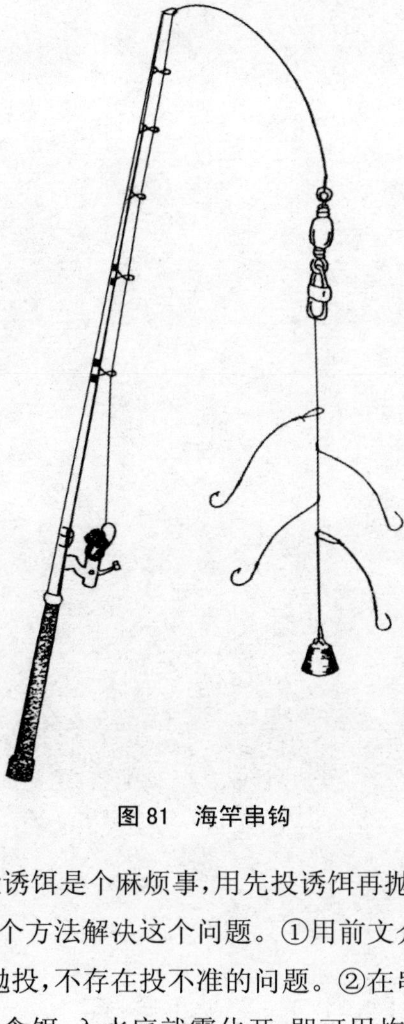

图81 海竿串钩

(2)海竿串钩钓投诱饵是个麻烦事，用先投诱饵再抛钓饵，钓钩很难准确地落在诱饵区，现在有3个方法解决这个问题。①用前文介绍的弹簧扁担钩作钓组。诱饵与钓饵同时抛投，不存在投不准的问题。②在串钩的下方再绑一组炸弹钩，炸弹钩用的是糟食饵，入水底就雾化开，即可用炸弹钩钓鱼，这些糟食饵也起到了诱鱼进窝的作用。③用船只投放诱饵和串钩。

把船划到选中的钓点，然后投下诱饵，再放下串钩至诱饵区。

(3)海竿串钩钓抛钩的方法与使用炸弹钩相同，即：斜投、膀投、撩投。

(4)钩入水后，应停留一段时间。为了防止铅坠沉底，可加浮漂。浮漂应用浮力较大的大号漂。

海竿串钩还可以用做底钓，钓鲤鱼、鲫鱼。特别是冬季，鱼都集中在深水区，用短手竿是不易在近岸钓到鲫鱼的，而用海竿可以把钩投到深水区的鱼窝里。底钓与悬钓不同，铅坠须大一些，而且铅坠应在线的末端，要沉底，串钩用

（1）脑线：若干条，每根脑线长约 1.5~2 米。线的长度根据水的深浅掌握。脑线一端拴个别针，一端绑鱼钩。主线上有多少个小圆环，脑线就用多少根。脑线也不要太细，线径在 0.3 毫米以上。

（2）钩：用 10 号以上的、钩尖较长的、有倒刺的大钩，若想兼顾钓鳖类或其他鱼，也可用 8~10 号的中型钩，歪嘴钩更好。绑好后，分别插到泡沫塑料块上，绕线板或绕线筒一个，供绕线用，以防止多支线绞缠。

（3）钓饵：以小活泥鳅为首选。小泥鳅长约 8~10 厘米。若没小泥鳅，黑蚯蚓、猪肝、家禽内脏也行。但不要用植物类素饵。

（4）诱饵：因用量比较大，可用饼末、麸粉类饵料，气味加腥型添加剂。剩饭、剩鱼肉、骨头也可加到饵料中。

2. 钓法

到钓场后，先在岸上找棵树把主线的一头拴到树干上，若无大树、大石块，地上插木棍也可。然后将子线联结到主线的线环上。在钩上挂饵，挂了几只钩后，将钩投入水中离岸处。若岸下有杂草、障碍物，用小棍把钩线挑到水中，然后接着挂子线、挂饵、线入水，直至把主线全部投入水中，但主线的另一头必须固定在岸上。

线全部入水后，再顺着线、钩投撒诱饵。

若是白天，每隔两个小时可以收线查看中鱼情况。有鱼中钩了，取鱼。若钩上无饵了，重新挂饵投入水中。但此法最适宜于夜间使用。因为许多鱼在夜晚觅食比白天还活跃。可在傍晚将线入水，第二天清晨去收线。

（十二）拉大线钓法

在活河流域人们常用拉大线钓法。此钓法近似于其他地区的延绳钓法。多用来钓鳊鱼、草鱼、鲫鱼。

拉大线钓法由于钩多、线长，若施钓钓场选择的合适，是很有收获的一种钓法。这也是一种串钩钓。

1. 钓具要求

主线长约 100~200 米，若经常在溪流、小塘垂钓，50~80 米长的钓线也行。主线垂用大长粗线。

子线 10 根以上。以主线为依据。主线长，子线多；主线短，子线少。

子线长度在 1.5~3 米之间。线的长度应考虑所钓水域深的深度。大多数情况下，以 1~2 米的水深居多。所以，子线以 1. 5~2. 5 米为好。

由于水域的普遍规律是边岸处水浅，中间水最深，呈锅底状，所以栓钩时，中间的正线可长一些，两边的子线依次短一些，这样，子线入水后在水中的位置比较合适。

钩的大小也灵活掌握。若是水面较小，大鱼少，可用 5~8 米中型号鱼钩。若水面大，可用 8~10 号钩。不过拉大线钓不宜选择过宽，线太长，收线、放线都不方便，而且钓鱼效果也受影响。

每只钩的上方应用小号铅坠。

2. 饵料

以动物类的荤饵为主。面团类饵不耐水泡，容易脱钩，换饵比较麻烦。可用红蚯蚓，家禽内脏、猪肝等做钓饵。

3. 施钓方法

拉大线需要两人合作。先将渔线盘织在供线架或绕线架上。选择了合适的水域后，一人拉着线从水域的一边沿堤埂去到另一边，另一人一边放线，一边在每只钩上挂钓饵。这时，一人在对岸拉线，一人在原地慢慢放线，此时钓线已在水中。

当人到对岸后，这时两人分别持线的两头，用手线也行，或临时将线拴到岸边的树枝上也行，垂钓就可以开始了。

水中若有鱼咬钩，必然带动水中的钓线。鱼中钩后也会挣扎窜游，钓线也会有力度地摇晃震动，子线会向其他方向倾斜，只要出现这些情况，就可以收线起鱼了。起鱼的方法是对岸人放线，这边的人收线，直至水中的钓线全被拉到岸边。

起了鱼后，再钓就挂饵。此时对方再拉线，另一人再放线，使钓线重新回到水中。拉线钓鱼效果好于手竿单钩钓。

拖逗钓法。

拖逗，就是用竿线拖动钩饵，使钩饵移动的范围较大。通常是用海竿，将钩组抛到水中的远处，然后摇动绕线轮往回收线。在收线的过程中，鱼就有可能发现饵，从而追食。若线收到岸边了，钩上无鱼，就再向远处抛钩，再慢慢摇动绕线轮往回收线，直至钓获到鱼。这种方法主要钓比较凶猛的鱼，如翘嘴鲌、鳡鱼、狗鱼等，所用的饵既可是小鱼、小虾、小泥鳅，也可以用拟饵。

路亚钓法是一种典型的逗钓。

插竿钓

若是乡下驻钓，或是居住在水库附近的人，还可以用插竿钓法钓鳜鱼。插竿不宜长，用单根细竹竿，长约3~4米，线长5~6米，用7~10号左右的宽门大钩，加坠。钩上挂动物类饵，以小鱼、小泥鳅为首选。傍晚时分，将钩饵投入水中，竿子插到岸边（要插牢），插后就不必管了。夜里或第二天清晨收竿。竿子数量不限，十支八支都行。

（十三）戳孔钓

戳孔钓是在民间的一种流行钓法。主要在水草面积大而且长得茂盛的水域施用。

水草与水草之间许多形似小洞的空隙戳孔钓就是在这些小空隙中钓鱼。

在草孔中钓鱼时，使用诱饵与否可根据当时的施钓效果。先可试钓一会儿，若有鱼上钩。可投少量诱饵，继续施钓。若没有鱼上钩，可再选一个孔试钓。因为草孔很多，不可能在每个草孔都投诱饵。

草孔有大有小，草孔大的藏鱼可能比小草孔多。因为有小草组隔，鱼不容易游动，通常都在自己所在的草孔周围栖息觅食，而草孔小的聚集鱼可能较少。

钓具应用长竿短线。线长了影响扬竿起鱼的速度，有拖泥带水之嫌，况且，一旦有大鱼中钩，鱼会向草丛中窜游，线孔有可能缠住草茎，导致断线跑鱼。

钓法：既可以沉底钓，也可以钓中层，或用逗钓，逗引鱼上钩。

若小草过于密集，钩难以沉入水底（有水草托住了），这时可以坠上钩，钩与坠的距离可在10~20厘米之间，甚至更大。

有小草的水域可能会有小杂鱼闹窝的情况，这时可采取相应的措施，如将饵团加大，或用颗粒的饵，如嫩玉米、嫩稻穗、豆腐干等。

戳孔钓，因钓的距离不会太远，一定要保持钓场安静，宜单独行动、脚步要轻，不要穿颜色鲜艳的衣服。

（十四）戳拱钓

戳拱钓与戳孔钓是大有区别的一种钓法。

戳拱钓不同戳孔钓。戳孔钓是在有水草区的小孔（少草或无草）中钓，将诱饵先投入草孔中，然后施钓。而戳拱钓是在草丛中有鱼拱动水草，使草微微晃动，钓者将钩伸到该处施钓。

在春季稍晚的时候，夏季开始时，鱼的食欲特别旺盛，雌鱼在怀卵期、排卵期之前，食欲大增，身体需要丰富的营养，尤其是喜草的草鱼，常在草丛中觅食，吃嫩草，致使草叶晃动，水中发出“咂咂”的响声。钓鱼人便很容易发现水中有鱼，于是便有了戳拱钓。

戳拱钓使用的手竿应稍长一些，至少 8 米以上，因为长竿所钓的范围比短竿广泛，既可钓近也可钓远。钓线应短，线径也不宜粗，风线有 1 米左右就可以了。饵料应以荤饵为主。如蚯蚓、红虫、蛆芽，甚至用小鱼、死青蛙、鸡鸭的肠子和肝脏。一旦发现某片草丛有鱼拱草的现象时，就将钓饵伸到水中，钓饵入水在 30 厘米以内，静等鱼儿咬钩。若鱼不咬钩，可轻微向左或右轻轻移动钓饵，或往上往下移动钓饵，其目的是引起鱼的注意，鱼很可能前来吃饵。

用此方法可钓鲫鱼，也可钓草鱼、黑鱼。若发现水面有成群的黑鱼仔游动，此处肯定有大黑鱼。

戳钓宜单人行动，穿的衣服色彩不要鲜艳。走路脚步要轻，不要说话，不要咳嗽。一旦钩上有了鱼，扬竿起鱼时，动作幅度不宜过大，轻轻将鱼拉出水。下钩时，也应轻轻地将钩投入水中。

戳拱钓时，选钓点要灵活，不必固守。哪里有鱼拱草就在哪里钓。

（十五）戳茬钓

“茬”指的是水中的一丛丛水草、小树丛及水浮莲类的水生植物，因为这些地方是鱼经常光顾的栖身、觅食的水域，所以应在这些水域设钓点施钓。由于这些水生植物不成片、分散，所以应用游钓法，把钓饵投到这些“茬”的边上。戳茬钓宜用长竿钓远，也可以钓近。戳还应注意风向，气温高时，宜风钓，气温低时宜背风钓。如刮南风，钓饵应投在“茬”的北边。

洞穴钓鲇鱼

在水库、湖泊、江河的岸边，有很多岩洞土穴，这种洞穴尤以的南方的江河中最多，有的岩洞里有地下河的进口或出口。这些洞穴十分隐弊，阴晴少阳光。多数洞穴在石崖山下面，这里是鲇鱼栖息的好地方，洞穴中食物很多，而且又避免人们专网捕捞。鲇鱼在洞穴中向天栖息，晚间或下雨天出洞游动、觅食。这些洞穴是钓鲇鱼的最佳水域，往往会有惊喜的收获。

在洞穴钓鲇鱼应用长竿、长线、大钩，并应准备抄网，钓饵以动物类的荤饵为主，如小泥鳅、蚯蚓、猪肝、羊肝、蚌肉。

也可以用海洋炸弹钩式抛砣钓鲇鱼。

由于洞穴多处在地势险要的崖边，所以一定要注意安全，最好结伴而钓。

第五章

池塘钓鱼技巧

一、专业养鱼塘垂钓诀窍

这里所说的专业养鱼塘也就是钓友们常说的开放鱼塘，可供钓者垂钓的鱼塘，鱼塘主以钓鱼人的垂钓费为主要经济收入。他们的收费方式有多种，不同的收费方式决定着不同的鱼情，垂钓者可综合分析判断，然后决定采取哪种钓法。

鱼塘主的收费方式有以下三种：

一是按天收费。例如从上午8时（或9时）至下午5时（或6时）按全天算每天应付的钓鱼费。在这种按天按时收费的钓鱼塘，鱼的密度较低，收费标准鱼塘主是心中有数的，所收取的钓费与钓者的钓获量成正比。若全天收费30元（或50元），普通钓手大钓可以钓获500克（或1000克）鱼，甚至钓不到鱼，高级钓手或许可以钓获1000克的鱼。鱼塘主保证自己只赚不赔，或是赚多数人的钱，赔的是少数人的钱。

二是按人头（或竿数）收费。按竿收费的往往是钓者用多支海竿施钓。按人头收费的塘，鱼的密度也很低，钓获量与收费标准也是成正比。收费越少的塘越钓不到鱼，甚至“剃光头”（全天钓不到一尾鱼）。

三是按钓获量收费。这种收费方式较为普通，也最公平合理。这种养鱼塘的鱼密度较多。但鱼的品种、质量也有多种情况。收费越多，鱼的质量越好。所谓质量，就是用成品鱼饵料喂养的品种鱼和吃天然饲料成鱼的质量的差异。

用成品鱼饲料喂养的鱼的肉质较差，发面，肉松，食之无甜味。这种鱼个头大，少则每尾200克重，多则上千克重，在中原地区，这种鱼多是从长江流域（湖北）运来的，用汽车运，然后倒入池塘中，隔一段时间买一批，始终保持塘中有较多的密度。

另一种情况是鱼塘主还承包有河汊、水库汊。在汊中捕获小型鱼（以鲫鱼为主），然后放到养鱼塘中，使其生长，或者喂些颗粒饲料，这种鱼的品质较好。其体型与种鱼截然不同，品种鱼脊背多，身子短，而这种鱼身子窄长，单尾重量多在500克以下。钓这种鱼，每千克要多付几元钱。但很多钓友仍乐意钓这种鱼，宁愿少钓一些，图的是鱼的质量。

有人说，傻瓜也能在专业养鱼塘钓到鱼，其实并非如此，若钓法不当，用饵不当，也钓不到鱼。因此说，在专业养鱼塘钓鱼也是需要技巧的。

以下诀窍可供钓友们参考。

(一)尽量避开双休日钓鱼

这是因为周末假日去钓鱼的人多。人工养鱼的水面比不上湖泊水库，水面较小，人多，钓鱼的空间小。若是按时间、人头收费的鱼塘，养鱼的主人还可能在周末前做手脚，如投放化肥，灌水，改变了鱼生活的环境，自然难钓到鱼。只要不是周末假日，钓鱼的人就自然少得多，垂钓的空间大，也不感到拥挤，显得轻松舒适。

(二)用鱼塘主喂鱼的饲料作饵

养鱼塘的鱼因为长时间吃鱼饲料，有了食癖性，对其他饵料感到陌生。

到养鱼塘钓鱼一定要弄清鱼塘主是用什么饲料喂鱼的。鱼有食癖性，长期吃某种饲料，会对该饲料产生依赖、食癖。这是许多钓友的切身体会。一次，笔者同几位钓友到一家养鱼塘钓鱼，开钓后，我们在10分钟后开始上鱼，一二分钟一条，鱼很好钓。但有位钓友的情况异常，我们都钓了十多条了，他才钓了一条。要我帮他找原因。原来，我们用的是鱼塘主的鱼饲料作诱饵，钓饵也是以该饲料为主，加些面料，而他用的是酒拌小米作诱饵，用成品鱼饵作钓饵，我让他换成我们的饵料，后来果然也连连上鱼。他原来用的饵料质量虽高，但该塘的鱼就是“不买账”。

(三)在鱼塘主经常投入饲料处设钓点

鱼塘主习惯在某一处向水中投放饲料，鱼儿自然习惯在这里等待主人的“恩赐”，在投放饲料处鱼的密度大，自然容易钓获。

(四)在增氧机附近设钓点

增氧机的启动，会使水中增加溶氧量。增氧机附近的溶氧量更为丰富，鱼儿习惯在增氧机附近生活，所以增氧机附近的鱼多，易钓获。若钓鱼人认为水中溶氧量不足，钓不到鱼，可让鱼塘主启动增氧机。增氧机一开动，水中的溶氧量增加了，尤其是在增氧机附近的溶氧量更为丰富，所以应在增氧机附近设钓点。

(五)用双钩

双钩钓中鱼的概率比单钩高，所以应用双钩，要注意的是有些养鱼塘的鱼个体较大，即使鲫鱼每条也至少在300克以上，大则达上千克，所以线要结实，钩型也可用中长以上的钩。若是知道该塘有大草鱼、鲤鱼的话，要事先准备好抄网，安装好网把，把抄网放在身边随时备用。否则，等钩上中了大鱼再去准备抄网就来不及了。

(六)在颗粒饲料中添加饵料

鱼塘主喂鱼用的都是颗粒饲料，是一种粒放型的饲料。若在该饲料中添加一些自制饵或商品饵效果会更好。

鱼虽然习惯吃鱼塘主所用的颗粒饲料，若是钓饵比颗粒饲料质量更精细、香味更浓岂不是更好，为达此目的，可以把颗粒饵料泡软，再添加一些商品饵。根据所钓的对象鱼添加某种适合的商品饵。商品饵的质量肯定比颗粒饲料高、气味更浓，钓鱼效果一定比颗粒饲料好。还应考虑饵团密度。水中若是有小杂鱼闹窝，应加大饵团的密度，也就是加一些面粉、土豆粉等淀粉类物质，以增加饵团的重量，使饵团入水速度加快，直接沉入水底。

(七)新鱼溜边，老鱼中间

养鱼塘的鱼大多是从外地买的成鱼，然后倒入塘里。刚进塘里的鱼称为新鱼；原有的鱼称为老鱼。新鱼对塘中的环境比较陌生，多在近水的边岸处游动；而老鱼被人钓猾了，会远离岸边，生活在池塘中央的深水区。所以，在人工养鱼塘施钓，应注意这个问题，钓新鱼靠边钓，钓老鱼往远处钓。

新鱼由于在运输途中没吃到饲料，饥肠辘辘，食欲旺盛，若池塘进有新鱼，应抓住时机施钓，一定有好收获。

(八)钓雨后，钓早晚

下了雨，会降低水温，也使水中增加了溶氧量。雨后的第二天最适宜钓鱼。

夏天的早晨9时前下午4时后温度相对较低。这两个时间段是钓鱼的“黄金时间”。在这两个时间段，鱼活跃，食欲也好。即使在春季、秋季，这两个时间段也是垂钓的最佳时间。

（九）钓深坑

深坑多在池塘的中央部位，也有的在进出水口处。若水中的鱼钓滑了，常常藏到深坑，所以深坑聚鱼较多。

天气渐热时，气压渐低，鱼多藏在深坑里。所以，在人工养鱼塘中施钓，应多钓深坑。

（十）钓新水

池塘若长期无新水注入，那么旧水中的鱼不活跃，食欲差。当鱼塘主用抽水机往塘中注入新水，塘中水的溶氧量相应也增加，鱼的生活环境得以改善，鱼就变得活跃，食欲旺盛，这时下钩中钩率必然提高。一旦发现池塘增加了新水，当抓住时机施钓。

（十一）钓风天

“风动水动，水动鱼动”，风能“吹皱一池春水”使池塘的水由死水变为活水，水中的溶氧量增加，鱼儿就由“死气沉沉”变得“生机勃发”，食欲陡增。尤其是在下风口水中的浮游生物聚集到此处，也是鱼的食料场，有经验的垂钓者会首选下风口作钓点。

鳌鲦、白鲦、小鲫鱼喜欢追风逐浪，上风口的风力强，水浪较大，也是好的钓点。

（十二）新鱼入水宜钓近

一位钓友介绍说，在气温很低的深秋，他在一口养鱼塘钓鱼，鱼塘主那天往塘中倒了许多从外地运来的鲫鱼。他用的是6米多的长手竿，因为按常规，气温低时宜钓深水，可是他的钩就是不上鱼，而同在该塘钓的其他钓友却在近岸处下钩，有的窝点离岸仅2米，可是他们都钓到了鱼。他感到奇怪，这违反常规呀？后来他不得把竿子斜着钓近，真的钓到了鱼。事后他问一老者为什么远钓不行，而近钓行。那老者说，这是特殊情况，这个“特殊”就是这些刚入水的生鱼来到了新的环境，惊慌失措，它想逃离这陌生的环境，于是便沿水边想找缺口逃生，鱼都在岸边，你在水中间投钩怎么能钓到鱼？这叫“老鱼中间，新鱼溜边”。这位钓友听了茅塞顿开。垂钓者若头脑不灵活，肯定是钓不到鱼的。

（十三）钓大鱼时注意钓具的匹配

有些养鱼塘的大鱼多，如草鱼、鲤鱼，有的单尾重量在4千克以上，若钩小线细，容易断线跑鱼。所以，在人工养鱼塘钓鱼时，一定要先了解该塘的鱼情。问清此处什么鱼多，重量多少，以便有针对性的匹配钓具，还应做好抄鱼的准备，提前准备好大号抄网，以避免钓到大鱼时手忙脚乱。

在颗粒饲料中添加饵料。用鱼塘主喂鱼的颗粒饲料作钓饵时，应该在饵料中添加一些自制饵或商品饵。鱼虽然习惯于吃鱼塘主所用的颗粒饲料，若是钓饵比颗粒饲料质量更精、香味更浓岂不是更好。为此，可以把颗粒饵料泡软，再添加一些商品饵。根据所钓的对象鱼添加某种适合的商品饵。

浑水钓鲤

浑水钓鲤绝对是经验之谈，是有其道理的。因为鲤鱼的典型生活习性是在水底拱泥觅食。拱泥时必须使水底的泥浆翻起，使水色变得浑浊。塘中并非一两条鲤鱼，鲤鱼都是这么拱泥觅食，长而久之，塘里的水色肯定是黄泥色、浑浊的。若所钓的水色是这样的，那就可断定此处一定有鲤鱼可钓。

二、怎样在野塘钓鱼

所谓野塘，即非人工养殖家鱼的塘。有些塘是几家居户联合承包，但每年不投放鱼苗，鱼塘的鱼是自然繁殖的，人们也称为野塘。野塘就像没娘的孩子，无人照管。在这里钓鱼，自然也没人干涉。野塘有几个特点：一是水中鱼少，因为没放养鱼苗，还常遭人捕捞；二是水质偏瘦，野塘大多离人们居住的房舍较远，人们不在水中洗涮，牛、猪、鸡、鸭也很少来这里；三是堤岸杂树丛生，野草萋萋，水中也多是长满水生植物。

正因为是野塘，钓鱼人常对野塘冷眼相看，认为水中没鱼。所以，在野塘钓鱼的人少。其实，野塘并非没有鱼。长期受人冷落，或许塘中有很多的鱼。所以，遇到野塘，不妨钓一下试试，可能有意外的惊喜。

水中有没有鱼，是可以观察、判断的。所以，来到野塘边以后，先别匆忙投饵下钩，先作一番“评估”。

（一）看是否有活水

若是在山区、丘陵地区、山与山之间形成山冲，山冲中有层层梯田。水由上往下顺流。山冲最上面也有水塘，此塘的作用是蓄水，灌溉塘下的梯田。但这塘的水是由山上流来的。只有下雨，山上才会往塘里流水。这样的塘可以说是平日没水源，容易干涸。塘一干了，露了塘底，鱼也就死了。所以，这样的塘基本无鱼。梯田、山冲下面的塘情况就不一样了，经常有活水从上面的梯田里流来，不容易干涸，水中长期有鱼，有小鱼，也可能存大鱼。这样的塘是可以垂钓的。

（二）试水的深度

野塘大多没有人工经常开挖。所谓开挖就是将塘的泥挖出，运到塘埂上，加高了塘埂，塘也就变深。若是没人开挖，塘会越来越浅。因为塘田周的泥沙在下雨时被雨水带进塘里，淤积于塘中。塘泥增多，而塘埂延自然度低，塘里存水越来越少。垂钓前，必须用钩子测试水深，若水深普遍不足50厘米，说明水太浅，水中少鱼或无鱼。

（三）看塘埂状况

野塘由于没人看管，会经常有人来这里捕捞鱼虾。凡是被人捕捞过的塘，塘埂上会堆积许多碎石、杂草、污泥，水中的水生植物也被弄得破败不堪。既然被人捕捞过（尤其长期被人捕捞），塘中肯定无鱼的。即使有漏网之鱼，也吓得躲入塘中央的深水区，或潜藏到杂草乱树枝中。鱼受到惊吓，不可能在近岸处吃食了。

若塘埂没有这种现象，说明没人来捕鱼，不妨下钩试钓一下。

（四）看水面大小

野塘大多水面不宽阔。在不宽阔的水域，即使有鱼，也常常被人钓光。水面窄，鱼的活动范围小。钓鱼人可以把钓钩投到水中的任何部位。若是大水面，鱼分散开，尤其是塘的纵深部位，钓钩难以到达，水中的鱼相对较多。所以宜在宽水域中施钓。

现在还有这种情况：在城郊或农村的某一区域，已被开发商或某企业买了，该区域的居家户迁走了，这里的水塘也无人照管了。但开发商暂时还未动工，有的甚至闲置多年。这样的水塘过去可能是养鱼塘，有些塘甚至面积很大，人们不知底细，认为是野塘。后来有人在此钓鱼，收获很大，来此钓鱼的人越来越多。所以遇到这样的塘切不可放过。

（五）用长竿短线

由于野塘多是荒芜状况，水中一定是多水草，草片与草片连接的部位形成一个个“草洞”，这些草洞是垂钓的好钓点。用长竿，可钓近，也可钓远的短线，可避免钓住鱼后窜游到草丛中。野塘多为浅水，长竿可以伸得远，伸到深水区。塘底的形状是盆地形，四周高，中间低。

（六）多用荤饵

由于野塘中鱼的食料缺乏，水质很瘦。这里的鱼并不缺乏植物类的素饵，而是缺乏蛋白质的动物类食物，所以应多用荤饵，如红虫、红蚯蚓、蛆芽之类的饵料。小鸡饲料、颗粒饲料是人们用来养鱼、养鸡的饲料，富含多种营养元素，适合在野塘中使用，既可以诱饵，也可作钓饵。

饵料气味可浓一些，尤其是香味、甜味，以扩大饵料的诱惑力。

（七）多在风天钓鱼

若是夏天，风可使水降临，还可使水中的氧气增加，风使水生浪，鱼变得格外活跃，游动范围扩大，会从杂草乱枝中游出来。若是3~5级风，更是钓鱼的好时机。

若在气温高时，应钓风头，即迎风钓。

若气温偏低，应钓风尾，即背风钓。

（八）多在老钓位

若岸上有人设过钓位，此处必然踩得光溜，或垒有石块。四周有烟蒂、果皮、废塑料袋等杂物，此钓位对应的水中以前投过饵料。由于野塘中鱼的食料缺乏，投过饵料的地方必然有鱼觅食。久而久之，此钓点自然形成了鱼的觅食处，所以在老钓点下钩会有收获。野塘中鱼的密度低，而老钓窝鱼的密度相对较高。所以在野塘钓鱼要仔细观察寻找老钓点。

大雨过后别立即钓鱼

下了大雨，雨水流经池塘周围时，夹带大量泥土，然后流进池塘，致使池塘的水变得十分浑浊，呈黄色，水的能见度大大降低。此时，钓鱼效果不会好，一是因为雨水入塘，改变了鱼的生活环境，得有个适应过程；二是由于水色浑浊，鱼不能见到水中的钓饵，自然不会咬钩。下了大雨，应停 2~3 天，等水中的泥沙沉淀到水底，水色由浑变清再去钓。

若雨下得不大，毛毛细雨，这正是钓鱼的好时机。若是在夏天，更是难得的钓鱼天气。水色不浑浊，水中又增加了氧气，而且气温下降，鱼生活得十分舒适，食欲大增。

三、池塘钓怎样设钓位

钓位，作者指的是垂钓者施钓位置，堤岸上钓鱼人落座的位置，而不是指水中投钩的位置，二者有区别。

钓点是第一重要的。因为即使岸边的钓位再好，若钓点不是鱼窝，也钓不到鱼，也不宜在此处施钓。若钓点很好，但岸边的钓位很差，同样不宜在此处施钓。所以，二者必须结合考虑，都不可忽视。在选好确定钓点的前提下，如何设钓位呢？

（一）首先须考虑安全因素

在钓鱼活动中，任何时候都必须考虑安全因素。绝不能干只顾鱼不顾人的傻事。为此，应注意下列几点：

1. 不要在悬崖陡坡上设钓位。因为容易发生摔倒、落水事故。若钓上了大鱼，钓鱼人往往过度兴奋，出现只顾水中的鱼忘记脚下的危险的情况，稍不慎就会发生事故。

2. 不要在电线下设钓位，尤其不要在高压线下设钓住。其道理不必赘述。

3. 不要蹚水设钓位。有些水边存裸露的小土包、大石块，而土包、石块与岸边并不相连，隔着一片水，有的人为了远钓，就蹚水去小土包、石块上设钓位，这样做很危险。若不知水下情况更不能蹚水过去。

（二）必须考虑垂钓方便

不方便的情况有以下几种：

1. 岸高，与水面落差大。有的落差甚至在2米以上。落差大，取鱼十分不便，必须用抄网，若钓到大鱼，须去遛鱼。即使把鱼遛到出水，取鱼也不方便，甚至会跑鱼。又因落差大，存放鱼护和往鱼护中放鱼都不方便。

2. 岸边多荆棘、树木、竹子。有了这些东西，伸竿、收竿都麻烦，稍有不慎，钩线就有可能被挂住。

3. 身后是人行道路或者是公路，过往的行人、车辆，不仅惊吓水中的鱼，也让垂钓者不安宁。

（三）怎么看待别人的老钓位

有人设过的钓位，地面光滑，草被踩得枯黄，地上会有烟头、废塑料袋，水边摆有石块，地面有坐凳压出的痕迹。那么，可不可以也在此设钓位呢？有人认为既然有人在此钓过鱼，说明此处的水中是好钓点，易钓获鱼，应该在此设钓位。也有人说，此处不宜再设钓位，因为水中的鱼被钓滑了，水中泥上堆积的饵料太多。作者认为，要酌情考虑，若是在水面不大的池塘垂钓，尤其是有人工放鱼的水塘不宜在此处设钓点。其道理是：先前已有许多人在此投放诱饵，水中的诱饵可能已经很多很多，沉积在泥中有的已腐烂变质，散发出使鱼也难以接受的臭味，鱼定不会在此逗留，更不会觅食。你若再在腐烂的饵粒堆中再投放诱饵，是徒劳的。水中为什么会堆积腐烂饵料呢？因为水面小，鱼吃不完，剩余的饵料自然会腐烂度质。水中是否缺乏食料可以通过水色辨别。若水色发蓝、发黑，水面甚至有沼气泡，说明水质肥，水中腐殖质多，鱼没有饥饿感。所以，若水面不大，水色混浊、能见度低，就不宜在别人已钓过鱼的钓位钓鱼。

若水面大，水清澈，或者在水库、湖泊中钓鱼，水中的鱼情往往与上面的相反，水中饵料并不多，水质偏瘦。在水库、湖泊中，更没人大量投放鱼饲料，鱼总是处于饥不择食的状态。经常有人投饵的钓点，会成为鱼习惯前来觅食的“根据地”，常常聚集于此，所以此处鱼的密度大，在此垂钓肯定大有收获。关于这种认识，我曾问过两位钓鱼高手，他们也认同。

（四）根据地形设钓位

认真选择钓位的目的是为了钓到鱼。若此处的水中不是好钓点，钓位再好，也是没用的，因此必须将钓点与钓位综合分析判断以决定取舍。根据地形设钓位就是考虑钓点。岸边的地形与水中的地形是一致的、统一的，如岸边是一个凹进的地形，前面的水域一定是一个小水库，而且水库的底部应该是平坦的。这样的水库容易聚鱼，因为水库中存有许多微生物、藻类及水生植物，这些都是鱼的食料，这里也可能是鱼长期的栖息地，而且由于凹进一部分，受风浪的干扰也比较小。若钓位是向水中的突出部分呢？也应看作是好钓位，这就是钓鱼人常说的"铧尖"，铧尖的下面也是突出的土尖，聚鱼功能不如水库，但这里是鱼游弋的过道，鱼无论从左向右游，或是从右向左游，都必须经过这个铧尖。在铧尖设钓位，竿子可以伸得远，其施钓范围地开阔。若钓位是一个斜坡，是沙石底，就不是好钓位了。因为水中也是斜坡，诱饵难以聚积（被水冲至坡下），这里也不是鱼久存之处，甚至根本就不会停留。

（五）尽量考虑舒适

选择钓位也应尽量考虑钓鱼人的舒适。主要是夏天防晒，冬天防寒。夏天钓鱼，所选的钓位应在水域的东侧，人坐东向西，背对太阳，阳光照射不到脸部。也可以在大树下，有树阴的地方设钓位。下午的钓位应在水域的西边，人坐西面朝东，也可避免强阳光刺眼。

冬天应尽量避风防寒，钓位应在水域的北面或西面，背对北风，坐西向东有太阳照射，格外暖和。若北面有山、多坡更好。总之尽量把钓位选在人不受冻的地方。

钓位的前后应平坦，不是斜坡，不是凹凸不平，人坐着舒适，也比较安全。取鱼投钩都比较方便。

四、怎样在池塘钓大鱼

钓上大鱼，钓鱼人的感觉特别好。当钓鱼人发现浮漂被鱼拉入水中时，这就是大鱼中钩了。遛鱼，是钓上大鱼后必须做的一件事，人在岸上走鱼在水中游，鱼时隐时现，藏头露尾，人与鱼开始"斗勇斗智"了，令人十分惬意，这种感觉，只有钓鱼人自己才能体会到。钓一条几千克的大鱼，比钓 100 条小鲫鱼还划算。钓小鱼又费时又费料又累人，而且钓绩平平。总之，钓鱼人总希望钓到大鱼。钓鱼老手对钓小鱼常常是不屑一顾。钓上了大鱼，哪怕只有一次，给人留下的记忆也是深刻的,回味也是美好的,永久的。

池塘里也会有数千克、十多千克的大鱼。怎样才能在池塘钓到大鱼呢?

(一)选择水面宽阔的池塘

只有大水面的池塘才有大鱼。试想,一口只有一二亩的小池塘里怎么会有大鱼呢?另一个前提是必须是多年没干涸的池塘。大鱼成长是需要三五年以上时间的(这里说的大鱼至少是2千克以上的鱼)。所以说,要钓大鱼,应到水面宽阔而且多年没干涸的池塘。

(二)钓具的选用

大鱼的力量大,窜游时挣扎也大,自然应选择结实的渔线、大号钩——至少应是8号以上的钩。

竿也应10米以上的长竿。线的长度或是齐竿线,或是超长线,如12米的竿,可用20米的线。这么长的线怎么投入水中呢?方法是:钩上穿了饵后,将竿架到支竿架上,用手提着渔线(离钩50厘米左右),用抛砣法将鱼钩和饵抛到钓点。

长线的好处,一是将钓饵投得远,二是遛鱼方便。线长,为了投得远,铅坠的重量也应加大。可用通心活坠,以增加钓组的灵敏度。

失手绳(也叫安全绳)是必不可少的。渔具店有多种型号,各种长度的。若钓到大鱼,竿子、钓线的承受力是有限的,不宜生拉硬拽,否则会出现“拔河”或折竿断线的情况。把失手绳与竿子的尾部连接起来,若钓了大鱼,就让鱼把鱼竿也拉到水里,手中握有失手绳,这就有了缓冲力,任鱼窜游也不碍事。游了几个来回,鱼的体力消耗得差不多了,就该收拾鱼了,牵动失手绳,把鱼竿拉上岸,就可以把鱼慢慢拉到岸边了。

欲钓大鱼,还应准备大长鱼护,还应准备一根柔软的细尼龙绳,万一鱼护盛不下大鱼,就用绳穿过鱼腮,然后从嘴中穿出,打个结,把鱼系好就放在水中,鱼不入护。

(三)做窝与养窝

认真选择1~3个好的放点,在这些钓点给鱼选“食堂”,以吸引鱼游到窝点。做了窝还应养窝,养窝就是继续往窝中投饵。若是只钓一天,也应在2个小时左右往窝中投饵。但养窝时每天投的饵料量不宜过多,应少于第一次的投放量。若计划连续在这里钓几天鱼,更要注意养窝。晚上收竿前,仍要往窝点投放饵料。这样,窝里鱼会越聚越多,大鱼也会光顾。

(四)投钩远钓

钓小型鱼,多是近岸钓,钓草窝,钓浅水。大鱼多藏在深水中,除非天气的原因(如下了大雨),大鱼是很少游到近岸的浅水域的。所以要想钓大些的鱼(哪怕是鲫鱼),应用长线长竿远投,投到水深 2 米以上的水域,或深水与浅水的接合部。

近水藏大鱼的情况也有。在池塘里,牲畜经常下水的地方就可能有大鱼。牛、猪下水多是饮水或排泄粪便,这些粪便是鱼的好食料,鲤鱼、草鱼尤其喜食牲畜的粪便。所以,若在池塘钓鱼,千万别错过了这些好钓点。笔者就曾在一个不大的小塘,在牛经常卧水的地方,一个多小时就获了 5 条鲤鱼,每条都有 1 千克以上。

(五)大鱼咬钩浮漂的反应

大鱼咬钩干脆利索,不像小鱼那样谨小慎微的试探又试探,而是猛地张开嘴将钓饵吞入口中,一旦感觉有钩在喉,便使劲挣扎窜游,所以浮漂立即被拉入水下,出现闷漂(水面不见漂)现象,被拉入水中时速度快捷,有沉甸甸的力度感。这就是大鱼吃钩时浮漂的反应,凡是见浮漂被拉入水中后就应立即扬竿,并做好遛鱼准备。

(六)要遛鱼

钓着大鱼后别想一下子就把鱼拉到岸边抄入网。鱼越大,窜劲越大,力量越大,因此要与鱼打“持久战”,不遛到鱼没劲了就先别急着抄鱼。据有经验的钓者说,2 千克左右的鱼,遛 5 分钟就可把鱼拉到近岸处,5 千克重的鱼要遛上 10 分钟方可把鱼遛乏。若是淡水白鲳遛鱼时间要比同样大的其他鱼多 4~5 倍,因为淡水白鲳的窜劲是同样大的鱼的 4~5 倍。笔者钓过一条 6 千克的草鱼,遛了 15 分钟才把鱼拉到水边。因此,钓上了大鱼第一要点是把鱼遛得没劲了,有时甚至遛得鱼翻了白肚才抄鱼。

（七）抄鱼的技巧

1. 将鱼遛到无障碍的浅滩处

鱼被遛得没劲时，就要考虑把鱼拉到岸边，此时应选择一个好环境抄鱼。这个好环境的条件是：水与岸的落差不要大，越小越好，如水面离岸太低，抄鱼十分不便，容易跑鱼；要无障碍物、无杂草、无乱树枝，岸边无陡坡，而且最好是浅滩，岸边的波浪越小越好。这样下抄网方便，易于操作。

2. 不宜用手提渔线

有些新手在抄鱼时，常常扔掉手中的鱼竿，用手去抓竿梢以下的渔线，此法不妥。因为手抓住渔线，鱼一旦猛地窜游，渔线就没有缓冲力，鱼窜劲大的话会断钩、脱钩、断线。而手持竿就不会出现这种情况，竿有韧性，因而不会造成断线现象。若旁边有人帮助，可自己持竿请别人抄鱼，竿始终保持弯弓状，线是绷紧的。

3. 要抄网等鱼，不能抄网追鱼

鱼到了岸边后，将抄网伸入水中，不要露出，而是藏在水下，然后将鱼领到网口的上方，提起网，鱼自然入了网，鱼是在不知不觉中入网的。若一次未能对准鱼，就会使鱼受到惊吓。此时应沉住气，千万不能慌乱。网口的角度略有倾斜，让鱼头先入网，而不能先让鱼尾入网，因尾部鳍多，万一鱼鳍挂住了网，整条鱼就入不了网。抄鱼要准，动作要灵活要快，不能拖泥带水，否则，连抄数下也抄不住鱼。

鱼钻入抄网后，如是小型鱼，可以抓住网把直接将鱼弄上岸。若鱼较大，如 5 千克以上，就不能利用网把了，而是用手去抓提网口的铁丝，因为网把承受不住大鱼的重量，弄得不好抄网把会折断，而用手提网框，就可以将鱼提上岸了。若是鱼很大，水又不太深，人可以下到水中，连鱼带网一齐抱上岸。

关于钓鱼者的谚语

一竿握在手，延年又益寿。

钓翁要有好心肠，怀卵鱼儿放回塘。

相适何必曾相识，同是下钩钓鱼人。

有鱼大家钓，小事别计较。

钓鱼要三耐：耐寂寞，耐饥寒，耐心守候。

上空有电线，千万别下竿。

同在一个地球时，我爱这个大家庭。

钓鱼不能急，要有好脾气。

钓鱼不要凑热闹。

钓鱼要结体，独钓有危险。

第六章

水库钓鱼技巧

现在使用海竿钓鱼的人大多奔向水库。不少城市的渔具店成了“钓鱼沙龙”“钓鱼俱乐部”。逢假日，钓友们都在天亮时聚集到渔具店，然后包一辆车驶向水库。有的人为了选择最佳钓点，到了水库后，再包船去水库四周的山边或岛上下钩。更有甚者，在长假期间带着帐篷、锅灶去水库“安营扎寨”，连续数天才返城。

一、水库钓鱼的优越性

人们之所以奔向水库钓鱼，是因为水库最适合海竿钓鱼，海竿在水库大有“用武之地”。去水库钓鱼有以下优越性。

（一）收费较少

池塘垂钓，水的范围小，鱼的密度高，易钓获，钓获量大；鱼塘承包人主要考虑自己的经济效益，收费自然也高。而水库水面大，鱼稀，水库即使有人承包，承包费也不会太高；水库的库汊水面小些，鱼的密度相对高一些，收费虽然也略高于大水面的钓场，但比起池塘又便宜得多。因此，人们自然愿意到水库垂钓。在水库钓鱼，多数是按人按天收费。钓技高，收获就大；即使钓不了多少鱼，钓鱼的乐趣也是不言而喻的。

（二）环境好，人舒畅

水库自然风光优美，水面浩瀚，碧波荡漾，水天一色，四周山青水绿，草长莺飞。尤其是春天，春风拂面，阳光和煦，百花齐放，百鸟齐鸣，让人顿觉心胸开阔。对于长期生活在高楼林立、空气污浊、尘土飞扬的城镇的人来说，简直是到了“世外桃源”。即使钓不到鱼，人也会精神焕发，兴趣盎然。而且，在水库钓鱼，人与人不分高下，平等相处。这样的氛围，会使人心旷神怡，乐在其中。

（三）鱼儿大，收获多

由于水面宽广，水深，长久不干涸，所以水库的鱼生长迅速，个儿大。钓到的鱼小则也上千克，大则数十千克。加之钓鱼人是多支海竿齐钓，收获量自然比单只手竿要大得多。一天钓上十多千克鱼是常有的事。若有手竿，除非在密度大的养鱼池，否则收获会很小。

到了放长假期间，有的钓者结伙到水库昼夜施钓，连续数天不归，钓获的鱼更多，一天平均能钓上 50 千克鱼，几天下来收获颇丰。

（四）有助于提高钓技和钓鱼人的兴致

在水库钓不同于池塘钓，在池塘钓无需钓技，老叟幼童都能钓到鱼，而在水库钓就要“真本事”了。缺乏垂钓经验是难以钓到鱼的，无论是选位、投饵，还是遛鱼都需要一定的经验和常识。经常在水库钓鱼，自然能逐渐摸索到一些规律，积累一些经验，因此在水库钓鱼是钓鱼人学习钓技的大课堂。

在水库钓鱼，可钓小型鱼，也可钓到大型鱼：小鲫鱼连连上钩，令人心情舒畅，钓到十几千克，几十千克的大青鱼、大鳊鱼令人兴奋、刺激。有喜获丰收的经验，也有断线跑鱼，甚至当“空军”的遗憾。

在水库钓鱼钓法多种多样，“八仙过海，各显神通”，手竿钓、海竿钓、路亚钓、筏竿钓、矶竿钓、抛砣钓、游钓、夜钓、船钓……钓者可根据不同的季节、不同的鱼情、不同的垂钓环境、水面大小的不同而选用各种钓法，甚至可以同时使用几种钓法，钓鱼人可以大展技艺，水库是钓鱼人的竞技场，从而大大提高钓鱼人的兴致。

（五）增强体质，祛病强身

在水库钓鱼，人的活动量远远超过在池塘垂钓。有时要驱车、乘船数十公里，或许还要跨小溪、爬陡坡、翻越山岭才能来到水边。漫长、蜿蜒的库岸，何处可以设钓位，还得走走看看，反复揣摩比较。若在一个钓位钓鱼效果不好，还得收拾家伙，背背扛起，继续寻找好钓点。若用海竿钓鱼，挂饵、投钩，前腿弓，后腿绷，双臂高举，目不斜视，只听“咳”地一声，用劲把钩饵投到这处水中，然后逐个坚线，架竿。钓到大鱼了，更是手脚并用，一手持竿，一手快速摇轴，鱼在水中时隐时现，不时激起一片水花，人在岸上随鱼前进后退，左移右挪，钓友们助阵抄鱼，身体在运动，精神在焕发，这个中滋味只有钓到大鱼的人才有体会。这种运动比在健身房不知要美多少倍。马克思说过：“一个美好的心情，要比十副药更能解除心理上的疲惫和痛楚。”在水库钓鱼，由于精神放松，心情愉快，四肢及各个关节都在活动，使身体的各个器官处于有序的工作状态，对人的健康大有好处。

若是用路亚钓，活动量更大，每隔几分钟都要挥竿收线，一天下来要挥竿上千次。施钓中，一会儿抽动，一会儿大动作扯动，一会儿搅动拟饵，一会儿摇动鱼轴，手脚一直在运动，对人的体力和耐力都是一种考验。

夕阳西下，晚霞映红湖水，钓友们彼此呼喊："该收家伙了！"于是又忙着收拾钓具，整理生活用品，从水中提起沉甸甸的鱼护，鱼在护中活蹦乱跳，钓鱼人看到一天的收获，激动的心情又出现了一个小高潮。

（六）鱼体无污染，肉质鲜美

人工养鱼的池塘，主人常常用成品颗粒饲料喂鱼，饲料中往往含有激素类化学物质；鱼的生长速度虽然快，但是体内受了化学物质的影响，这种鱼口感差，鱼肉发面，鱼汤也不香甜。有些鱼塘由于水面小，四周有污水流入，水质已被污染，水色发绿发黑，在这样的水域生长的鱼已受到严重的污染，吃这种鱼有损健康。

水库由于水面宽阔，承包人或管理者不可能经常用成品饲料喂鱼，否则会大大增加养鱼成本。即使小的库汊被人承包，其面积也比池塘大得多，也不会经常投放成品鱼饲料。鱼的饲料多是青草、嫩树叶。水库水面大，水位深，不存在缺氧问题，受污染也小，所以水库的鱼长得健壮，很少有鱼病发生。在这种水质生长的鱼，肉质鲜美，营养丰富。笔者所在地信阳的南湾水库生长的鱼已在工商部门注册，名为"南湾鱼"，其价格比市场上的外来鱼要高，但人们仍放心地买"南湾鱼"。现在，"南湾鱼"已远销郑州、武汉等大城市。

二、水库的基本地貌和水情特征

水库是人们利用天然的河道、洼地、峡谷筑坝蓄水的水利工程，主要作用是灌溉、防洪、发电和养鱼。水库现在已成为钓鱼的主要施钓场所。但是在水库钓鱼，由于水面宽阔，鱼的密度低，地形复杂，钓鱼的难度比较大，不同于在池塘钓。因此，钓鱼人必须要了解水库的基本地貌特征，水情特征，才不至于盲目施钓，钓而无获。

水库的地貌水情特征可综合为以下几点：

（一）地形不同，库型也不同

水库可分为峡谷型水库、丘陵地水库和平原地水库。

峡谷型水库建在大山、高山之间，两边是耸立的大山，中间为峡谷，这种水库多在我国的西部、西南部及东北地区。水库呈窄长形，像城市的胡同一样。水库库岸坡度大，水位深，由于高山遮挡，库中水温低，属寒水型。在岸边很难找到好钓位、好钓点，只能在水库的上游水位较浅的地方设钓点。

丘陵型水库在我国公布最广，凡是丘陵地区都有水库。丘陵型水库面宽广，水不太深，水面光照好，多网，边岸线崎岖漫长，水中有小岛。这种水库最适宜钓鱼，水库汊多，网箱多，这些水域是钓鱼的最佳场所，一年四季均可施钓。

在平原地区也有水库，但数量没有丘陵型水库多。在平原地区天然形成的湖泊比水库多。水库都是在洼地、沼泽地、湿地地带修建，四周筑堤，堤坝往往高于地平面。这种水库水生植物生长茂盛，是鱼儿生活的好地方。水面宽阔，光照时间长，溶氧量丰富，鱼成长快。

（二）水位深浅不一

除了平原型水库，丘陵型水库和峡谷型水库水位深浅不一，靠近大坝处水位最深，上游最浅，由深至浅是阶梯形、斜坡形。有些水库下游水深可达数十米，上百米。其实，水库的水深是很好了解的，看看水坝有多高，就知水有多深，越往上游越浅。鱼多在中部、上游生活，因为靠近大坝由于水太深，水压大，水中含氧量也低于中部、上游，况且水生植物也不多。靠近大坝处，来往的船只、游人也多，不安静，这里不是钓鱼的好钓点。

（三）库底有河道，崎岖不平

水库的库底最深的地方就是老河道，其地势最低洼，老河道的两侧地势略高，是由外向内的倾斜状，而且崎岖不平。这种凹凸不平的库底最适合鱼的生存。这里的食料也比平坦的砂石水库多，由于崎岖不平，生活在这里的鱼较为安全，不易被捕鱼网捕获。有垂钓经验的钓者十分看重老河道，常在有老河道的水域设钓点。但是，老河道多在水库的库中心区，离岸较远，即使用海竿施钓，也难将钩饵投到老河道，唯一的好办法是用船投饵，在船上施钓。若遇秋季、冬季，水库水位下降，正是在老河道上施钓的好时节。

（四）边岸线长，逶迤延绵

无论是大中型水库或小型水库，边岸线都很长，弯弯曲曲，有些地方形成小水湾，有的是向水中突出的半岛，很小的突出部位钓鱼人多称为“铧尖”。铧尖向水中延伸，是钓鱼人选中的好钓位，而向内凹陷形成的小水湾，也是好钓位。在铧尖设钓位，垂钓的距离较远，铧尖前部的水域，是鱼游弋的必经的过道。而小水湾里水势平缓，风浪较小，多聚集有水中的漂浮物。这些漂浮物是鱼的食料。水库由于水面宽阔，鱼的食物不丰富，鱼儿自然喜欢在小水湾内觅食。

（五）多库汊

库汊就是水库上游的分支水流，是狭窄的小水域，多为两山相狭，水位较库区浅。现在许多水库的库汊均被人承包，用大网拦截，与库区阻隔，库汊的鱼游不到库区，库区的鱼也进不了库汊。养鱼人在库汊内（也叫网箱内）投放鱼饲料喂鱼，每年还投放鱼苗。尽管在库汊里钓鱼要交费，或按天交费，或按人头、竿数交费。但是，由于其获鱼率高，人们宁愿交费，也乐意在库汊钓鱼。

（六）水底有旧宅基地，庄稼地

修建水库时，会淹没库区四周的许多居民的房屋和庄稼地、草园、果园，居民迁徙到别处建房安家。被淹没的旧房、庄稼地也是鱼常常光顾、栖息的好地方。因为这些地方残存的庄稼、果树的果实是鱼的好食料，此处鱼的密度较其他水域大。有经验的钓鱼人常常留意寻找这样的水域，在此设钓点，甚至长期在此“做窝”，投放饵料，成为鱼的“家”。

（七）有溢洪道

水库靠近大坝内侧的不远处都有溢洪道，溢洪道就是一条小河，水库中水位上升到一定位置，就要通过溢洪道泄洪排水，以减轻高水位对坝的压力。泄洪后，溢洪道中一定会存有许多水。这水中也会有鱼，鱼是在泄洪时，从水库中跑出来的。由于泄洪结束，溢洪道的水不再流动，溢洪道的鱼也就存了下来。每当溢洪道排水过后，钓鱼人就会在溢洪道两岸垂钓，此处钓鱼会大有收获。

（八）水库的水情

水库中的水不像池塘中的水常年没水位的变化。水库水位变化有多种原因：主要是气象的原因，冬季雨水较少，水库水位下降，夏季雨水多，水位上升。另一个原因是灌溉用水。若遇久旱下雨，水库就会放水，灌溉良田，此时水位也会下降。水位的升落，也会影响到钓鱼，钓鱼是跟着水位走，水游，钓上游；水落，钓中游。若下了暴雨，水位急剧上升，周围的小河、小溪，农田的水流入水库，水色浑浊，泥沙俱下，此时也不是钓鱼的好时机。

三、钓点的选择要领

钓点能否选准，关系到钓鱼的收获。有经验的钓鱼人到水库后并不匆匆忙忙投饵撒窝，而是仔细观察、分析，然后用竿子试水深，甚至走进附近的农户，了解一些情况。有的是来回沿堤岸走动，经过深思熟虑后才下决心定钓点。

选钓点应有的原则和根据：

（一）根据水中情况选钓点

这里说的水中情况指的是水面的宽窄和水生植物情况。

水库的水面是靠近大堤的水面宽，水库的上游相比较窄一些，有些是溪流、小河的入口处，这些地方水面也窄一些。有些地方是两山夹角，夹角的水面窄长。在水库钓鱼应在上游选择水面较窄的水域，而不选水库中部，或大堤部的宽水面，因为宽水面水太深。鱼觅食常到上游的靠近库边的略浅的水域，只有到了冬季或水库水位下降时，才聚集到深水区。

还有些水面是水湾，水湾的周边是向水中突出的小山或土包，这样的水湾水势平稳，风场常将水中的浮游生物刮到水湾，所以水湾里的食料较其他水面丰富。这里自然是鱼的食料场，鱼的密度较其他水域高。

背风的水域。在天气寒冷的季节，背风的朝阳水面的水温较风口浪尖的水面高一些，是鱼栖息的场所，所以在秋季、冬季及早春时节，应选择背风朝阳的水面作钓点。

有风浪的水面。在气温较高的季节，水中有风浪时，可以降低水温，而且风浪的水氧气特别充足，这里是鱼生活的好环境。鱼将头对着迎面而来的波浪，张开嘴让水流入口中再从鳃边流出，这样就可以不费力气地将水中的食料摄入口中。

入水口。在水库的四周会有一些入口，溪流、小河的流入库区。入水口地势平缓，水位不高，所以入水口下面的水域也是好钓点。流水中央带有鱼的食料，此处较其他水域食物丰富得多，所以鱼会聚集在这里寻找食物。鱼有逆水而游的习惯，这里又是活水区，是鱼乐于生活的水域。

网箱附近。养鱼人经常往网箱里投放饲料，这些饲料也会流散到网箱以外，网箱外面的鱼也会到网箱附近觅食。

在水生植物的水域。水生植物与鱼的生活的关系在本书的前面已作了介绍。在有水生植物的水域设钓点是最佳选择。当然，钩饵不宜投到水草茂密的地方，在草边投钩为好。

有鸭鹅游动戏水的水域。鸭鹅会把粪便排泄到水中，这些粪便是鱼的好食料。钓鱼人常说的“上有鸭鹅下有鱼”，就是这个道理。

（二）根据岸边情况选钓点

水库的地形地貌与岸边的地形地貌是有联系的，水底的地形地貌是岸边地形地貌的延伸，通过观察岸边的地形便可以估计水下的地形。鱼在水中生活的特点是不喜平坦而喜沟壑、坑洼，一是因为这里的食物较为丰富，二是因为这里较为安全，可以藏身，防止人们用网、渔具捕捞。

岸上若有两个山包的话，山包之间一定是一条山谷，延伸到水中也是一个斜坡，斜坡处不易存鱼。

若岸边有一山包伸向水中，水下也多半有一土岭。由于水中有延伸的山包，人在山包前投钩的话，投钩处一定是鱼游弋的“通道”，过往的鱼较多，此处可设钓点。

水库多半是在河流上截流筑坝然后蓄水形成的。水底的老河床最深，也是鱼栖息藏身之处，因此，老河床是最佳钓点。在水库的上游通过观察山势可能会判断出何处是老何床，可以在有河床的水域设钓点。若判断不准的话，可以访问在附近居住的老年人，从他们那里了解老河床在何处。

水库蓄水后会淹没原有的庄稼地、房屋，这些被淹的庄稼地、宅基地多坑洼不平，这里也是鱼栖息觅食藏身之处。通过观察访问找出被淹的旧宅基地、庄稼地作钓点，钓鱼效果也会好于其他地方。

水库周边会有一些住家户，他们常常到水中洗涮，他们喂养的牲畜也常常去水库里饮食、喝水、排泄粪便。这些水域的鱼食料比较丰富，应在有住家户的附近水域设钓点。

也有些住户在水边设养猪场、牛圈、羊圈、鸭鹅棚，这些家禽、家畜的粪便有时直接排入水中，有的被雨水冲到水中，靠近鸭鹅棚、猪圈、牛圈的水域是钓鱼的好场所。

水泵抽水的地方地势较低，水比其他地方深一些，是一条深沟，可以把钓饵投到沟中，尤其是低气温的季节，沟内的水温略高于其他地方，可以设钓点。

岸边有庄稼地的水域也适宜做钓点。因为庄稼地里的植物碎屑、种子被风刮到水里，这些碎屑、种子是鱼的食料，鱼自然常在附近水域觅食。

有人设过钓位的地方。在岸上可以发现有些地段有人设过钓位，岸边被钓鱼者踏踩，地面光溜，草被踩死，树枝被折断，地上有烟蒂、果皮、废纸袋等废物，说明有人在此设过钓位。水中的钓点已有人投过饵料，可能此处钓鱼不错，经常有人在此钓鱼，钓点里的饵料也多，鱼会聚集到钓点觅食，此处仍可以设钓位，并且是好钓位。发现有这样的钓位，千万不可错过。

（三）参考钓位选钓点

钓点，指的是欲投钩投饵的那片水域。

钓位，指的是人在岸上摆放渔具、架竿取鱼、行走坐立的位置。

钓点与钓位相结合，就是综合两方面的情况后认为两方面的条件都符合自己的需要，从而决定在此设钓点和钓位。

（四）根据季节选钓点

即使有高质量的鱼饵，得心应手的各种钓具，若选点不当，也全是徒劳的。如何选点，就看钓鱼者的钓鱼经验。首先重要的一条，就是选点要慎重。

由于水库周边的地形复杂，水的深浅度不一，在水库选择钓点比在池塘钓选点要难得多，既要考虑水中的植物生长情况，又要考虑水的温度风向风力。尤其是气温对水温的影响。水的温度的变化直接影响到鲫鱼的生活。

1. 养季怎样选点

到了春天，气温渐渐回升，水中的水生植物开始吐出嫩芽，鲫鱼也从潜伏了一冬的深水的水底游到水库的上游浅水区。浅水区的水温回升得快，水生植物也多，所以春天在水库钓鲫鱼应选水库的上游、库汊作钓点。水深在 2 米以内为最佳。尤其要注意浅水区的深坑处。了解水底是否有深坑可用钓坠测试。许多钓友的实践证明，有深坑的水域是最好的钓鲫鱼的钓点。

有水草、乱树枝的地方也是好钓点。鲫鱼排精、排卵时，为了避免精子、卵子被波浪冲散、分离，常常依靠水草、树枝，使精子、卵子附着在水草秆、树枝上。所以，有小草、乱树枝的地方常常是鲫鱼停留生活的地方。

早春，气温依然不高，只有水温回升较快水域适宜鲫鱼生活，所以早春应把浅水区作为首选的钓点。

2. 夏季怎样选点

夏季有初夏和仲夏之分。初夏季节水库的水温与夏季差别不太大，选点可参照春季选点法，只是钓点应比春天的钓点离岸远一些，以水深 2 米为宜。

仲夏，气温已接近 30 ℃左右，鱼也会感到天气的炎热，水温的过高，因此常在水库的中游、老河道、洼坛处栖息，以及有茂盛的水草中避暑。钓点应选在这些地方。若离岸边不远处有突出水面的大石块、小土包，如果水不太深可以涉水过去的话，可在这些地方设钓位，其钓点比在岸边施钓好得多。

夏季是多雨的季节，水库会涨水，水库涨水，可能淹没岸边的庄稼地、草园，鱼会随着涨水到这些地方觅食。即使无庄稼地、草园，鱼也会游到近岸边处。民间有“涨水鱼，落水虾”的说法，就是说涨水好钓鱼，落水好钓虾。水库涨水后是钓鱼的大好时机，千万不要放过，会比平时收获要大得多。

夏季钓鱼还要注意两个“黄金”时间段。早晨 6 点至 10 点，以及下午 5 时以后，是钓鲫鱼的最佳时间。早晨 10 点前，水温不高，尤其是 6~9 时，鲫鱼比较活跃，也会到近岸处觅食。下午 5 时后，气温下降，鱼也会从深水区游到浅水区觅食。夏季钓鲫鱼一定要注意这两个“黄金”时间段。

夏季钓鱼应选有风浪的水域作钓场。水中有波浪，会降水温，氧气也充足。鱼也有追风逐浪的生活习性。当然，风浪不宜过于强烈。若是五六级大风，水中波浪太大，鱼也不活跃，因为游动费力，这时常常栖息在风浪相对较小、水面较为平静的水域，若有五六级大风，就应选背北风处、风尾处、小水湾作钓点。

“夏钓潭”，潭，就是深水区，这是夏季钓鱼的基本规律，是有道理的。

3. 秋季怎样选点

秋季，水库的钓鱼环境与春季、夏季都不同。表现在水位下降。秋季由于水少，水库也经常放水浇灌下游的庄稼，秋季水库的水位明显下降。二是水中的水草。水生植物均已老化，老化、纤维化的草叶、草茎鱼是吃不动的。三是秋季水中的小昆虫、软体动物也由浅水区向深水区过度，而且数量减少，秋季水库的水色也较夏季、春季清澈，说明水中的微生物已大大减少。另外，秋季（尤其是早秋）气温依然很高，鱼依然怕热。秋季的另一个特点是鱼的食欲不但不减退，而且有所增加。这是因为过了秋季就到了冬季，为了熬过漫长的冬季，需要大量的贮存营养物质，增加脂肪蛋白质，有些鱼在秋季还会产卵，所以秋季的鲫鱼物别贪食，活动范围比夏季广泛，不只是藏在深水区，也会游到浅水区，尤其是深水区与线水区的接合部、过渡地带。若水库岸边有庄稼地，鱼也会到近岸的水域吃些谷类的碎屑、小虫。若是早秋，钓点应选在背阴的无阴光照射的水域，有2~3级风的水域。

在水库钓鱼，与在池塘钓鱼的一个不同点是在水库钓鱼可以“凑热闹”，就是在人多的地方下钩。这是因为，钓鱼的人多，投放水中的饵料就多，对鱼的引诱力较大。由于水库中的鱼多是处于饥不择食的状态，当然喜欢聚积到饵料多的水域。若发现岸边有人在此设过钓位，完全可以在此继续设钓位。因为水中已有人投过饵料，可能有鱼继续“赖”在这里。

4. 冬季怎样选点

冬季虽然是钓鲫鱼的淡季，若选点得当，还是可以钓到鲫鱼的。笔者的一位朋友，在他80岁那年冬天的12月份，在水库还钓获了一条重达25千克的大青鱼。

冬季，鲫鱼的活动量减少，深伏在深水区的水底或水底的坑洼处、老河道中。以及背风、靠山靠崖的深水中。要把钩饵投到这些地方，必须用海竿、长手竿、筏竿。冬季，鱼上钩慢，有时投了诱饵后，在一个小时或者更长的时间鱼才上钩，所以，冬天钓鱼更要有耐心。

水库的中部，靠近大坝的地方水位较深，应在这些地方设钓点。

为什么要把两个方面的条件综合分析呢？这是因为二者缺一不可。水中的条件好，适宜下钩，可是岸边有障碍物，上空有电线，或者是陡壁悬崖，岸与水面落差很大，也就是钓位不好，就不能在此处设钓位；反之，若岸上宽阔平坦，岸与水的落差也不太大，但前面的水域或是太深（若干米以上），或是太浅（不足1米），或是水草茂密，或是水流湍急，也就是说钓点不好，也不宜在此设钓位。只有两个条件都符合自己的要求才可以在此设钓点、钓位。

钓点与钓位哪个更重要？通常来说，钓点是排第一的，钓位是第二位的。因为，钓位再好，若钓点不好就可能钓不到鱼。“钓鱼钓鱼，为鱼而钓”，是否能钓到鱼才是首要的目的。钓位只要不是太差，不存在危险因素，人是可以克服一些困难的。

但是，钓位也有可能成为第一重要的条件。比如前面的水域很好，适合投钩，可是岸上条件不好，是悬陡壁，这时就应放弃钓点了，人的安全问题又成为首要问题了。即使钓获了鱼，因为堤岸陡峭，鱼也难以抄上岸，人在遛鱼和取鱼时，也容易发生危险。

（五）根据溢洪道选钓点

水库的中下游都会有溢洪道，一旦水库里的水暴涨，水库管理者就会把水从溢洪道引出去，以防止水位过高，减轻大坝的承受力，降低水库容量。溢洪道流水时，鱼也会随水游出溢洪道，溢道停止流水后，鱼也会停留在溢洪道内侧的水域。溢洪道附近的鱼的密度大，不少钓鱼人都喜欢在溢洪道附近钓鱼，有些手竿者经常在溢洪道内侧、外侧钓鱼。

关于选钓点的谚语

春钓滩，夏钓潭，秋钓阴，冬钓暖。

一日三迁，早晚遛边。

涨水钓浅滩，落水钓深潭。

长堰钓腰，大堰钓梢。

庄稼地，被水淹，鱼儿最爱来聚聚。

牛脚坑，泗水湾，鸭鹅戏水鱼也欢。

水发蓝，钓鱼好，水发黑，钓不得。

黄白水色好钓点，赶快下钩莫迟延。

多走走，多看看，三思而后定钓点。

塘边钓窄水，窄水钓宽水。

动水钓静水，静水钓草密。

钓鱼不钓草，肯定钓不到。

挪挪窝，钓得多。

雨天鱼靠边，切莫甩长线。

深水钓浅，浅水钓深。

水库钓库汊，野塘钓旮旯。

四、钓具的选用

(一)海竿是盲选

因水库水面宽,鱼的密度不大,近岸处几乎无鱼,即使在春季,鱼多在浅水区生活,但离岸数米以内鱼也是极少的(除非有水草),所以应首选海竿。海竿可以投到数十半甚至上百米远的水域,垂钓的范围广。况且海竿既可以用炸弹钩,也可以用串钩;既可以底钓,也可以浮钓,使用方法相当灵活多样。

1. 怎样选海竿

海竿按材质分,有碳纤维竿和玻璃纤维竿两种,前者轻便质量高,但价钱略高于后者,目前大多数钓鱼都是使用碳纤维竿。

钓鱼人自身条件不同,用竿习惯也不同,垂钓环境不同,所钓的鱼种也不同,所以有不同的选竿方法。

(1)按照自身条件选用海竿:钓鱼人年龄有差别,体力、视力也都有差别,加之钓鱼经验的差别,在选用海竿上也应有不同之处。年轻人精力充沛,视力好,可以选择长一些的海竿,如4米以上的海竿。中老年人由于体质的关系,应选用灵活轻便,长度在3米左右的海竿。初学钓鱼者可选用更短些的竿,如2.7米、3米这两种短竿。

(2)按照垂钓的不同鱼种而选择海竿:在内陆的江河湖泊水库,水面宽,水深,鱼体自然大;也有塘堰,水面小,鱼体自然小。钓多大的鱼用多大的竿,是钓鱼人使用钓具的常规。钓大鱼,若竿小了,承受不了鱼的挣扎力,容易断线折竿跑鱼;钓池塘的鱼若用5米以上的大竿,就显得笨,不灵活。

怎样选购海竿呢?应从以下几个方面考虑:

1)检查线环和金属箍。导线环和套在竿上的金属箍大多是金属制作,并且镀了光。看其镀的光泽如何;用手摇摇每个导线环,看是否松动,焊得牢不牢;金属箍与竿体之间是否有空隙,是否有松动现象。

2)检查竿体。看竿体的光泽度怎样;印在竿上的文字、商标是否清晰细致,若字迹模糊、图案不清,则多是仿制或伪劣产品。

打开最下面一截竿子的堵头,看竿筒的厚薄是否均匀,是否有裂纹。

再把竿子逐节拉出,举起摇动,看各节是否有松动现象,是否发出响声。好的竿子拉出后应浑然一体，摇动时不会发出任何响声，而且有一定的弹性。

2. 怎样挑选绕线轮

绕线轮是海竿钓具中最为重要的部件，绕线轮质量的好坏和使用方法是否正确，垂钓效果大不一样。

海竿使用的绕线轮有多种样式且各具特点。叉齿式绕线轮，其优点是结构简单，贮线量大；但使用时主要靠手指拨动，机械性能差，比较费力。鼓形绕线轮，又叫双轴承绕线轮，特点是贮线多但结构较为复杂，操作不太简便，而且价格较高。旋压式绕线轮，是我国业余钓手使用得最多的一种绕线轮，它的特点是结构简单，易于操作，价格便宜。现将如何使用旋压式绕线轮作一介绍：

旋压绕线轮的结构：由脚柄、摇柄、拨线架、止转钮、绕线轴、泄力旋钮几部分组成（图 84）。

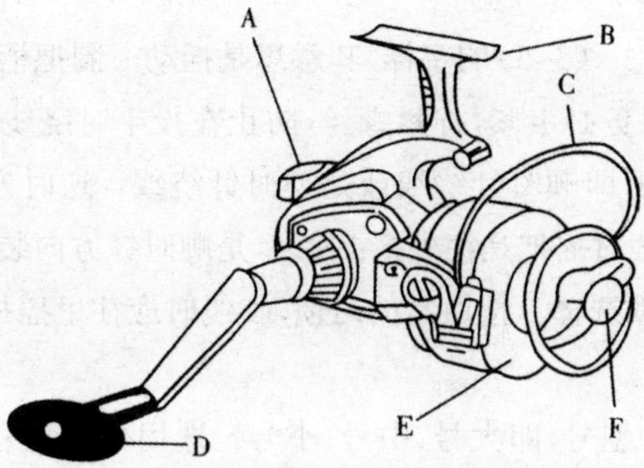

图 84　旋压式绕线轮

A. 止转钮　B. 脚柄　C. 拨线架　D. 摇柄　E. 绕线轴　F. 泄力旋钮

脚柄：是一个铁卡，可以卡到竿柄的上下两个金属套中，将铁卡插进去后，使上下金属圆套逐渐合拢，将轮脚卡在鱼竿上。

摇柄：在绕线轮的后部，安装时可依照使用者的习惯放在轮的左侧，也可放在轮的右侧。

拨线架：是一个半圆形的钢丝圈，起控制放线收线的作用。向内扳，线就会从绕线轮上的小轮中经过，摇动摇柄，线就绕到线轴上；向外扳，线可以直接出去不经过小轮。线入水后再把拨线架向内扳，便于收线。

泄水旋钮：泄力开关装在绕线轮的后部，它的作用是当水中的鱼被钩挂住而挣扎窜游时，由于泄力开关的作用，渔线可适当放出，从而避免了人与鱼的对抗；当鱼不窜游时，钓者再摇轮收线，鱼再次挣扎时，泄力器再放线。这样一收一放，收线放线，会大大消耗鱼的体力，使鱼精疲力竭，便于遛鱼。在钓鱼之前，就应调整好泄力器的松紧度，然后再做一试验。试验的办法是：在钩部拴一块小石头（有一定重量），然后抬高竿梢，拉紧钩线，此时竿梢就成弯弓状，然后再用力向上扬竿，此时泄力器应开始放线，若竿梢已经弯到不可能再弯时泄力器仍不放线，就说明泄力装置调得过紧，应拧松一些。反之，泄力器调得过松也不行，鱼挣扎时就会放线过多，使钓者难以控制鱼的挣扎。

绕线轮上还有一个止转旋钮，止转旋钮的作用是控制摇柄。向左扳止旋钮，即为关，这时摇柄向内摇不动，也就是不能收线。使绕线轮时，止旋应处在打开状态。

绕线轴：在线轮的前部，供绕线用，两端有堵头。绕线轴有粗细之分，细轴绕线多，粗轴绕线少。

线数上标有 1 ：（3~5）的字样，其意思是摇动一圈把柄，线轮转动 3~5 次。往竿子装绕线轮时务必卡紧，拧紧螺丝，防止在投竿时绕线轮松动。往竿子上装线也是有技巧的，即顺时针绕线或是逆时针绕线。逆时方向装线，在收线时摇把是往里摇，出线时摇把是往外摇；反之，是顺时针方向装线。两种装线法都行，可根据个人习惯选择。按通常的习惯，收线时应往里摇把柄，为此还是按逆时针方向装线为好。

绕线轮有多种型号，即大号、中号、小号。选用什么型号的绕线轮，主要根据自己的需要，如经常在什么样的水域中钓鱼（水面大小），经常主钓的是什么鱼。经常在大水面钓大鱼，就应选用大型号的绕线轮。

选用绕线轮时应注意绕线槽不宜过深，前挡头应微微翘上一些。线槽过深若装线量不大的话，会影响出线速度，前挡头翘上一些，便于放线，减少阻力。绕线轴有粗细之分，轴粗出线快，轴细出线慢。用细轴时，可有一个补救办法，就是在轴上先缠些透明胶带或胶布，然后绕线，也可先绕些旧线，然后绕好线。

使用好的绕线轮时，给人的感觉就不一样，它表面有光泽，质地细腻，线轴较粗，绕线槽宽，摇动手柄时感到用力小，内部齿轮旋转自如，无涩滞感，收线时，线在线槽上下排列整齐，无炸线现象。所以，在购买绕线轮时应买档次较高一些的，买正规厂家生产的品牌产品。由于绕线轮是海竿钓具中的“大件”，选用时，务必注意绕线轮的质量，不要只图便宜去买劣质绕线轮。

泄力器是绕线上的一个小部件，可以拧松，也可以拧紧，其主要用途是鱼在中钩后挣扎逃窜时，泄力器可以适度伸出去，因此缓冲了鱼的挣扎力。若泄力器拧得过紧，鱼挣扎不能及时放线，钓鱼人与鱼就呈对抗状态，若鱼的挣扎力过大，或渔线的承受力小的话，就可能断线跑鱼。有许多钓友不知道泄力器有什么功能，买回绕线轮不知调整泄力器，致使泄力器生锈了。因此，在钓到大鱼时了就死拉硬拽，必然会出现断线跑鱼的局面。

泄力拧得过松也不行。若泄力器拧得过松，鱼在“咬线”时，钓鱼人控制不住渔线，会一个劲地放线，导致鱼任意窜游，钓鱼人无法遛鱼，也可能出现跑鱼或鱼游进障碍物处，渔线被挂被缠线从而无法收获鱼的结局。

因此说，泄力器是一个体型不大但作用不小的配件，使用是否正确直接影响到钓鱼的效果。不能小看泄力器的作用。

怎样使用泄力器呢？在抛线前就应调整泄力器，一面经出线环用力拉（注意拉力要适度），一面调整泄力器，泄力器有的在绕线轮的前部，有的在绕线轮的后部，用手拧动旋钮，假如钓线强度值为 5 千克，泄力值的设定不要超过 4 千克，正常定值在 1~2 千克即可。若用弹簧秤可以测定其拉力值，也可凭自己的经验与感觉来调整。若轻轻拉线就出线的话，说明泄力器调得过松；若用很大的劲也不出线，说明泄力器调得过紧；若使用适度的力才能出现，说明松紧合适。更重要的是看你的钓线的拉力值，若线细，拉值小，不妨调得松一些，否则可调得紧一些。在钓到大鱼时冲劲大，而泄力器放线慢，渔线绷得紧的话，这时就应及时适当松动旋钮，使泄力放大，以适应鱼的冲撞力。若渔线过松，此时就应将泄力旋钮拧紧一点。

只要重视泄力器的作用，在实践中不断摸索体验，一定会将泄力器运用自如的。

3. 注意挑选炸弹钩

用于海竿的钓钩是由许多只钩组成的炸弹钩。少则 6 只一组，多则 10 只一组。

选用海竿钩应注意以下几点：

（1）钩尖要锋利。

（2）倒刺的长度适当。太短，起不到倒刺的作用；太长，取鱼麻烦。

（3）钩条光泽度好，质硬、耐拉。

（4）钩门（钩弯度）合适。钩尖向外或向内弯度太大都不适宜：太向外弯易跑鱼；太向内弯鱼不易中钩。

(5)钩柄的钩帽宜厚，这样不易脱线。

(6)选配好钩的型号和粗细。海竿钓，很多人都喜欢选用较大型号的钩，如有6号和8号两种钩，喜欢选8号钩。他们认为大号钩拉力强，如果扎住了鱼嘴或鱼身，鱼不易逃脱。其实，根据所钓鱼的具体情况，两种或三种钩都可以用的话，还是应选用小号的钩。因为海竿钓用的是糟食，钩饵入水后糟食在水底散成一小片，钩子包在饵料中，小钩较轻，更易于钩随水进入鱼嘴。钩子太大，在进入鱼嘴时可能触及鱼唇，鱼一旦发现有异物刺激鱼唇，就有可能离饵而去；钩小，可能有多只钩一同进入鱼嘴，中钩概率自然大于大型号的钩。钩虽然小了一些，但其拉力并不比大钩差，完全可以承受鱼的挣扎力，不必担心鱼会脱钩。

另外，另选用粗条钩好还是细条钩好呢？若不是钓太大的鱼，比如钓3~5千克的草鱼或鲤鱼，应选用细条钩。这同样是因为细条钩的重量比粗条钩轻一些，便于鱼吸入口中，中钩的概率大于粗条钩。

因此，选钩时，型号并非越大越好，长度并非越长越好，钩条也并非越粗越好。其实，轻便的钩最好。

笔者所在地的钓友在用海竿钓普通型的鱼时，大多选用5~7号的中小型钩，钩型以袖形为好，当然，小钩一定要坚韧，钩尖锋利。

渔具店出售的炸弹钩其样式有多种。有的炸弹钩脑线较长，有的脑线较短，有的脑线一样长，有的长短参差不齐，还有的有一根特别长的脑线。这个长脑线的钩通常不扎入饵团内，而是另挂钓饵，既可挂面团饵，也可挂蚯蚓类的荤饵，至于挂什么饵视钓的是什么鱼而酌情选定。这个长脑线钩有两个作用：一是易于被鱼发现，因为它除了在水底的饵团以外，钩上又有饵料；二是假若鱼被炸弹钩挂住鱼嘴或鱼身子时，鱼会挣扎窜游，鱼挣扎时会带动这只钩，这只钩就有可能挂住鱼身或鱼鳍，从而使鱼中钩更多，挂得更牢。有的钓友不在这只钩上挂饵，让钩裸露，其意图也是上面所说的第二个原因，但笔者曾这样使用过，效果不但不好，反而惊吓了鱼，使鱼离开窝子。有一次钓鱼，笔者就试验这么做看其效果如何，在施钓中偶尔听见鱼铃发出响声，只响几下就停止了，收线后发现饵团上并没有中鱼，分明是那只光钩刺中了鱼身，鱼被刺痛就游走了。所以说，这只长脑线钩也应挂饵。

脑线一样长的钩没有长短线都有的钩好用。因为脑线有长有短，饵团入水饵料雾化后，各只钩就卧在饵团中，由于脑线长短不齐，所以各只钩卧在饵团中的位置也不一样，所占的面积相应大于齐脑线的钩，鱼无论从哪里吞饵都有将钩吸入口中的可能。

渔具店出售的绑炸弹钩的脑线多是红色脑线，其实红色线不如灰色线、黄色线好。黄色线的颜色较为鲜艳，在水中容易引起鱼的注意，易于使鱼发现饵料；而灰色线的隐蔽性较好，与饵团的颜色近似，容易麻痹鱼。

钩的型号宜选用 5~7 号的中型钩。若在水库湖泊中施钓，钩的型号可大一些，如用 8~10 号钩，钩不宜太大，因为钩大，自然有一定的重量，鱼多是吸食方式，小钩由于重量轻，就容易被鱼吸入口中，而大钩就不易被鱼吸入口中，短柄钩比长柄钩的重量轻，故也应选用短柄钩。

在各式炸弹中，还有一种长线钩（图 85）。

图 85　长线钩

有些钓友以为这只长线钩碍事，影响捏饵团装钩，就把长线钩剪掉。他们不理解制钩者的用意。其实，这是一种错误的做法。这只长线钩有什么作用呢？

（1）起到诱鱼的作用

炸弹钩入水底后，钩上的饵料就慢慢雾化从钩上分离，在水底形成大片的饵料区，炸弹钩就埋在这饵料区的中间。此时，这只长线钩一定在饵料的外围。鱼在游近饵料区之前，首先发现的是这只长线钩。长线钩上挂有钓饵，鱼就去吃钓饵，在吃钓饵的同时，可能嗅到饵料区鱼饵的香味，便循着香味游进饵料区，鱼这时就发现了更为丰盛的饵料，便迫不及待地去吃食饵料，于是就中钩了。长线钩不就成了钓鱼人的“有功之臣”了吗？

（2）长线钩起到“侦察兵”的作用

鱼的食性特征主要是动物食性和植物食性，也可叫做荤食性和素食性。钓鱼时，有时很难确定此处的鱼是吃荤还是吃素。用炸弹钩钓鱼，钩上包的全是麸松类的素食，为了探寻此处鱼的食性，或探寻吃荤食的鱼多还是吃素食的鱼多，这时可以在长线钩上挂荤饵，如蚯蚓或小虾、小泥鳅。钩组入水后，若发现长线钩的荤食被鱼吃了，中了钩，就证明此处是吃荤食的鱼多。若长线钩上的鱼饵没中钩，完好无缺，而炸弹钩上的素食饵鱼吃了，中了钩，说明此处的鱼多吃素食，或说明此处吃素食的鱼多。然后根据鱼情调整饵料。长线钩此时确实起到了“侦察兵”的作用。若是长线钩上的荤饵鱼不吃，就可挂面团类的素饵。

由于炸弹钩上的糖食饵在水底的面积大，影响力也就大，易诱鱼进窝，那么，这些糟食饵也起到诱饵的作用，而长线钩上的荤饵也就成了钓饵，二者起到互为补充相辅相成的作用。

（3）长线钩的扎鱼作用

鱼若吃了糟食，很容易被炸弹钩钩住鱼嘴。鱼嘴中了钩，受了刺激，就挣扎，全身乱摆乱动，鱼尾动得更厉害，这时，长线钩就十有八九扎住鱼身，多是扎住鱼的腹部，那么长线钩就起到抑制鱼，使钓者更为有把握地获取鱼。因为鱼腹被长线钩扎住后，挣扎力就会减弱。

（4）可以用两只长线钩

由上面介绍的长线钩的三个作用，可启发我们：用两只长线钩不是作用更大吗？鱼中钩的概率大了一倍，扎鱼腹又多了一只钩，把鱼扎得更牢。两只长线钩也可以一长一短，钩的型号也略有差异，用途更为广泛。

综上所述，说明了长线钩是有用途的，所以希望钓友们千万不要把这只长线钩剪掉。

4. 如何选用渔线

海竿使用的钓线与手竿使用的钓线不同点有三个：①线长：海竿用的线短也有数十米、百米以上，长则达数百米，多是从渔具店成盘购买。②海竿用的是一条整线，不必用脑线，炸弹钩与渔线用连结环相连。③线径较手竿钓线小。

选用钓线应注意以下几点：

（1）根据所钓对象鱼选线

钓什么鱼用什么线。若钓青鱼、草鱼类的大鱼，应选用线径相对较大的线；若钓小型鱼（如鲫鱼、鳊鱼），应选用细些的线。

（2）根据绕线轮的大小选用渔线

绕线轮有大小之分，绕线轴细，绕的线多，可以绕线径相对较大的线。所以，应根据绕线轮的大小来选用渔线。绕线轮上的线既不能太多，也不能太少。太多了，容易炸线、乱线；线少了，出线时不顺畅，线易被绕线轮的堵头磨擦，出线慢，而且容易伤线。

（3）不要贪图便宜用劣质线

买线起码应买中等价格以上的线。劣质的线硬，在线轴上易乱线；好线较柔软，缠在轴上不会炸线。

（4）线并非越结实越好

线的承重力超过了竿的承重力，钓着大鱼，易造成断竿。因此，线的质量与竿的质量应相匹配，好竿配好线，次竿配次线。

（5）不要用线径太大的线

线径大线就粗，在水中的目标大，易被鱼发现，因此应尽量选用线径相对较小的细线。另外，线粗自然发硬，在绕线轮上容易炸线。高质量的细线承受力并不差。

5. 不可忽视的铅坠

使海竿钓鱼，铅坠的作用较为重要。使用海竿铅坠（图 86）应注意以下几个问题：

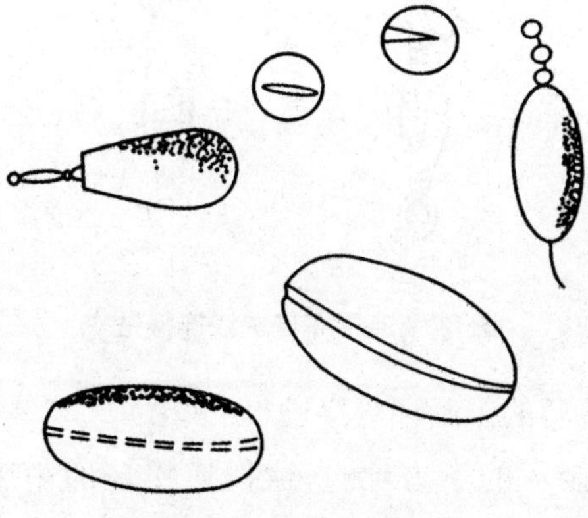

图 86　海竿各式铅坠

一是海竿沿坠的重量应与线轮的大小、渔线的型号相匹配。也就是说，线的型号大、钩大，应用大号铅坠。用得最多的是100克左右的铅坠。

二是以扁圆形铅坠为好。因为扁圆形铅坠无棱角，不易被水中乱草、树枝挂住。

三是以活动坠为好。线从铅坠中间穿过后，线仍可以上下活动，鱼吃钩时不会带动铅坠。鱼中钩后窜游时直接带动钓线，反应的竿梢上的信号快而灵敏。因此，应用活动铅坠。

据资料介绍，一粒100克重的铅坠若长期存于水中，会污染1立方米的水质。每个海竿钓鱼人，几乎每年都会在水中丢失至少2个铅坠。一位钓友说，光他们的钓鱼俱乐部就有会员百余名，若按此人数计算，他们每年就会在水中遗落数百个铅坠，污染几百立方米的水质，而且是长期被污染。全国有多少海竿钓者，每年因丢落铅坠会污染多少水域？那么十年二十年又污染多少水域？

因此，有些钓友呼吁不用铅坠，改用水泥坠、卵石坠。有的已自己制作水泥坠。他们介绍的方法是：用泥巴或肥皂做了一个模子，在上面挖一些小圆坑，再剪些细塑料管架到圆坑上，用沙、小石粒拌匀倒入小坑中，上面抹光，干燥后从圆坑中取出，就是一个个水泥坠了，其使用效果同铅坠是一样的。

6. 连接环与主线连接法

现介绍一种最简便的连接环与主线的连接方法。

（1）将主线结一个套环（图87A）。

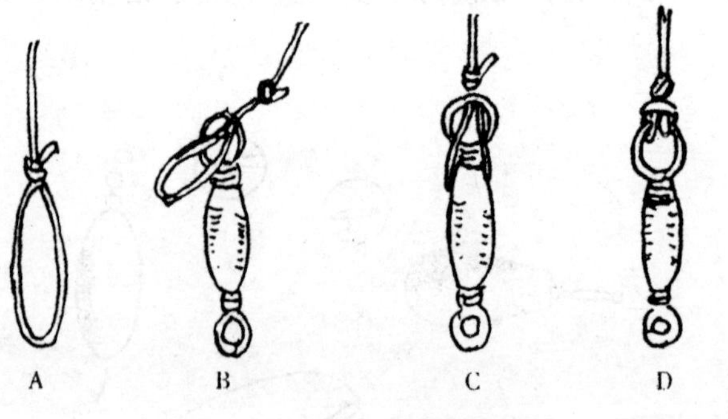

图87　连接环与主线连接法

（2）将套环从连接环的上圆环中穿过（图87B）。

（3）将圆环从连接环的下方穿过，这样连接环的中下部被圆环套住（图87C）。

(4)上提圆环、拉紧(图 87D)。

(5)解除主线时只需将圆环下拉,连环的中下部从圆环中退出再抽拉圆环,圆环即从连接环的上圆环中退出。

7. 组装海竿钓具要注意协调匹配

在组装一套钓具时,竿、线、钩、坠、漂是五大主件,组装一定要注意相互间的协调匹配。在这五大件中,竿是起主导作用的,也就是说,要围绕竿来选用线、钩、坠、漂。

这个问题,常常被钓鱼人所忽视。在组装钓具时,他们总认为钩、线越结实越好,其实并非如此。笔者就有切身的感受。

在一次钓鱼时,因为事先未检查渔线,结果钓住草鱼后,因草鱼太大,拉不到近岸处,几经与鱼的较量,仍然不见鱼浮出水面,3 米的硬调碳素竿也被拉成弯弓状。钓友们前来助阵,却也帮不上忙,好在这时断了线。我十分遗憾,到手的鱼就这样跑了;但转念又感到庆幸,因为虽然线断了,可是竿子却保住了,把损失降到了最低。试想,如果钩、线太结实,不断线的话,最后损失的就是竿子了。

在配装钓具时,鱼钩的坚固程度、型号的大小与渔线相匹配才好。钩大,线太细,线就承受不了大鱼的拉力,会断线;反之,粗线配小钩也不行,粗线在水中的目标大,小钩通常还是钓获小鱼的机会多,粗线就显得“英雄无用武之地”了。线、钩的型号也应与鱼竿的强度、长度相匹配,若是大钩、粗线配细竿、短竿,竿子肯定承受不了大鱼的拉力。在正常情况下,鱼多数是 3~5 千克、6 千克,钓手经验又不足的话,往往会无所适从,甚至会断竿。

8. 各部件组装程序

竿、线、轮、坠组装的程序是:

先装轮。拧动鱼竿下段的旋钮,把线轮的上下铁片插入到鱼竿上下两个箍中,再把旋钮拧紧。然后摇摇线轮,看是否有松动现象。若松动,再拧紧。

把钓线穿入各导线环中。边穿线,边抽拉竿的各节,全部拉出后,线头从竿梢上最小的导线环中穿过。

把各导线对齐,使之在一条直线上。导线环也应与线轮上的线轴在一条直线上。

装轮时,摇把可在轮的右侧,也可在轮的左侧,拧动轮把上的螺丝调整。

加铅坠。将钓线从铅坠的小孔穿过。线头上结一圆环,与连接环相连。连接环的另一头挂住鱼钩的线环。至此，海竿的钓组就全部组装完成了（图 88）。

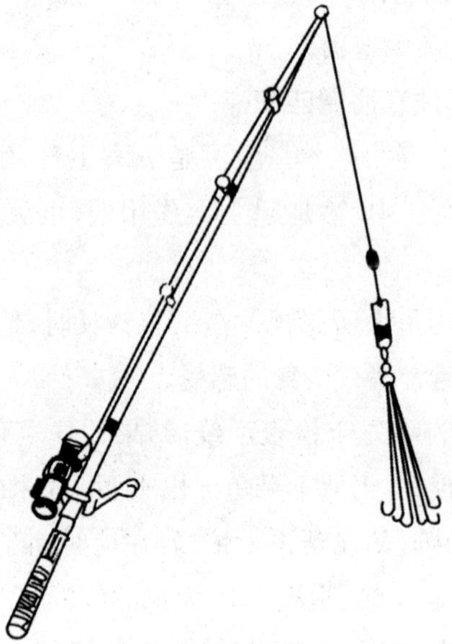

图 88　海竿组装完成的钓组

支竿架是海竿钓鱼必不可少的钓具。支竿架多为金属制作，渔具店有售，有各种样式及不同的型号，钓者可根据自己的需要选购（图 89）。

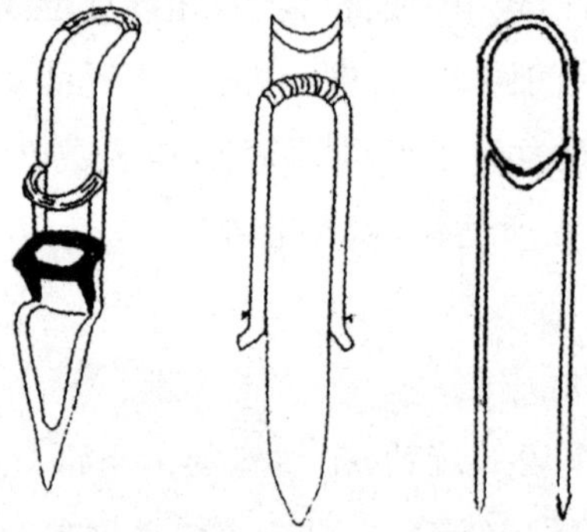

图 89　竿子支架

炸弹钩节省时间的妙招

在用海竿的炸弹钩钓鱼时，往炸弹钩上包糟食比较费时间。若是从水中取了钩再重新挂饵时，须先捏紧饵团，再把脑线勒入饵团中，然后还要一只钩一只钩地往饵团上插入。全部完成后再投钩。

其实有一个小窍门可以节省时间。准备 2~3 个炸弹钩组，当钩组投入水中后，在等待上鱼的时间里，钓者可以在备用的炸弹钩上包糟食。待从水中取回无饵的钩（或钩上已有鱼）后，从连接环上取下空钩，把已装好饵的那只炸弹钩挂到连接环上就可以投钩了。

然后，继续在空炸弹钩上包糟食，这不就节省了很多时间吗。

五、怎样配制海竿使用的钓饵

海竿因使用的钩组与手竿不同，使用诱饵的时候也不多，因此钓料的配制方法也有所不同。另外，鱼咬钩的方法也不同于手竿，饵料的黏度比手竿使用的钓饵黏度低，钓饵入水后，应在一定的时间内散开，饵团散开后钩无饵，钩在饵料中，这是炸弹钩常用饵料的方法。

（一）配制饵料的主要原料

1. 主料

配制海竿用的钓饵料的主料是麸皮粉、糠粉、饼粉、面粉、豆粉、小米等。面粉是必不可少的，因为饵料必须有一定的黏度。麸粉、饼粉可以混合用，也可以选其中一种，另加少量的小米或细颗粒状物，如鸡饲料。

其中麸皮粉、饼粉是主料中用得最广泛的配料。

2. 辅料

海竿使用的钓饵料同样应有气味。有些人不用含有气味的饵料，事实证明效果不好。所以还应注重添加一些辅助原料。

用配料的目的就是增加饵料的气味，这与手竿的配饵方法近似。常用作海竿饵料的辅料有：

成品饵。将成品饵加入到饵料中效果特别好，甚至可以以成品饵为主，加些面粉，只是成本略高。一人若用 3 只海竿，一天需两千多克饵料，而一袋成品饵只有 100 克或 200 克。所以，多数人仍是将成品饵作为辅料，添加到自配的饵料中。

成品饵的种类很多，钓者根据自己所钓鱼的种类选用成品饵就行了。

各种香精。渔具店出售各种类型的香精，也可在化工门市部买食用香精。用得最多的香精是香兰素，这是制作糕点经常使用的香精。

酒类。酒类有曲酒、甜酒、米酒、啤酒等，都可以使用，看钓者打算钓什么鱼。米酒、曲酒用得最多，尤其是米酒，香中有甜，味道醇厚。

啤酒虽用得不多，但因其气味独特，有时可收到意想不到的效果。

酒泡中药液。用酒泡含有香味的中药材是配制饵料的既价廉又实用的好方法。泡了一段时间（至少 1 月）以后就可以作为添加剂。含有中药香味的饵料增加了诱鱼效果。笔者在使用海竿时，由于用了这种添加剂，与钓友在同一片水域钓鱼时，收获量明显大于其他钓友。

（二）饵料的黏散度要适当

饵料调拌时若加面粉过多，饵料的黏度过大，饵团入水后仍是结成团。因为鱼很少有牙齿，是靠唇吻去接触饵料，有的是滤食方式，鱼在吸入时将饵料吸入口中。如饵团过黏，钩不易露出，也就是难进入鱼口中，钓鱼效果差。笔者初学使用海竿时，就因为饵团过黏，钓鱼效果受到影响。有人只担心饵团入水就散了，所以加多了面粉，使饵团黏度过大，结果钓鱼效果反而不佳。

但是，饵料若面粉量不足，过于松散，也不行。饵料过于松散，可能在抛钓的过程中饵料就从钩上脱落了；或者在钩入水时就脱落，钩沉入水底时已是光钩；即使在水底松散，钓线、钓钩也会因为水浪的波动，使钩离开了饵料，也影响钓鱼效果。

怎样才能恰当地把握饵料的黏散度呢？要靠在拌饵的实践中去摸索、去体会。拌饵时，先要用少量的面粉，若感到太松散，再不断加面。饵料拌好时应仍是颗粒散状，用手使劲捏时才可捏成团。若拌饵料时饵料沾手，说明饵料过湿过黏。沾手的饵料不多，说明松散适度。

在使用时也可检验饵料的黏度。若饵团入水半小时了，起钩时仍是一团硬饵，说明饵料黏度过大了。通常饵团入水后在半小时之内散开，提钩时，钩上无饵团或只有少量的饵料，说明饵料的松散度合适。

（三）怎样使用饵料

由于水库的水面宽，鱼的密度小，饵料的使用方法与池塘钓鱼不同。应注意以下几点。

1. 量要大

在水库钓，要舍得使用饵料。若投诱饵，少则一次投放数千克，多则一次投10千克以上。如有的钓者驻钓，安营扎寨连钓数天，他们往往用橡皮筏或小船把成袋的玉米投到水库中，并且连续两三天投入。头两天，钓鱼效果不怎么好，可是会越来越好，钓鱼人叫“鱼发窝”。

若不想一次投这么多，又想取得好的诱鱼效果，可以将饵料投在某一片水域，多点投，连成片，形成一个饵料区。

2. 以颗粒状料为主

水库水深，若是粉末状饵料，不等饵料沉底就漂散了，失去了诱鱼的效果，加之风浪也大，粉末状、小颗粒状饵都不行，必须是大颗料的，如饼块、玉米粒、小麦等。

当然适当加一点小颗粒状饵也行。小颗粒状饵易在水中漂散，这些漂散的小颗粒实际上起到了向导的作用。鱼先发现这些小颗粒状饵，便去吃，越往饵料区游，饵料越多。

猪骨头、牛骨头、鸡粪、牛粪及家禽的内脏（剁成小颗粒状），都可以作诱饵投到垂钓区，既价廉物美又经久耐用。

3. 连续投放

在水库钓鱼更要有耐心，不可能抛下诱饵或钓饵就有鱼上钩，投放饵料应多次连续地投，每次量不必多。

4. 注意饵料的颜色和气味

为了增强诱鱼效果，应加强饵料的气味，并使饵料鲜亮，多用金黄、橙色、白色的饵料。

根据不同的季节、气温及所钓对象鱼的不同，灵活掌握饵料气味的浓淡度。

使用钓饵应注意的问题是：饵团有黏度。因为水深，多水浪，糟食易被水冲散开，所以饵料的黏度应大一些，以达到经久耐泡的程度。

另外，饵团也应包大一些，以便使饵料在水中易被鱼发现，散开以后的面积自然也大一些。

还应注意竿与竿之间的距离不要太远，多只竿同在一块水中，此起彼伏地抛投诱饵、钓饵，自然形成了一片饵料区，影响大，容易把鱼集中到垂钓区。

六、海竿钓诱饵投放法

许多钓友在使用海竿钓鱼时不投诱饵，他们认为海竿钓水面太大，即使投了诱饵，钓钩也不一定能准确地落到诱饵投放点。事实也确实如此。钓钩入水处有时离诱饵区很远，诱饵起不到诱鱼的效果。但是，若有条件的话还是应该投诱饵，正是因为水面大，鱼难以聚集，所以才要用诱饵将鱼引诱到垂钓处。

海竿钓怎样投放诱饵呢？可用以下方法：

（一）用手投诱饵

这是最简单也最常用的方法。就是捏一团诱饵抛投到水中。因为一次抛投的量太小，所以应多次抛投，使钓鱼处有一片诱饵区，这样诱鱼效果才好。不过因为用手抛投不能投得很远，只能近距离施钓。

也有人介绍说，为了使诱饵抛设得远，可以用一只勺子，装长把，然后在勺内装饵抛投。此法不妨一试。

（二）游水投诱饵

若在夏天天热时钓鱼，钓者会游泳的话，也可以带着饵料游到施钓区，将诱饵投下。所带的诱饵量当然要比手抛投的多。

（三）用船送诱饵

若条件许可，用船直接把饵送到施钓区就更好了。这样投，投得准，而且量大，又节省时间。有些钓者利用长假时间在水库驻钓数天，他们投的饵料大多是玉米、饼类，数量可达数十千克。这么大的量也只有用船送了。

若用橡皮筏、充气轮胎代替船投放诱饵更好，因为携带方便。

（四）用钩投诱饵

这是用得最多的一种投放诱饵的方法。将饵料点到炸弹钩上，然后挥竿将饵团投放钓点。这种投法应注意几个问题：一是饵料不宜过黏，因为饵料过黏的话，落入水中后不易散开，起不到诱饵的作用，因此一定要掌握饵料的松散度。但是过散也不行，未等钩饵落入钓点，饵料就脱钩了。饵料松散度的调制要靠垂钓者的实践经验。二是饵团尽量大一些，要大于钓饵的饵团。因为投放诱饵不是一两次就要可完成的，饵团大，可以增加诱鱼饵料区的影响力，而且可以减少抛投的次数。三是要多次抛投，少则5~8次，多则十多次，以扩大诱饵区的面积。若是多位钓友施钓，可同时向某层水域抛投诱饵，这样可以形成几十平方米的诱饵区，以聚集更多的鱼，增加钓获量。

七、怎样配制使用诱钓合一饵

海竿钓因为是抛投饵团，落点难以准确把握，所以平常不多用诱饵，也就是说，不先抛投诱饵。按说，用诱饵先诱鱼肯定比单独使用钓饵好，可是怎么样使用诱饵呢？笔者从台湾钓法的诱钓合一的用饵法受到启发，把台钓的诱钓合一用到海竿底钓法，事实证明，此法既简单又易于操作，效果也明显。

台钓法的钓饵饵团的外层是比较松散的粉状物，饵团入水后外层的粉状物就雾化于水中，起到诱鱼作用，里面的钓饵就起到钓鱼的作用，海竿钓完全可以借用这种方法。

在炸弹钩上包饵，然后将各只钩插入饵团中投入水中。这是大家都用的方法，此饵团只起到钓鱼的作用，没有诱鱼的效果。实际上完全可以在饵团外面再裹上一层粉状物或细颗粒物，这些粉状物或颗粒状物并不与里面的饵团糅合粘在一起，而是后来包裹的，因此当饵团入水后，这外面的粉状物（或颗粒状物）也慢慢脱离饵团，溶散在饵团的周围，由于这粉状物易于扩散，面积逐渐增大，使水中形成粉雾状诱饵区，自然起到诱饵的作用了。笔者常用的有两种方法。

（一）粉状物

用豆粉适量，黄豆粉、豌豆粉、蚕豆粉均可，加入豆粉1/2量的麸皮粉，文火炒出香味，再添加一点柰粉（一种粉碎了的中药材），若没山柰粉，用丁香粉也行，也可用调味用的十三香粉、五香粉均行。摇均匀，放入塑料袋中或大口圆筒中。

这种粉的作用实际上是起到手竿用的蘸饵的作用。

使用方法十分简单：包好饵团扎上钩后，用饵团在这细粉中蘸一下，使饵团外全部粘上粉状物质，然后就可以抛投入水了。

若钓的鱼的种类不同，粉中还可以添加各种气味，即掺入含有各种香味的粉状物或液体，如含有香味的香精，含甜味的蔗糖，含酸味的稀释了的食用醋。

（二）颗粒状物

先把小米（或大米）、碎米用酒浸泡数日。

准备一筒黏液状物质，如黏米汤、面汤或糖水。

先把包好了的饵团蘸些黏液，然后再放入盛酒泡小米的盒中晃动，使饵团均匀地粘上小米。

然后将粘有小米的饵团抛入点。小米入水后也会慢慢地从饵团上脱落，分散在饵团的四周。由于小米颜色金黄，容易引起鱼的注意，小米又是鱼喜欢的食料，又香又甜，鱼闻到便会纷纷游来，继而发现了饵团，于是舍弃这又细又小，吃也吃不饱的小米，去大口吞食饵料，正好中钩。

笔者经过近半年的实验，证实此种钓鱼效果比不用诱饵要好得多。中钩的鲫鱼相当多，即使在冬季也有鱼上钩。

八、怎样投钩

投钩必须事前做到六检查，否则一旦某个环节出现差错，钩会投不出去，甚至断线折竿。

（一）检查身后或侧面有无障碍物

身后或侧面有障碍物，钩线可能被树枝、竹杈等障碍物缠绕，不但解线费时，也浪费饵料。所以投钩前一定要环视周边环境，若有障碍物，一定要重选投地点，二是改侧投为撩投。

（二）检查拨线架是否已向外扳

线轮出线时，拨架必须向外扳，否则出不了线，饵团在惯力的作用下会脱钩。若投钩者用力过大，还会造成断线或折断竿梢。所以，必须检查拨线架是否已向外扳了。

（三）检查各导线环是否在一条线上

长节竿的导线环不在一条直线上，出线时的轨迹是歪歪扭扭的，不顺畅，会影响钓饵的投放，钓线与导线环箍磨擦，会损伤钓线。

（四）检查竿梢处的线有无缠绕

竿梢处线如有缠绕，会投不出钓饵，更为严重的是易造成松线、丢饵、断竿。因为在投饵团时，钓鱼人用的是爆发力，劲较大，这种力完全由竿梢承受，若竿的韧性不足，易折断竿梢或断线。

（五）检查饵团与竿梢的距离是否恰当

饵团与竿梢的距离一般为30~80厘米，不过，若是竿子较长，需要远投，也可以大于80厘米，这与人的个头、周边环境都有关系。如竿子长、人高、周边地势开阔，饵团与竿梢的距离可大一些。

（六）检查绕线轮上的线有无缠绕

除了打开拨线架外，还应检查绕线轮上的线是否有缠绕，如线卡在轮外的部件上，或在绕线轮处缠线打结，要及时处理。

（七）投钩的方法

在钩上包上饵团后，从竿梢至饵团应留40~50厘米的一段线，再摇动轮把，将绕线轮至竿梢这一段的线拉直，拨线架扳向外面，调整好泄力旋钮，使轮轴松紧适度。这时，用无名指和中指夹住轮脚杆，食指勾住线，便可以抛线投饵了。

站姿与挥竿的姿势：双腿前后分开站立，根据个人的习惯或左脚在前，或右脚在前，将竿举过头顶，上身稍后倾，身体的重心在后脚，竿子的位置在身体的侧后上方，眼睛注视着欲投向的目标水域，从后向前挥竿，使钩饵团呈弧形划过头顶，当勾线的食指感到有线的拉力时便松开，绕线轮上的线便随即放出，尽量使钩饵团、铅坠的前进方向和竿前伸的方向在一条线上，这样才不会偏离预定目标。若感到投得误差过大，偏离了目标，应收线重投；若感到饵团松散，应捏紧再投。

九、海竿投远的技巧

国外的钓鱼比赛，有的还专门设有海竿投远的比赛项目，就是看谁投得远。

海竿投远是需要一些技巧的。初学海竿钓鱼的人，往往只投 30~50 米远；有经验的钓者可以投上百米远。怎样才能投得远呢？应注意以下几个方面：

1. 欲远钓，必须选用较长的竿，十米左右的竿比较合适。

2. 渔线可用 0. 3 毫米以上线径的线。线粗，承受力强，可以钓大鱼。

3. 绕线轮应选用中号以上的大轮。

4. 坠子的重量不少于 50 克。

5. 挥竿时，左右手要同时回力。

初学使用海竿者，往往只注意右手（上举的手），而忽视了在胸前下部的左手也应用力。

当右手将竿举过头顶准备投竿时，此时左手要握在竿的底把部。投竿时的动作是：右手握竿，从身子的后侧上方向前用力劈投，竿体运行是一个 180° 的半圆弧状，此时右臂再用力。应注意的是左手在胸前的下部也应向内压下去，也要用力，而不只是随右手运动。由于左手向下压，也就增加了挥竿的力量，抛得自然比只有右手用力要远。左手压竿也应是有节奏的一顿，有爆发力才行。只要多次练习，是会养成左手用力的习惯的。

6. 右脚应向前用力跨出一步

右臂挥竿向前，当钩饵已飞向钓者头部的前方时，有的人右脚仍在身后，没往前跨出；也有人虽跨出了，但是无力度，只是随竿子的前移而顺便跨出的，没有爆发力，起不到加力作用。正确的方法是，右脚往前跨步要大，而且应有爆发力，也就是要用劲向前跨出一步，这样才能加力，钩饵才能投得远。

7. 饵团离竿梢的距离至少要 60 厘米以上

要想投得远，饵团离竿梢的距离必须要远一些，不应少于 50 厘米。当然，过远也不行，容易偏离方向，而且饵料容易在空中离钩。竿梢与饵团的距离以 50 厘米左右为宜。

抛投方式以从肩的斜上方出钩为好。正而劈投虽举得高，但没有斜投投得远。

8. 落点不能偏斜

投竿时，钓饵团飞出的弧线应与人的视线在一条直线上。有人习惯将钩饵在抛投前来回荡悠几下，为的是增加抛投的惯力，但荡悠不能太多，否则向前抛投时容易偏离目标，落点不正。如何才能做到抛得准呢？只能靠熟能生巧。多投多钓自然得心应手，落点正确。

9. 选用弹性好的竿

弹性与竿的长短有关系，长竿比短竿的弹性要大一些。因此，要是在大水面钓鱼，要将钩饵投得远，就应用长竿。2 米多的竿肯定没有 3 米多、4 米多的长竿投得远。海竿也有不同调性的竿，有软调竿、中硬调竿、硬调竿，要投远，应选用硬调竿，至少应选用中硬调竿，不应选用软调竿。

十、怎样布阵

海竿钓鱼时用的是多把海竿，每把海竿的钩饵应投在不同的水域。目的有三个：一是了解水中鱼的分布情况，因为水域的深浅、气温的高低都会影响到鱼的游动，有的水域聚集的鱼较多，而有的水域几乎没鱼。将钩饵投在不同的钓点，就可以通过鱼的上钩率了解哪个窝点鱼较多，然后再将其他钓点的钩饵投到鱼较多的窝点；二是钩饵分布在不同的钓点，影响范围就大，鱼中钩 机会就多；三是便于起线遛鱼，防止因钩线集中发生绞线。

怎样合理布阵呢？两把竿钓不存在布阵问题，两把竿离得远一些就行了；三把竿钓，布阵法可参考图 90-A；4 把竿钓可按图 90-B 布阵。

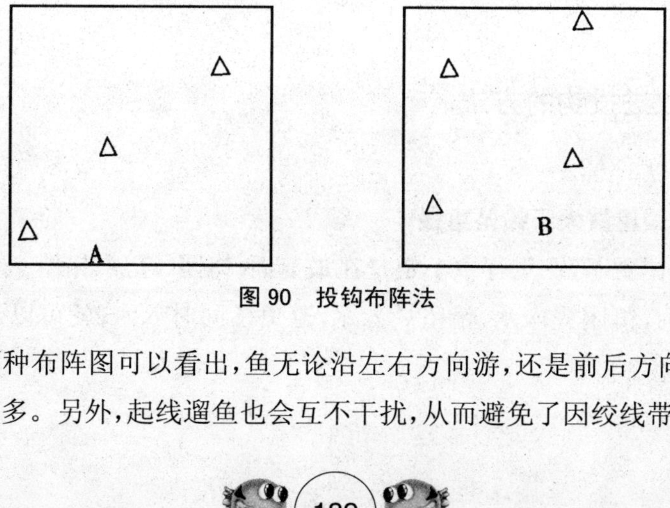

图 90　投钩布阵法

从这两种布阵图可以看出，鱼无论沿左右方向游，还是前后方向游，接近钩饵的机会较多。另外，起线遛鱼也会互不干扰，从而避免了因绞线带来的麻烦。

十一、挥竿时出现钩挂线怎么办?

海竿定点施钓时常常用正钩钓上层鱼,尤其是钓鲢鱼,在飞竿时常常出现钩挂线现象。

飞钩钓组的组成情况是:线最前端的炸弹钩,钩后面是浮漂(固定的在漂),浮漂的后面在水的上层,铅坠沉入水底,起到固定钓点的作用。饵团外是脑线较硬的不挂饵的裸钩。

(一)钩线相绞的原因

1. 饵团轻,铅坠重

若是饵团轻,铅坠重,二者在向水中飞去时,铅坠可转飞在最前面,钩在铅坠的后面,与浮漂三者不在一条直线上,线离裸钩很近。钩很容易挂住钓线。造成投饵失败,必须收回线重投。

2. 入水的过程中钩缠线是因为铅坠孔太大

若是铅坠和饵团同重的话,可同时入水,若二者距离太近,也会造成钩缠线,有时钩还可能钩住浮漂附近的线。若铅坠之间的线过长,在水中形成弯曲状,也容易与浮漂缠绞。

3. 投竿法不当

使用海竿多为劈投法。劈投时,饵团、浮漂、铅坠都在身后的竿梢的下方。向前运动是呈抛物线形状朝水中飞去,若用力过大,铅坠离浮漂太近,入水后铅坠向后滑动带动浮漂鱼钩向水面升起,活动幅度过大也容易使裸露的飞钩挂住渔线或浮漂。

(二)改进投钩的方法

可采用以下方法:

1. 使饵团重量大于铅坠重量

由于饵团重了,在飞行中一定是在最前面,饵团、浮漂、铅坠三者在一条直线上,入水时,饵团先入水,铅坠后入水,避免了同时入水,就可以避免飞钩挂件。

2. 飞钩扎入饵料中

飞钩是不挂饵的，但在投钩前，让飞钩较浅浅地扎进饵团中，饵团入水不久，外层的饵料会散开，加之脑线较硬，钩便依然张开成飞钩组。这样，饵团在入水的飞行中无外露的钩夹，自然挂不住线了。

3. 浮漂后加一粒太空豆

为了避免铅坠与浮漂碰绞在一起，可在浮漂与铅坠之间加一粒太空豆，太空豆与浮漂之间的距离小于水深。钓鱼时，钓鱼人都会依据地形、水势估计出水的深度（当然也可测试一下），若估计水深 2 米，太空豆离浮漂 1.5 米左右。铅坠入水时至少与浮漂保持了 1.5 米的距离。这样也可以避免二者绞缠，从而减少了飞钩挂线的概率。

十二、架竿的技巧

架竿看似简单，其实也是有技巧的。

（一）几种架竿方法

如今用得最多的架竿方法是顺向架竿，就是竿体与鱼竿成一条线，竿梢的梢尖朝水面。除此之外，也有横向架竿法，即竿体与堤岸成平行方向。顺向架竿，支竿架的前接触点起到杠杆的作用，只要支竿架搞得牢固，鱼竿是不会从支竿架上撬起来，竿子也不会倒伏。若侧向架竿，支竿架的前部就起不到杠杆的作用，不太大的鱼就会把竿子拉歪，造成竿子倒伏。

有些钓者为了省事，就不用支竿架，投了饵后将竿子放到树杈上或放到地方，靠到墙上，不用支竿架是很不安全的，若鱼中了钩拉动钓线会把鱼竿拉到水中。这种例子经常出现。笔者的一位朋友就有此种情况。他架好竿后以为短时不会有鱼中钩，就到一边与钓友说话。过了一会儿不不见了鱼竿，再往水中一看，竿子在水中央漂动着。结果鱼塘主划着小船到水中捞起了鱼竿，中钩的鱼有 5 千克，也没脱钩。

（二）竿与线的角度要适当

支竿时竿与线的角度的差异，也会影响到传递鱼汛的灵敏度。

通常见到的情况是，若钓钩投得近，竿子又架得高的话，竿与线的夹角肯定小，若竿子架得中俯一些，钓鱼又投得远，竿与线的夹角肯定大，可能大于90°。

通过架竿实践，当竿子与钓线的夹角等于90°或大于90°时，传递鱼汛的灵敏度最高。

十三、怎样观测鱼是否中钩

使用海竿钓鱼时鱼若中钩竿梢会晃动，若夹有鱼铃，鱼铃会发出响声。但是具体情况要具体分析。鱼中钩与否都会出现竿梢晃动、铃铛发出响声的情况，以下情况可作为判断鱼是否中钩的参考。

1. 铃声不大，偶尔响一两次就再也不响了。出现这种情况有两种可能，一是鱼身被鱼钩刺了一下但没刺中，或是鱼身触及了鱼钩；二是小鲫鱼中了钩。小鲫鱼中钩后不再挣扎，所以铃铛只响一两下。笔者在使用海竿钓鱼时，经常出现小鲫鱼中钩的情况是，铃铛只响了一两下，就再也不见鱼铃响了，我以为鱼饵没有了，就拉线换饵。却没想到，收钩时，见鱼钩上挂有一条不足200克的小鲫鱼。

2. 铃声不大，但有节奏感，竿梢虽晃动但晃动的幅度不大，可能是鲫鱼或鳊鱼中钩。

3. 铃声较大，竿梢晃动幅度也大，甚至向前弯曲，是草鱼、鲤鱼（中小型）中钩的信号。

4. 铃声很大，竿梢晃动的幅度大，向前弯成弓状，是大草鱼、大鲤鱼、青鱼中钩的信号。

5. 铃声响了几下，突然不响了，竿梢也不晃动了，是鱼脱钩了，或者只触及了鱼钩，并未中钩，也许是小鱼闹窝。

6. 铃声响了几下（或者是没响），但渔线松弛了，有时渔线移位了（从正前方移到左方或右方），也是鱼中钩的表现，鱼中钩后并没挣扎，只是带动渔线向别处游走。

十四、收线起鱼的注意事项

当从铃声响动的情况判断上鱼时就该摇轮收线起鱼了。有些初学钓鱼者不得要领，见铃一响就呼地一下跑过去（几乎是冲刺状）抓起竿就使劲摇轮，摇着摇着怎么线上没鱼了？原来由于是用劲过大过猛，鱼唇被挂破了，脱钩了。也有的摇着摇着摇不动了，水中像是有人拽线似的，原来是钩被水中的障碍物挂住了。这些现象十分常见，钓鱼人的主要毛病是太慌乱、太紧张、太兴奋了。

正确的方法有几点：

（一）先扽竿梢

当钓鱼人从支竿架上拿起海竿时，第一个动作应是扽竿，就用握竿把的手利用腕力和小臂力，手腕由下往上有节奏地有力度地一扽，小臂随之由上往下压，这样，水中的鱼钩会有力地刺进鱼嘴或鱼唇，即使有的钩挂住了鱼身也会刺得很深，避免因钩扎得不牢而跑鱼。

扽竿时力量也不宜过大。这是因为力量过大鱼钩对鱼的刺激也大，鱼会受到惊吓而拼命逃窜；另外，用力过大也可能使鱼钩挂破鱼唇。

（二）鱼技巧

水面有宽有窄，有些水面水草丛生，杂树乱枝倾倒于水中，鱼中钩后挣扎窜游，鱼有钻水草中藏身的本能，钓鱼人若控制不往鱼的窜游，鱼就可能钻到乱树枝、草洞中，再往外拉线就会缠绞住草根树枝，肯定会跑鱼或断线。因此，在摇轮的过程中注意控制住鱼窜游的方向，尽量把鱼领到无杂草树枝、无其他钓友钓线的空旷的水域再往回收线，这样就可以顺利地把鱼拉到近岸处。

钓鱼时，往往多位钓鱼人同在一片水中钓鱼，有的甚至是不相识，若是因为遛鱼绞了他们的线，会影响别人钓鱼，弄不好还会引发矛盾。因此，在收线时，一定要有意识地选择遛鱼的宽阔水面。

（三）提线与收线

水塘的水底多是凹凸不平，有的甚至有乱石块、树枝，鱼中钩后铅坠仍贴近水底，若不往上提线，鱼和铅坠可能被石块、树枝阻挡，所以应不时地扬竿梢，使铅坠在水底呈跳跃式运动，有时可能越过石块、树枝，可以顺利地把鱼拉到岸边。

若是鱼不大（1 千克以内），就不必遛鱼，这时收线要快，使鱼和铅坠离开水底运动，这样同样避免铅坠、鱼被石块、树枝阻挡。

（四）怎样避免钩挂底

用海竿底钓时，由于钩、坠接触水底，在收线换饵时常常出现钩子被岸边、水底障碍物挂住的情况。

要避免此情况，在钩坠被拉到岸处、离岸2米时就该扬起竿梢，使钩坠出水，然后从水面以上收线。不让钩坠接触岸边、水底的树枝杂草，否则很容易造成挂钩现象。

（五）遛鱼与抄网

若鱼还在水中游就下抄网抄，鱼见了抄网便会猛地窜逃；况且人在抄鱼时，渔线已很短，鱼稍一挣扎，就可能脱钩或断线。所以一定要沉住气，直至看着鱼无力游动了再下抄网。当然这指的是重量至少在2千克以上的大鱼；若鱼很小，不足1千克重，其挣扎力是有限的，完全可以抄鱼，不会脱钩断线。

有的钓者因为怕鱼跑了，急着下抄网，结果是网跟着鱼追。此法不妥，容易造成断线跑鱼。

（六）大抄网比小抄网好

抄网宜大不宜小。因大抄网的圆口面积大，把也长，鱼容易进网，网也可以伸到水中的较远处，鱼没到岸边，抄网就可抄住鱼。而小抄网遇着了大鱼就不行了。

鱼中钩的情况不一定是几只钩全部挂住了鱼嘴，可能有的钩仍然是空钩。若网口过小，空钩很可能挂住网口的网线，甚至可能致使鱼头进不了网中。

圆形网口比三角网口好。三角形网口适用性没有圆口广。若钓小型鱼，三角形网口尚可适宜；但若钓大鱼，只能用圆形网口了。所以，应选用圆形网口的抄网。

（七）抄大鱼上岸应提网口

若是不太大的鱼（如2千克以内），就可以直接将鱼抄上岸；若是超过2千克的鱼，鱼入抄网后不能抬网把，而应用手去抓抄网口的硬箍，然后提网口硬箍将鱼弄上岸。这是因为，若用手抬网把，承重力都在网口与网把相接的颈部，若鱼过大，网颈部肯定承受不了，会造成断把，甚至跑鱼。

若水面与堤岸落差很大，人的手无法抓住网口箍怎么办呢？这时不要把网口抬得过高，将网口往下压，网把呈倾斜状（而不是与水面平行），慢慢往上提网，这时的承重力就在网线上而不是在网把上，只要网口不跑鱼就可以一直慢慢向上提，直至人的手可以握住网口箍，再连网带鱼提上岸。

十五、海竿串钩钓

不少钓友原来用炸弹钩底钓法钓鱼，上鱼率有时较低，于是有的人就改用串钩。

其结钩法是：线的末端系一小铅坠。然后每隔 10~20 厘米拴一只钩，少则 5 只钩，多时 9~10 只钩。在水库、湖泊等大水面钓鱼效果比单用炸弹钩好得多。

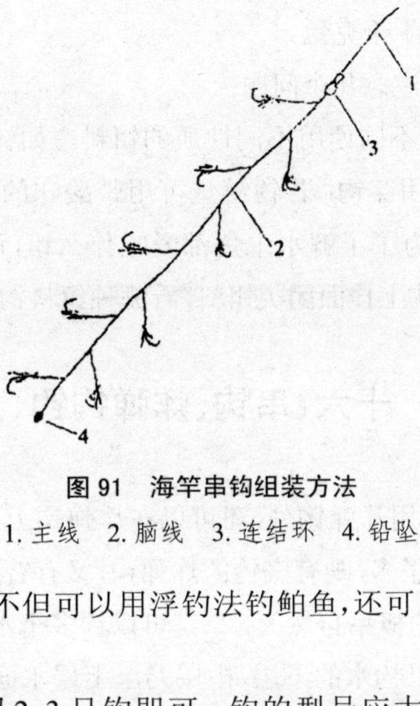

图 91　海竿串钩组装方法

1. 主线　2. 脑线　3. 连结环　4. 铅坠

海竿串钩（图 91）不但可以用浮钓法钓鲌鱼，还可以钓鲢鱼、草鱼。但是，钓鲌鱼有几点不同：

1. 不必拴 9 只。用 2~3 只钩即可。钩的型号应大一些，可用 5~7 号短柄钩。

2. 所用饵料不同。钓鲢鱼多用糟食类饵料，以面团为主，而且应有鲢鱼喜欢吃的酸味。钓草鱼可在钩上绑草茎、嫩菜叶、花瓣或面团。

3. 钩入后应停留一段时间，为了防止铅坠沉底，可加浮漂。浮漂应用大号的。

海竿串钩还可以用底钓来钓鲤鱼、鲫鱼。特别是冬季，鱼都集中到深水区，用短手竿是不易在岸边钓到鲫鱼的，而用海竿可以把钩投到深水区的“鱼窝里”。底钓与浮钓不同，铅坠须大一些，而且铅坠在线的末端，要沉底，串钩用2~3只即可，钩距10~15厘米。所用钓饵是红蚯蚓或红虫，用红虫钓鲫鱼效果最好。不用浮漂，信号的表现是竿梢上的小铃铛。一旦有鱼讯，铃铛会响。提竿收线不能操之过急，因为鲫鱼的嘴唇小且薄，小心拉裂了鱼唇。鱼到近岸处，像用手竿一样，用竿提线收鱼。

串钩还可以用拉钓法。

拉钓，钩上可以绑细竿毛或白羽毛（细毛），羽毛盖住钩柄。

拉钓（也可以甩钩钓），不像甩大鞭一样，将钓线甩出20~30米，待坠稍往下沉时就往回慢慢收线。在此过程中，水的中上层的鱼就可能追逐钩上的羽毛并吞食。取了鱼后再次甩钩，边走边甩，若气温高天气晴朗时钓鱼效果非常好。一人几小时内可钓获数十千克鱼。

使用海竿半钩还应注意几个问题：

1. 根据钓鱼目的的不同使用不同性质的饵料。如钓草鱼，可用青草扎捆成小草、用绿叶蔬菜卷成团穿钩；若钓鲢鱼可用带酸味的糟食买饵料；若钓黄颡鱼，可在钩上穿蚯蚓。为了了解水中鱼都爱吃什么饵，可在几只钩上挂动物性质的饵料，在另外几只钩上挂面团类饵料，看哪种饵料钓的鱼多。

十六、串钩、炸弹钩钓

用海竿钓鱼除了使用炸弹钩外，还可以在炸弹钩上再装一组串钩。这种组钩法优点很多：一是钩子多，既有底钓的炸弹钩，又有普通钓的串钓。总计至少有几只钩。钩多，中鱼的概率自然大；二是可以钓多个水层面的鱼，炸弹钩以钓底层鱼为主，而串钩可以钓水的下层、中层乃至上层水面的鱼，鱼钩钓及的范围广，中鱼的机会自然多。

炸弹钩上包的是糟食。糟食入水数分钟即散成一片，炸弹钩埋在饵料中。

串钩既可挂蚯蚓类的动物饵，也可挂面团类的植物饵。然后看哪种饵料受鱼欢迎，中鱼多，就调换成这种饵料。另外，钓者可根据自己想钓什么鱼就用什么饵料；或者是池中什么鱼多就用什么饵料。用动物性质的饵料的好处是这种饵经水泡耐用，不必勤换饵；而面团类饵不经水泡，鱼一咬饵饵就脱钩了。

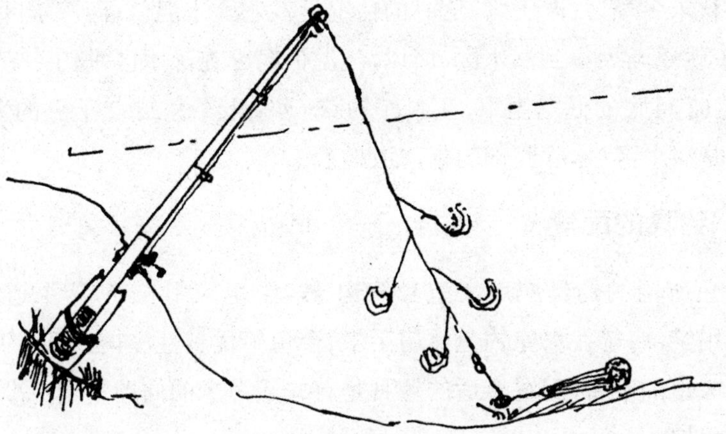

图 92 串钩炸弹钩

使用串钩炸弹钓鱼时，竿梢上应夹鱼铃，以便及时了解水中鱼是否中钩的信息。

十七、怎样在水库钓大鱼

“深水藏大鱼”，钓友们钓获的大鱼几乎全都出自于水库。

怎样在水库钓大鱼呢？这里所指的大鱼至少应是几千克重量的鱼，甚至几十千克的鱼。

(一)选择大鱼经常出没的水域

大鱼多藏在深水区，这是一般规律，但有时也会到较浅的水域(水深在 2~3 米)游弋觅食。如春天，浅水区水温回升得快，水生植物也开始生长，这时大鱼也会游到阳光充足，有水生植物的浅水区，风浪较小的背风的水湾更是大鱼常聚的地方。

鱼有逆水洄游的习性，在多数情况下，鱼总是从水库中心水域游到水库汊。因为水库汊的两边是库岸，长有树木或庄稼，也多是家禽家畜下水的地方，这里的食料远比深水区丰富，鱼自然爱游到库汊。有些库汊被农民承包，用网拦截，在网箱里养鱼。养鱼就得经常投放鱼饲料。鱼饲料不可能不从网箱里流散到网箱外。网箱外是“没娘养的孩子”，食料非常缺乏，鱼一定会游到网箱附近吃鱼饲料。所以，在网箱附近下钩，常常会钓到大鱼。

到了秋末冬季，气温下降，这时的情况是浅水区水温低，而深水区的水温相对较高，鱼就逐渐聚集到深水区，所以，气温低时应在深水区垂钓。笔者的一位朋友曾在12月底的低气温下，在水库钓获一尾重量达25.2千克的大青鱼，他的钓点就是深水区（水库腰部的老河道里）。

（二）钓具的配置

钓大鱼所用的钓具应用大型号的钩、线，竿也应用长竿，这个道理无须多讲。用两用竿，海竿在水库钓鱼比用手竿、台鱼竿优越性多，去水库钓鱼思想上应做遇到大鱼的准备，配置合适的钓具是首先应考虑的问题。适应准备大口径的抄网和鱼护。

海竿是在水库钓大鱼的首选钓具，而且应用3.6米以上长度的海竿。绕线轮也应选用5 000型以上的，有的钓者甚至选用10 000型的大号绕线轮。大号绕线轮储线量大。如10 000型的绕线轮可以分着存10号线二百多米。但是，绕线轮的型号应与竿子的长度相匹配，也就是说，大型号绕线轮配长海竿。钓线应选用6~10米的较粗的线。钩子应选用10~15号在钩。铅坠可选40~100克之间的铅坠，铅坠的大小主要参照钓鱼时是否有大风，风大浪也大，大铅坠在水底的稳定性能好。若风浪不是太大，可适当降低铅坠的型号。

（三）选定钓点要“凑热闹”

“凑热闹”就是到钓鱼人多的钓场。为什么要凑热闹呢？因为水库中鱼的食料并不丰富，鱼常常是处于饥肠辘辘的状态，经常有人钓鱼的钓点，钓鱼人投放的饵料源源不断，长而久之，这里成了鱼的食料场，习惯使然，鱼会聚集到这里，所以鱼的密料度比没人光顾的水域高得多，这里的鱼自然好钓获。这里成了多数人常来的老钓场，这就是“凑热闹”的原因。

“钓老不钓新”也是这个意思，老钓场已成为鱼的觅食的场所，新钓场的鱼密度没有老钓场的大。所以应多找老钓场钓。

是否是老钓场？从岸边状况也可以发现。如岸边的地面被踩得很光溜。若发现有烟蒂、果皮、塑料袋等遗弃物，说明曾经有人在此钓鱼，此处应是很好的钓点。

（四）造窝与养窝

选窝的目的就是给鱼选个食料场，使鱼聚集到窝附近，以增加此处鱼的密度，从而提高垂钓效果。

可参照以下方法选窝。

1. 鱼有在水中的乱树枝、草丛处栖息的习性，因为这里是鱼的“避风港”“避难所”。为此，可在窝的附近投放树枝、青草等，把鱼吸引到这里“安家”。

2. 造临时窝。如外出钓鱼早去晚归，就钓一天，造窝时就不宜投放过多的饵料，应以粉类物为主，如麸粉、糠粉、饼粉，这种饵料诱鱼快。

3. 长期造窝。如打算钓 3~5 天，造一个窝，也算是“长期”。长期造窝应以颗粒状、块状饵料为主，如玉米粒、麦粒、各种饼块，这些块状、颗粒状物耐水泡、存留时间长，可供鱼长时间食用。

长期造窝并不是只投一次饵就完事，而是要续投，有位专在水库钓大鱼的高手讲，他造窝时，第一次投放约 10 千克玉米，连投 3 天，第 4 天减少为 5 千克，第 5 天、第 6 天不投，到了第 7 天开始下钩钓鱼。另一位钓鱼高手第 1 天向窝中投放了 50 千克玉米，第 3 天、第 4 天投放了 10 千克玉米，第 5 天、第 6 天不投饵料，第 7 天开钓，结果钓获了一尾 90 多千克的大青鱼。

有的人钓鳜鱼，连续往水中投放猪骨头、家禽内脏，其目的是吸引小鱼前来觅食，鳜鱼吃这些诱来的小鱼，故中钩。

在水库钓鱼，人为地在水中造窝是行之有效的好方法。作者的一位挚友，钓鱼为主业，长期在水库钓鱼。他有几个老钓点，平常就在这几个钓点施钓，平均每天可钓获十多千克鱼。朋友想在他的窝内钓鱼，他最多答应钓半天。县里的朋友请他去钓鱼，他交代朋友提前二三天往钓点投放玉米、高粱或小麦、饼块。其目的就是先给鱼造窝。他钓技高超，曾多次参加全国户外钓鱼比赛，并榜上有名。

养窝就是坚持不间断地住窝中续投诱饵。但每次投放量不宜太大，做到勤投少投，使鱼对窝恋恋不舍。这样鱼会越聚越多，以利于长期垂钓。

（五）深水钓

钓小型鱼，多是近岸钓，钓草窝，钓浅水。大鱼多藏在深水中，除非天气的原因（如下了大雨），大鱼是很少游到近岸的浅水域的。所以要想钓大些的鱼

（哪怕是鲫鱼），应用长线长竿远投，投到水深2米以上的水域，或深水与浅水的接合部。

（六）大鱼咬钩浮漂的反应

大鱼咬钩干脆利索，不像小鲫鱼那样谨小慎微的试探又试探，而是猛地张开大嘴将钓饵吞入口中，一旦感觉有钩在喉，便使劲挣扎窜游，若是用手竿钓，这时浮漂立即被拉入水下，出现闷漂（水面不见漂）现象，被拉入水中时速度快捷，有沉甸甸的力度感。这就是大鱼吃钩时浮漂的反应。凡是浮漂被拉入水中后应立即扬竿，并做好遛鱼准备。

（七）怎样遛鱼、抄鱼

1. 遛鱼的第一个目的：使鱼疲劳

遛鱼的第一个目的不要定位在起鱼上，而应该是把鱼弄得精疲力竭，消耗它的体力，用“鱼窜我引，鱼静我收”的方法。切记：若鱼向正前方窜游，不能硬拉硬扯，不要认为人比鱼的劲大，就可以把鱼硬拉上来。正确的方法是将渔线偏拉，使鱼窜游的线路呈弧形，或向左偏，或向右偏，呈弧线运动；若线不太长，还可以作“∞”字形遛鱼。总之不要让渔线与鱼游动的方向成一条直线。

鱼的窜游劲儿是先大后小，先猛后慢。经过三两回合后，鱼的劲儿会小得多。就这样搞“疲劳战术”，逐渐消耗鱼的体力。人的精力比鱼充沛得多，无论多大的鱼也是斗不过人的。所以不要急，莫慌乱，要充满必胜的信念。

抄大鱼上岸要捉抄网口

若是不太大的鱼（如2千克以内），可以直接将鱼抄上岸；若是超过2千克的鱼，鱼入抄网后不能抬网把，而应用手去抓抄网口的硬箍，然后提网口硬箍将鱼弄上岸。这是因为，若用手抬网把，承重力都在网口与网把相接的颈部，若鱼过大，网颈部肯定承受不了，会造成把断，甚至跑鱼。

若水面与堤岸落差很大，人的手无法抓住网口箍怎么办呢？这时不要把网抬得过高，将网口往下压，网把呈倾斜状（而不是与水面平行），慢慢往上提网，这时的承重力就在网线上而不是在网把上，只要网口不跑鱼就可以一直慢慢向上提，直到人的手可以握住网口箍，再连网带鱼提上岸。

十八、钓锛尖也有窍门

锛尖就是水库的岸边向水中的突出部位。由于在锛尖处设钓位向水中垂钓的水域较无锛尖处远，而且锛尖的前方多是鱼游经的必然通道，所以许多钓友爱在锛尖也有窍门，这窍门就是钓点应设在锛尖的左边，就应设在右边。道理是这样的：鱼的游动的路线多为逆时针，即从锛尖的左边游向右边。鱼在经过了锛尖之后是向前直游，不可能沿着锛尖再游向内侧（图 93）。

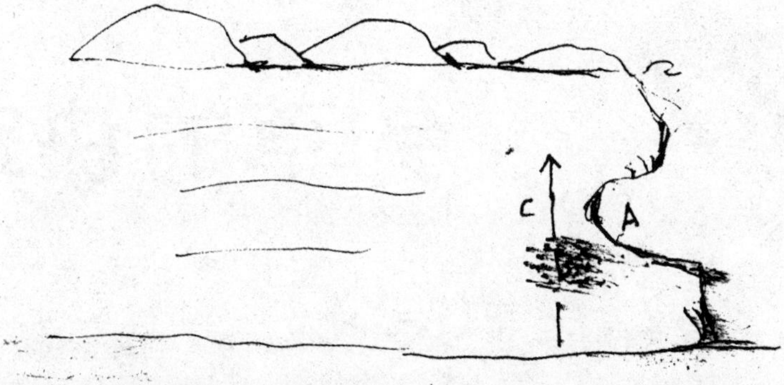

图 93

A 为锛尖　B 为钓点区　C 为鱼游动的路线

挑逗法钓鳜鱼

钓鳜鱼可以用挑逗钓法。用此法的依据是鳜鱼有吃活食的习惯。钓者将钩饵投到钓点，然后轻轻上提竿梢，或将竿子向左或向右慢慢移动，使钩上的小泥鳅呈跳跃或游动状，以逗诱附近的鳜鱼主动捕食钓饵。

第七章

钓草的诀窍

有经验的钓鱼人到了钓场后，在选择钓鱼时，总是把注意力放在寻找水草上。哪里有水草，就在哪里打窝下钓，即使仅有某片水域有零零星星的很稀疏的一些草，也会在此打窝，而不愿到无水草的水域打窝。在多数情况下，凡是在有水草的水域施钓，其钓鱼效果比无水草的水域好得多。这种现象就是钓鱼人常说的："钓鱼不放草，肯定钓不到。"

为什么要在有水草处钓鱼？钓水草有哪些技巧呢？作者在本节作一详细介绍。

一、为什么鱼儿离不开水草

鱼与水草确实存在着极为密切的关系。

（一）水草及水草上的附着物是鱼的食料

有些鱼可以直接吃草，如草鱼，以水中的草为主要食物来源。

草上经常爬有小昆虫、蛾、蜻蜓、蚂蚱等，鱼通过触动草秆，使这些小昆虫落入水中，成为它的食料。鱼有时甚至可以跃起跳出水面捕食小虫和飞蛾等。

（二）水草可起到保护鱼的作用

钓鱼人常常可以见到这种现象，当鱼中钩后，往往会往水草中窜去。这就说明鱼爱藏到草丛中。鱼虽是弱小得无抵抗力的小动物，当它的安全受到威胁时，也会本能地尽量防御侵扰以保护自己。一旦钻到草丛中，也可能导致脱钩断线，鱼就不逃过一劫了。再说，有了草稞，也可以躲避人们用网捕捞。

有了草丛，小鱼藏入其中，不易被大鱼发现。

（三）鱼在草丛中避暑御寒

夏天气温很高，阳光强烈，鱼会躲到水生植物中避暑。冬天，寒风呼号时，鱼也会躲到草丛中御寒。夏天有水生植物的水域，水温相对较低，而冬天正好相反，有水生植物的地方水温较高。

（四）水生植物及它上面的小虫都是鱼的食物

草鱼喜好吃草，其他鱼也因为水草上有可供它们食用的小昆虫、籽实，聚集到草丛中寻找食物。

(五)水草有阻挡的作用

水中的浮游生物、藻类会被水的波浪冲走，遇到水草这种水生植物时，便会聚集下来，形成鱼的食物场，所以鱼常常会游到有水草的地方觅食。

6. 水生植物使水增加溶氧量

水草在光合作用下释放出氧气，水草多的地方氧气充足，而氧气是一切动物维持生命不可或缺的重要条件，鱼也不例外，靠氧气生存。水中的氧气含量大大低于空气中的氧气含量，有了水草，相应地增加了水中的氧气，鱼自然游到氧气相对充足的水域生活。

7. 水生植物有助于鱼产卵孵化

鱼排精产卵时往往要依靠水生植物的茎秆摩擦自己的身子，刺激身体，从而排出精子、卵子。鱼卵受精后要附着在水生植物的茎、叶、根系或树枝上，无水生植物和水中倒斜的树枝，受精卵会沉没水底。由于水底氧气含量低，会导致受精卵因缺氧而不能成活。所以在鱼的繁殖季节，水中的植物丛中鱼会特别多，也特别容易钓获。

8. 水生植物使水质清澈

有水生植物的地方，水质比其他水域好，相对比较清澈。这是因为水生植物可以沉淀泥浆，泥浆会附着到草梗、草叶上。水生植物还有吸污排浊的功能，对污染不太严重的水起到净化作用。由于水质的改变，鱼在这里生活得较为舒适。因此，水草与鱼的生活有着密切的关系。有经验的垂钓者投饵前，总是仔细寻找选择有水草的水域。

不过并非水生植物越多越好钓鱼。有些塘口的水面几乎全部被水草覆盖，这里并不适宜垂钓，因为水草太多太密，无处投饵下钩，即使钓到了鱼，鱼也会向草丛中逃窜，拉不上岸。更为重要的原因是，水草的覆盖使水与空气的接触面积变小，水的溶氧量小。

水草的遮盖也影响到光照，在早春或深秋水温不能回升，也会影响到鱼的活动。杂草密集，水中根茎交错，加之腐烂的草，使鱼的游弋受阻，也会影响到鱼的觅食，在这样的水域钓鱼效果也不会好。

总之，有水草，为鱼的生活创造了不少优越条件，但水草过多，又成为妨碍鱼生活的因素。这就是一种生物所具有的两面性。

二、钓草的钓具

钓草窝宜用长竿短线。竿长,可以任意将钓线投到草窝中,远草窝、近草窝都能投到,比短竿优越性大。短线灵活方便,若是长线就显得拖泥带水不灵便了。线长,鱼咬钩时信息的传递也受到影响,同时也影响提竿的快捷度。线长了,鱼在中钩后窜游时会钻入草丛、苇根中,使渔线与草茎绞缠在一起,有时甚至会使鱼脱钩、断线。而用短线就可以避免以上问题,鱼讯反应迅速,提竿快捷。

在野外钓鱼,会有水草过于密集无法下钩的水域,有时认定某片水域是最佳钓点,可水中偏偏有些乱树枝或杂草,这时就可以用随身准备的割草、清障用具了。常见的有锚钩、锚刀,两者有一样就行了。若没有清障工具可去农民家借把镰刀,绑到长棍上,割去一些草。

另外,鱼钩被水中的障碍物挂住了,也用锚钩或锚刀清理。锚钩、锚刀可请铁匠师傅打制,然后再用尼龙绳绑上就行了。

三、钓草用饵技巧

(一)饵料的气味要浓一些

有水草的水域由于受草的阻隔,鱼的活动范围受限,多在自己所在的草窝栖息觅食,饵料的气味浓一些,影响力较大,可吸引别处的鱼朝饵料窝游来。

(二)为了避免招来小杂鱼闹窝,应少用片状粉末状的麦麸、糠粉类诱饵,多用颗料状的饵料。

(三)颜色要鲜亮

有水草的水域光线较暗,因此应用颜色较鲜亮的诱饵和钓饵。以白色、浅黄色饵料为主。

（四）用三角形打窝器投放诱饵。这种打窝器入水后直到水底才打开，饵料在水底可避免中层小鱼截食。

（五）用草做饵

用嫩草钓鱼效果特别好。掐一些嫩草，约指甲那么粗一撮即可。用线扎成捆，用钩子上的渔线捆住也行。把钩挂住草捆，注意钩尖略微外露，再把草捆的上下两端弄整齐。也可以将嫩草换作蔬菜嫩叶卷团持钩，效果也很好（图94）。

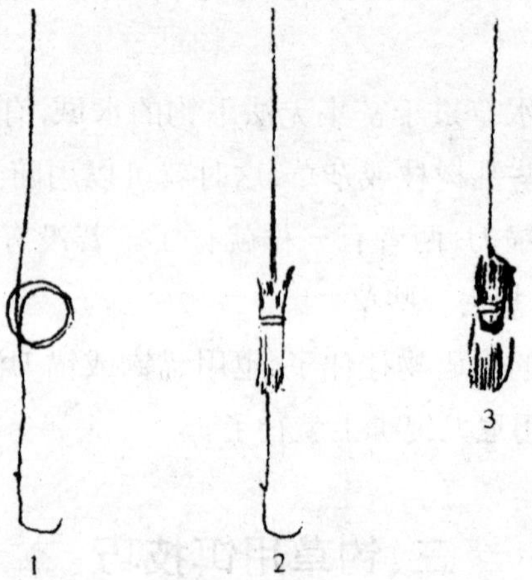

图94　青草挂钩法

1. 将线结个圆环　2. 圆线套住青草　3. 把草捆上下掐齐，挂钩

（六）用袜袋装诱饵

用袜袋装诱饵诱鱼效果很好，而且可以节约饵料，还可避免因水底多杂草烂叶淤泥遮掩了饵料。

用女士们穿过的旧丝袜，剪下20厘米（注意要用袜脚部分），在袜里装诱饵。再把袜竖着割（或剪）几个裂缝，其目的是使诱饵可以从裂缝中露出。袜口扎住，拴一把细绳，将此袜投到草洞中，袜入水后就压住了烂水草。垂钓时，将钩投到袜袋的一侧。若此处钓草效果不好，将袜袋收起，再投入另一个草洞。

四、人工造草窝

若水中无水草，为了增强钓鱼的效果，就必须造草窝。尤其是钓草鱼，更有必要造草窝，现介绍几种造草窝的诀窍。

(一)扎草捆做窝

若水中无水草，可就近在岸上拔些青草，折些树枝，用绳子、青藤捆扎起来扔到垂钓的水中，也可在青草下面拴一块石头扔到水里，这样可以避免因草轻被波浪卷走，这叫人工做窝。可以多做几处，轮流垂钓。

因水库、湖泊的水较深，捆扎的青草、树枝扔入水后往往沉入水底，而水面看不见青草、树枝，垂钓时往往找不准青草的位置。若钩子离青草过近，钩会挂住青草、树枝。这种情况下可以在青草捆上系一根绳子，绳子另一端拴一块泡沫塑料，青草沉入水底后，泡沫塑料露在水面，这样垂钓者可以准有水草的位置。还可以判断窝中是否来鱼。因为鱼儿游到水草、树枝处会触动水草、树枝，水面上的泡沫塑料就会晃动，只要泡沫晃动，就说明窝里有鱼了(图 95)。

图 95 有水草的地方最适合鱼儿生长

(二)草栏做窝

扎草栏就是用树棍、竹竿扎一个三角框或四方框，抛入水中。扎草栏，可以就地取材，从老乡家借几根竹竿(2~3 米长即可)，用绳子扎成三角形或四方形。若无竹竿，可在钓鱼场附近折几根稍长的树棍也行。

草栏扎好后投入水中之前要考虑风向，不能逆风而投。因为逆风而投风会把草栏刮到近岸处，因此要顺着风向抛投。抛投的距离最好离岸边 3 米以远。

为了避免草栏被风吹走，应用一根绳子拴住草栏的一个边框，绳子另一端在岸上固定到树干上或拴到大石头上。

草栏中必须有青草或嫩菜叶。这时可就地拔些青草，在菜园里弄些嫩菜叶，把这些青草、嫩菜叶用细绳扎成小捆，抛投到草栏中。扎成小捆的原因是单株或菜叶是散状，抛不远，所以应用绳扎成小捆后再抛投。

就这样，一个草栏就做成了。不久，草鱼就会游过来，咬食青草。草栏边的水面会漂浮一些碎草屑、菜屑。这些草屑、菜屑就是草鱼咬断的。

草栏的作用就是诱鱼，鱼诱过来后就可以施钓了。钓草鱼的钓饵以草为首选。将几棵青草（或嫩菜叶）用细线扎成 一束，草束不要太长，3 厘米左右即可，再将草束挂到钩上。应用 8 号以上的大钩。水线的长度酌情掌握，水深水线略长，水浅（2 米以内）水线略短。应用大号浮漂。然后将钩投到水栏的框外或框内。钓草鱼也可用面团饵。笔者用的面团是豆腐乳与面拌和的，用高质量的五香豆腐乳（如王致和牌的豆腐乳）钓鱼效果尤为突出。这种饵料配方是一位高龄老人介绍的秘方。

草栏中钓草鱼的优点是不用再投放诱饵，草栏经久耐用。若在此处钓鱼效果不好，还可以收回草栏，重新另选钓点抛投。

（三）悬钓抛草做窝

抛草悬钓是淮河流域的钓鱼人常用的一种方法，用这种方法钓鱼效果特别好。

具体方法是：在钓场附近拔一些青草用绳捆住，系一根长绳，将草抛到钓点。注意的问题是要顺着风向抛，不能逆风抛。

钓钩可用 8~10 号大钩，钩上挂几根草。草也须用细绳捆扎。浮漂离钩 30~40 厘米。然后，将钩投到水中的草捆附近（图 96）。

图 96　抛草悬钓

（四）碎草做窝

选些嫩草尖、嫩树叶，约 1 千克就够了。用剪刀将嫩草尖嫩树叶剪碎，再把钓场的湿泥（不要太稀，能担成团）与碎草尖拌合，湿泥与嫩草的比例要适当，然后抛投到钓点，或用打窝器投到钓点，这种饵沉入水底，其中必定有些嫩草尖漂浮在水中。这些嫩草是草鱼喜食的。诱鱼效果相当好。这是作者偶然想出来的用了多年。不必花钱，就地取材，使用方便。

（五）铁板压草做窝

若水草特别多，无法下钩，可用铁板压草的办法。若有木板也行，就地取材，有啥用啥。

准备一块有一定重量的铁皮，方形、圆形均可，在铁皮边上打个小孔，系上一段细绳，然后把铁皮投到草丛中，铁皮因有重量会渐渐沉下去，把草压到下面，草丛中会形成一个无草的小水域。饵料投下后落在铁皮上面，十分醒目，便于鱼前来觅食，同时也避免浪费饵料，鱼中钩后起鱼也 便捷。钓获鱼后，把铁皮从水中拉回，还可以再用（图 97）。

图 97　铁片压草做窝法

五、钓草的技巧

（一）怎样布窝

草窝中的鱼的特点是游动较少，因为有水草阻隔，游动困难，各个草窝的鱼多在自己的草窝或附近觅食，这就意味着每个窝的鱼不会很多，而各个草窝或许都有鱼。鉴于这种情况，布窝点应适当多一些。一次可布3~5个草窝，也就是在这3~5个草窝投放诱饵。施钓时，若在某个草窝连续钓了数条鱼后，没有鱼上钩了，此时不妨到另一个草窝垂钓，而在老窝加投少量诱饵。等半个小时或1个小时后再返回原窝垂钓。若这5个窝子都掉了，肯定是有些窝出鱼多，有些窝出鱼少甚至未曾出鱼，此时就可能选其中出鱼最多的窝作为重点窝继续垂钓。有时可以钓一天也不必改换钓点。

为了减少移动，可在鱼竿涉及的范围同时布2个窝，这2个窝或是一左一右，或是一前一后，钓者就不必挪动钓坐凳，任意垂钓，可以减少体力的消耗，也可节省时间。不过，若是一前一后地布窝，不要使两个窝点在一条直线上，应该是斜向。若在一条直线上，当钓者在钓前边的窝点时，竿子正好在后一个窝点的上方，此时鱼见到了竿子，会受到惊吓。

（二）保持钓场安静

钓草窝时，水深多在1.5米之内，水浅，岸上的一切声音鱼都会听得到，岸上人的影子也会反射到水中。鱼十分胆小，怕受到惊吓，一旦听到有刺激的声音，便会游到深水区，或蛰伏到不泥中，藏到草丛中。钓鱼人切忌来回走动，钓友之间不应大声说话。穿的服装色彩不要过于鲜艳。抛钓、扬竿、起鱼的动作幅度都要小，鱼中钩后控制鱼不要往草丛中窜游。

（三）选钓点的的技巧

水中水草的分布有多种情况，有些水域水草密，有些水域水草稀疏。面对水草的各种分布状况，该怎样选择钓点呢？

(1)草稀选草密，草密选草稀

水域中大部分水草稀少，应选择水草较密的地方，鱼多在此处的水域生活，因为这里鱼的食物比较多，而且水色较暗，无论是夏天还是冬天，都有利于鱼的栖息。

水域中大部分水草稠密，则选水草较稀的地方。因为水草过于密集，水与空气的接触面小，空气不流通，水中的溶氧量不足。水草过于密集，鱼游弋不畅，耗费体力，且水中光线不足，鱼难以发现食物。再说，由于草过于稠密，无法投饵下钩。所以，应选择水草相对稀少的地方作为钓点。

（2）有草与无草的接合部

水中有成片的水草，这些水草的边缘（也就是有草与无草的接合部）是好钓点。鱼无论是进入草区或游出草区，接合部是必经之道。这里光线充足，水中的能见度高，鱼易于发现钓饵和诱饵。

（3）草片与草片的接合部

几片草相连，一定会有连接部，这里草稀或无草，又处在几片草的中心部分，鱼从这里游过的机会多，是垂钓的好钓点。

（4）根据季节钓草窝

春天，气温较低，水中的浅水区在太阳的照射下温度上升较快，嫩嫩的水草刚刚吐出嫩芽，鱼会游到这里觅食晒太阳，只要水深有50厘米，就可以在此做窝下钩。夏天自然应在水位较深、草较茂盛的地方做窝施钓。

（5）根据风向钓草窝

春天多刮南风，此时既可钓风头，也可钓风尾。风小钓风头，风大（4级以上）钓风尾。

秋天多钓风尾。因为秋天多北风，气温下降，风尾处的水温相对较高。

（6）怎样在河沟、堰坝选草窝

河沟、堰坝的水域与池塘不同，河沟的特点是水面不宽，但绵延很长。河沟有上游、中游、下游之分。水的面积由上到下是逐渐宽阔。上游水浅，水面窄，应作为首选的钓点，可选择适当的草洞打窝。若是靠近两岸的水草较茂密，而正中间无水草（约1米多宽），这无水草区也是好钓点，因为这里是鱼游弋的通道，或逆水而上或顺水而下的鱼都非常多。有些河沟的某一部分突然很宽，形成一个水湾，这里是难得的好钓点。

在河沟、堰坝钓草窝，不同的季节选点也有所不同。通常的规律是春天钓上游，夏天钓中游，冬天钓下游（钓深水）。

上午在东岸设钓位，下午在西岸设钓位，其道理不再赘述。

（四）逗钓法钓草窝

在钓草窝时，可听到鱼在咬草尖发出的“咂咂”声，甚至见到水草晃动。此时，鱼并不在水底，而在水的中上层。这时就应用逗钓法。将钩饵入水30厘米左右，然后慢慢前后移动或左右移动20~30厘米，也可轻轻上提或下沉10~20厘米，以逗到鱼主动咬钩。此时就不用浮漂。凭手感或钓线的动态判断钩上是否是鱼。

（五）游钓

在水草多的池塘或河沟钓鱼，也可以采用游钓法。先不做窝投诱饵，选择自己认为较好的草洞逐个垂钓，其效果并不逊色。尤其是在轻风细雨的时候，鱼格外活跃，纷纷游动觅食。通过一段游钓，便可发现哪些草洞出鱼多，然后把出鱼多的草洞外为重点，再固定钓，也可在这些草洞投放少量诱饵。

（六）钓枯茬

到了秋末或初冬，水中的大多数水草枯萎了，尤其是芦苇、蒿草枯萎后直剩草茬。但这些草茬中正是鱼存身的地方。这里的水较浅，水较深水压略高，枯茬四周常聚集许多水中的漂浮物，这些漂浮物是鱼的食料，所以秋季应在这些草茬边做钓窝。尤其应选择那些疏密草茬的交界处，同时可做多个窝点。饵料应以动物类荤饵为主。如红蚯蚓、红虫、蛆芽等。还可以配合用蘸饵。蘸饵是细形状，装在敞口盒中。钩上挂蚯蚓后先沾水，再蘸干粉，然后入水，其效果好于直接用蚯蚓的饵。

（七）浮萍塘钓法

有些塘里长的不是水草，而是浮萍。浮萍长得很多，甚至长满水面。即使用鱼竿拨走一些浮萍，稍许，浮萍又漂浮过来。怎么办呢？可采取“人造洞”的方法。在水边随便折几根细树枝或竹枝，捋去叶子，将树枝或竹枝用绳子（或藤子）扎个圆箍，轻轻投放到水中，再把圆箍内的浮萍用鱼竿赶到圆箍外，就形成了一个无浮萍的圆洞，再也不怕浮萍漂过来了。也可同时做2~3个这样的“圆洞”逐个投诱饵，然后轮流垂钓。

（八）淤泥多、烂草多怎么办

在有些塘口或堰坝中，淤泥非常多，而且水底有很多杂草烂叶，鱼不易发现钩饵，此时可用坠上钩钓法。

这个办法是：将铅坠绑在子线的最下端，铅坠的重量应与钩子的大小、线的粗细相匹配。在铅坠上的3~5厘米处绑一只钩，再在此钩上方必10厘米处绑第二只钩。然后将绑钩的子线与主线用连接环连接（图98）。

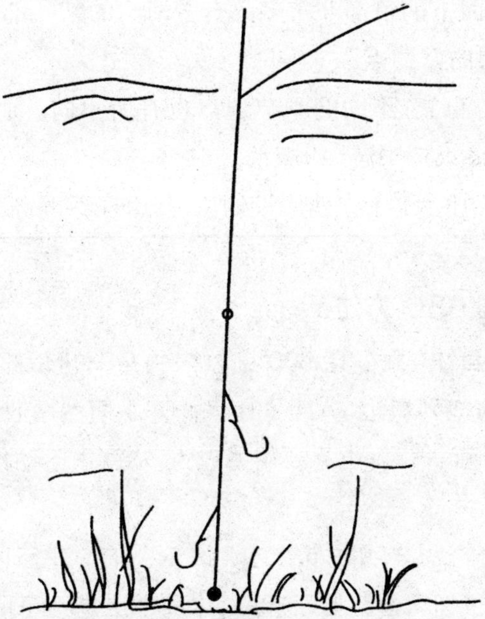

图 98　坠上双钩

（九）根据季节钓草窝

春天，气温较低，水中的浅水区在太阳的照射下温度上升较快，嫩嫩的水草刚刚吐出嫩芽，鱼会游到这里觅食晒太阳，只要水深存 50 厘米，就可以在此做窝下钩。

夏天自然应在水位较深，草较茂盛的草丛边做窝施钓。

（十）根据风向钓草窝

春天多刮南风，此时既可钓风头，也可钓风尾。风小钓风头，风大（4 级以上）钓风尾。

秋天宜钓风尾。因为秋天多北风，气温下降，风尾处的水温相对较高。

（十一）怎样在河钩、堰坝选草窝

河沟、堰坝的水域比池塘宽广，河沟的特点是水面不宽，但绵延很长。河沟有上游、中游、下游之分。水面由上到下是逐渐宽阔。上游水浅，水面窄，应作为首选的钓点。可选择适当的草洞打窝。若是靠近两岸的水草较茂密，而正中间无水草（约 1 米多宽），这无水草区也是钓鱼点。因为这里是鱼游弋的通道，或送水而上或顺水而下的鱼都非常多。有些河沟的某一部分突然很宽，形成一个水湾，这里是难得的好钓点。

在河沟，堰坝钓草窝，不同的季节选点也有所不同。通常的规律是春天钓上游，夏天钓中游，冬天钓下游（钓深水）。

上午在东岸设钓位，下午在西岸设钓位，其道理不再赘述。

起小鱼的正确方法

起小鱼，因为鱼小（大多指500克以内的鱼），可以把鱼直接用竿提起。有的是从水中将鱼拖到岸边，有的是让鱼离开水面然后收回到岸边。若是提出水面，不能将竿扬得很高，也不要用力过大，往往由于动作幅度过大，会惊吓水中的鱼。

缺乏垂钓经验的人，当知道钩上有了鱼时就有忘乎所以的神情，于是使足劲扬竿，甚至把竿子扬得垂直竖了起来，这种方法是不可取的，这是因为水中的鱼会被你吓跑了。

（十二）草荡钓法

有些水域中的草相当多，水面很宽，但不深，这就是钓鱼人所说的草荡，长着芦苇的叫芦苇荡，这些草荡、芦苇荡鱼很多，但多在离岸较远，这是因为鱼有惊惕性，为了躲避钓鱼人，所以避而远之。手竿钓，因竿短，难以伸到远处的鱼窝；海竿钓，因草多，即使钓到了鱼也容易挂钩，不好收线。若涉水走到远处，长久站立人受不了。怎么钓草荡呢？可用人字梯解决这一难题。人字梯就是可以分开但上面相连的铝合金梯。把人字梯架到钓鱼处，人坐在梯上，双脚踩住下面的梯寸，人舒服，施钓自然不累，将鱼护挂到梯寸子上，护底在水中，一定会有大收获。人字梯可以自带，可放在小车的后备箱，也可在乡下找居家户借。作者所在的城市郊区就有这样的草荡，经常可以看到很多钓鱼人在草荡坐人字梯钓鱼。

也有人穿橡胶防水裤，穿上防水裤钓草荡，但不如坐人字梯方便舒适。

钓台钓法。

钓台渔具店有售，可以拆卸。到了钓场后再组装（图 99）。

将钓台放入水中，钓鱼人坐在钓台上比坐人字梯舒服得多，而且施钓方便（图 100）。

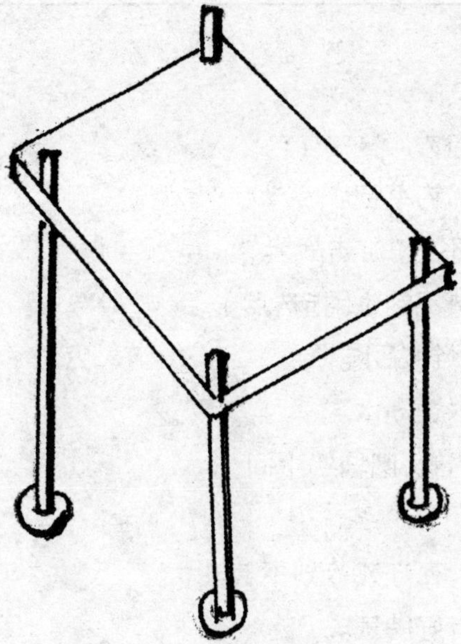

图 99　水荡钓台

图 100　在钓台上施钓

钓技谚语

宽水钓窄，窄水钓宽。

草稠钓草稀，草稀钓草密。

建立“根据地”，不打“游击战”。

钓老不钓新，钓熟不钓生(指选点)。

深水钓浅水，浅水钓深水。

动水钓静水，静水钓动水。

方塘钓角，长塘钓腰，圆塘钓中间。

新死不下钩。

鱼漂不动挪挪穿，死守死等划不着。

钓鱼不能急，要有好脾气。

看天钓鱼满篓，择水钓鱼大丰收。

昼钓鲫，夜钓鲇。

小鱼不闹大鱼到。

清水不如浑水，死水不如活水。

早晚鱼靠边，中午到中间。

角落不如边上，边上不如中央。

第八章

野钓技巧精选

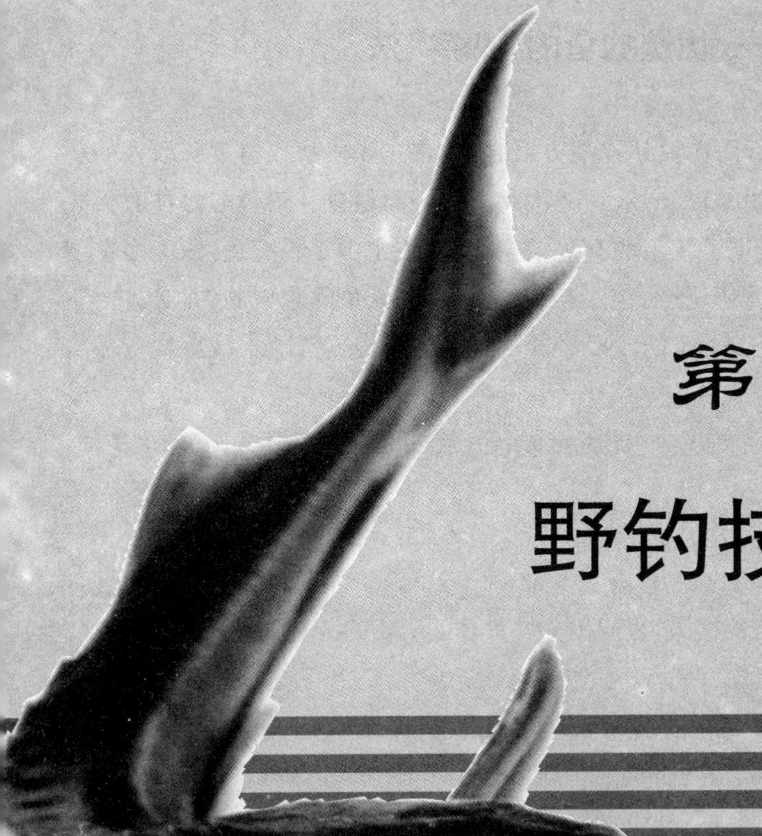

一、优选钓鱼的“八字”法

打仗要有作战方案，而在设计作战方案之前，首先要侦察敌情了解敌人的驻防地，然后布置兵力，“知己知彼，百战不殆”，方能打胜仗。钓鱼与打仗有类同之处。钓鱼人首先必须了解鱼的有关信息，此处的水中是否有鱼，鱼大多在那片水域，然后才去投诱饵，投钓钩。若判断失误，在无鱼的水域施钓，必将钓而获。正确的判断来源于丰富的实践经验。尤其是在纯天然的水域施钓更需要侦察鱼情。

这里介绍作者总结的“八字”优选钓鱼的方法，供钓友们参考。这八字是：“用嘴，用鼻，用腿，用眼。”

（一）用嘴

用嘴，就是通过语言的交流，询问出一些具体的其实的与垂钓有关的情况。

询问是一种熟悉钓场，了解情况的手段。若到一个过去从未来过的生疏的钓场。首要的工作就是获得一些钓鱼信息。为了节省时间，向当地老乡询问一些相关问题是十分必要的，对钓鱼是大有益处的。

询问的方式并非是一问一答的生硬对话，首先要与询问的对象联络感情。便彼此之间融洽，是朋友式的对话，闲聊。作者本人不抽烟，但凡下乡钓鱼总带一包烟，而且不是太差的低档烟。有时还带几枚钓鱼钩，几只鱼漂，这些鱼钩，鱼漂是为农村的儿童们准备的。见到当地农民，先递上一支烟，立马就拉近了彼此的距离，对方的热情会增加几分。这也是对别人尊重的一种表现。

询问的话题很多，如：附近的塘、堰干涸过没有？人们都爱在哪几个塘口钓鱼？水中多是什么鱼？啥天气钓鱼效果好？钓家养鱼怎么收费？是论斤过秤还是找人按人按天收费？也可以从拉家常开始，如今年收成怎样？家庭收入怎样？有什么种植养殖业？作者下乡钓鱼就是这么做的，与乡下的农民交了朋友。文革中物质缺乏，那时缝纫机、自行车较难买，作者就曾多次帮农民朋友买自行车，缝纫机。与有些农民交了朋友，他们来城市看病还请作者帮助。作者下乡钓鱼他们还请喝酒。这样一来，对该地的钓鱼环境就十分熟悉，知道哪口塘的什么鱼多，吃什么风向，哪个钓位出鱼多，为了方便，作者的钓鱼竿早就放在乡下农民家里。哪天看天气预报觉得气温、风向对路，第二天就直奔该地，钓鱼收获是不想而知了。不但钓到了鱼，而且加深了与农民的感情，心情自然格外舒畅。你若处在居高临下的位置，不尊重别人，对人态度生硬，不但影响钓鱼效果，甚至引发事故的发生。举个例子：作者所在市的一个退休干部自以为自己官大，下乡钓鱼时穿一身西服，去农民塘钓鱼也不与人家打招呼，就投饵下钩。鱼塘主不让他钓，二人发生了争执，鱼塘主是位气盛的年轻人，把这位当官的推到了水中。这位干部不但没钓成鱼，还弄了一肚子气。真是得不偿失。

若找妇女、小孩、老人询问情况，往往比找年轻人效果好。因为有些年轻人也有私心，怕你经常来钓鱼，把鱼钓光了。因此有时并不说实话，本来塘中没鱼，他却说有鱼，让你浪费时间；本来塘中有鱼，他却说没鱼，塘干过水。而老年人、妇女、小孩（尤其是小孩）往往较诚实，提供的情况可靠、正确。这也是询问的一个窍门（图 96）。

图 96　询问

（二）用鼻

用鼻，就是闻，闻水中散发出的气味。

有些钓者每到一处水域，习惯站在塘埂边向水域作深呼吸状，边走边嗅闻，这也是一种了解鱼情的方法，用鼻子嗅闻水中散发出的鱼腥味，通过鱼腥味的有无或浓淡来了解该处水域中是否有鱼以及鱼的密度情况。这种嗅闻法确实可以帮助钓者了解垂钓场的鱼情。因为，鱼的密度大，散发出的鱼腥味自然浓烈，反之，则无鱼腥味。

不过，由于气温、水温的原因及季节的关系，水中的鱼腥味并不一定能散发出来，若未散发出来，垂钓者自然闻不到。鱼腥味浓的季节是气温较高的季节，

如夏季的早晨 7~9 时，10 时以后起了风，鱼腥味一定很淡了。在冬季，也不会有很浓的鱼腥味。（图 97）

图 97 嗅闻

（三）用腿

用腿，就是不要到了水边就投饵，投钩，而要多走走，多转转，然后通过比较、判断、分析，选准钓点。尤其是江河、溪流、水库、湖泊中钓鱼，更要勤于用腿。因为这些地方边岸线很长，地形复杂，水流有急有缓，水面有宽有窄，有些地方是宽阔的水湾，有些地方是狭窄的水道。水中有的地方深，有些地方很浅，有的地方甚至断流无水。水中的植物分布状况也有差别，有些地方是悬崖硝壁。

钓位指的是钓者所在的岸上状况。选钓点应该与选钓位相结合，钓点好，但岸上状况不好，也不宜在此处设钓位。有的是堤岸高，与水面落差大，钓钩投不远。即使钓获了鱼，但遛鱼。放钩都不方便，还容易出现跑鱼、折竿的现象。有些地方岸上是很好的钓位，宽敞，平坦，无荆棘杂草，与水的落差也不大，但水中是浅滩。此处不会有大鱼游来，也不宜设钓点。

所以，必须多走多比较，然后决定取舍，优选出钓点，钓位。

（四）用眼

在这八字中，用眼最重要。用眼，就是多看，多观察。

有经验的钓鱼高手，若是到了一个不太熟悉的就钓场，是不会匆匆忙忙抛投诱饵定钓点的，而是沿着水岸走走看看，一会儿近视，一会儿远眺，还会有鱼竿在水中测试。我们把这种做法叫多观察。

多观察很有必要，因为影响钓鱼效果有多种因素，既有岸边的各种因素，又有水中的各种因素。只有通过仔细观察，比较，才能选出适合垂钓的钓点。

观察些什么呢？一、大的自然环境；二、岸边的小环境；三、岸边生长的植物；四、水面状况；五、水质（水的颜色）。

现在逐一阐述。

1. 大的自然环境

（1）水域四周是否有高山遮挡：处在山区、丘陵地带的塘、堰，四周都有山，有的一面环山，有的三面环山。由于有高山遮挡，阳光照射水面的时间短，风也吹不到水面，这里的水温较无山遮挡的水域要低。又因为处在峡谷中，水深，这样的水域中鱼类生长速度慢。也是出于缺少阳光照射的原因，水生植物、小软体动物、节肢动物生长也缓慢。因此，鱼缺乏食料，自然影响鱼的成长，在这样的水域中生长的鱼很瘦且鱼少，不宜垂钓。

（2）有没有活水来源：有些塘是在山中的梯田间，有梯田的山沟叫山冲，塘里的水是从上面的梯田中流进的。塘中有“塘漏”，堵住塘漏，就可以蓄水，拔开塘漏的木桩，就可以往下面的梯田流水。这样的塘有活水流进，塘中一定有鱼。

但是有些塘处在山冲的最上面。这样的塘的水源是下雨时从山上流淌下来的水汇入的。天晴若干天后，塘里的水就会减少，甚至干涸，这样的塘无活水，自然少鱼或无鱼，不宜下钩施钓。

（3）塘埂的高低状况：平原地区的塘无高山遮挡，但也有两种情况：一是塘埂高于四周，无活水来源，塘中的水是下雨积的水，一旦久旱无雨，塘中就会少水或干涸，这样的塘是无鱼的；二是塘埂低于四周的塘，常常有活水流入，不会缺水，易于鱼的生存和生长，这样的塘适宜钓鱼。

（4）附近是否有公路，铁路。若离公路，铁路太近，过往的火车的汽笛声，车轮声，汽车的喇叭声，都会影响钓鱼效果。因为鱼喜安静，怕嘈杂，怕惊吓。好的钓场应远离铁路、公路。

2. 岸边的小环境

岸边的小环境包括边岸线的状况、岸边的设施状况、入水出水等情况。

适宜作钓点的小环境是：

（1）在上游，有小溪，溪流的水流入堰中，入水口流速缓慢，又是活水，水流中会夹带有可供鱼食用的饵料，可在入水口的两侧水势较平稳的地方设钓点（图 97）。

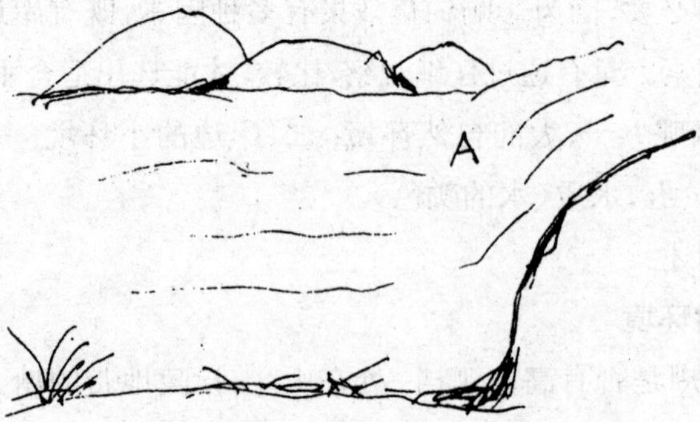

图 97　在溪流入口处 A 点设钓点

（2）堤岸向水的突出部位前的水域，是鱼游弋觅食的必经之道，在这里作钓点鱼中钩的概率高（图 98）。

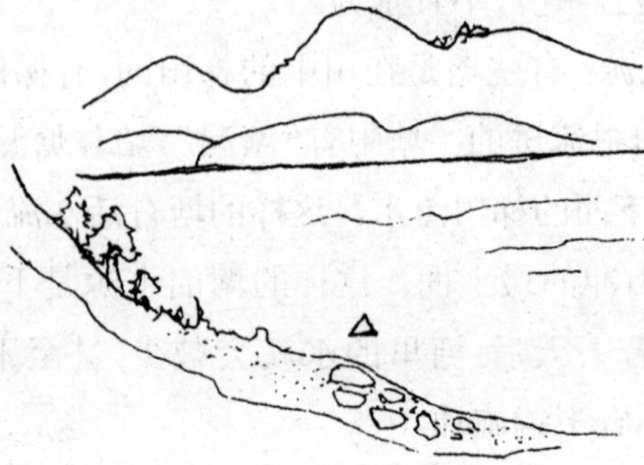
图 98　突出部位设钓点

（3）若岸边有水渠，堤外的水流入堰中，塘中，进水口的两侧也是好钓点（图 99）。

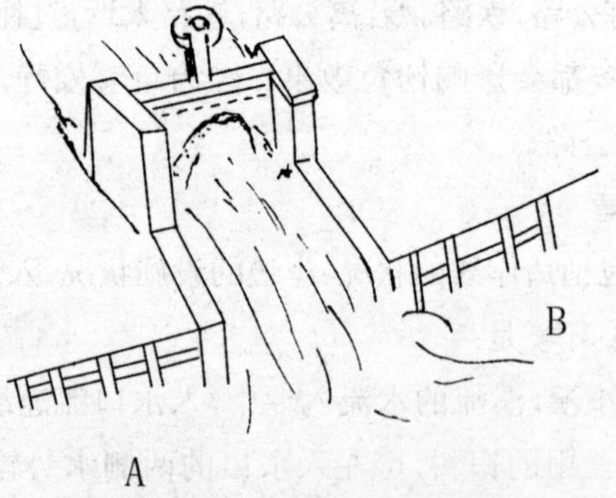

图 99　进水口两侧 A、B 处为钓点

（4）若岸边搭有木板，石板，木板的左右、前方均是好钓点。一是因为这里常有人们洗涮，如洗菜、淘米、淘麦，水中会散落许多可供鱼吃的食料，鱼会习惯性地在这里觅食，此处鱼的密度大于其他水域；二是木板的前方是鱼游动必经的鱼道，在此钓鱼，所钓的远度比在岸边远。所以这里是好钓点（图 100）。

图 100　搭板的前方设钓点

（5）有些水域沿岸的堤埂不是笔直的，有时呈拐弯，凹陷状，其凹陷处可作钓点，若水中有水草更好（图 31）。

堰坝池堰中，岸边大多长有大树，大树下的水压是好钓点。大树下的水面有时有树阴，此处光线较暗。鱼有怕强光喜阴暗的生活习性，所以此处是鱼的栖息地。如鲤鱼、鲇鱼多藏于此处，有的甚至藏于大树在水边的根系中，树洞中。

（6）小河、小溪流中水面的宽窄并非都一样，水面较窄，鱼不会在此聚集，只有水面较宽或旧水湾里，水势较平稳也长有水生植物，这些地方是鱼栖息觅食的地方，所以应在此处设钓点（图）。回水湾，这里是最佳钓点（图 101）。

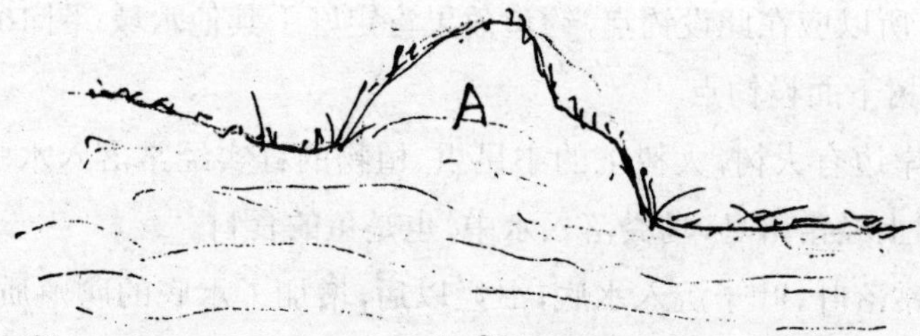

图 101　回水湾（A）是好钓点

(7)根据岸边状况选钓点

堰坝周围的地形、生长的植物等状况也会影响到鱼的生活。

若近岸处长有芦苇,水草,该处是好钓点(图102)。

图102　水草附近是好钓点

(8)鱼塘主经常投放饲料的地方

鱼塘主常常习惯在塘的某一部位向水中投放青草或颗料饲料,有些塘中常常可以见到用几根竹竿摆成三角形或四方形,在三角区或四方形中投放青草。可在这些地方设钓点。因为鱼儿习惯于游弋到这里等待主人的"恩赐"(图)。

(9)猪、牛、羊的窝棚附近

农村人常将猪、牛、羊的窝棚搭建在塘边,其目的是让牲畜的粪便流入水中。这些粪便成为鱼的食料。所以,鱼就会聚集在附近,这里成了鱼窝。在此处设钓点,一定会有较好的收获。

(10)有厕所的地方

在农村,农民把厕所建在池塘边,甚至直接将粪水流入塘中,用粪水养鱼。厕所附近,是鱼觅食的食料场,可在附近设钓点。

(11)岸边若有菜园,打谷场,风会把嫩叶,谷粒,麦粒,碎屑刮入塘中,这些物质是鱼的食料,鱼会游到有菜园,打谷场的近岸的水中觅食,此处鱼的密度比其他水域大,所以应在此设钓点,钓鱼效果肯定好于其他水域(图103)。

(12)大树下面设钓点

若水塘岸边有大树,大树上的小昆虫、植物的籽实经常落入水中,成为鱼的食料,有些树上经常落鸟,鸟粪落入水中,也是鱼的食料。

树会经常落叶,叶子沉入水底,沤烂以后,增加了水底的腐殖质。鱼有壳凹凸不平的水底,有树叶的水底适宜鱼的槽栖。

树可以遮住阳光,使树下的水面有大片的树阴。鱼有畏强光趋弱喜阴暗的生活习性。而鲤鱼、鲇鱼喜阴晴。大树下会成为鱼窝,作者一直有在树下垂钓的习惯，常钓到鲤鱼和鲇鱼。

图 103 岸边有打谷场的水域设钓点

（13）看塘埂状况

野塘由于没人看管，会经常有人来这里捕捞鱼虾。凡是被人捕捞的塘，塘埂上会堆积许多碎石，杂草，污泥，水中的水生植物也被弄得破败不堪。既然被人捕捞过（尤其近期被人捕捞）塘中肯定无鱼的。即使有漏网之鱼，也吓得躲到塘中央的深水区，或潜藏到杂草乱树枝中，鱼受到惊吓，不可能在近岸处吃食了。

若塘埂没这种现象，说明还没人来捕鱼，不妨下钩试钓一下。

有经验的垂钓者通过看塘埂就可以判断出水中是否有鱼。若塘埂是新土，少草或无草，便可断定此塘是新挖的或经过修整的新塘，修塘多半先断水，从塘中取土，从而使塘变得更深，塘埂变得更高。这样的塘往往在修塘后的第三年、第四年才有鱼可钓。

若塘埂的草很深，并有杂草、野花，说明此塘是老塘，可能有鱼。不过，这样的老塘离住家户、村庄很远的话，水中又没投放树枝、插木桩，塘边没搭草棚，说明此塘无人看管，也就是说没人投放鱼苗，肯定无鱼，有鱼也早被人捕捞光了。

若塘埂上有些地方被踩得很光溜，放有石块，周围丢有烟蒂、废塑料袋等生活垃圾，说明有人在此钓过鱼，若塘埂上有多个这样的地方，说明有多人、多次在这里钓鱼，从而证明塘中有鱼可钓（图 104）。

（14）看似荒芜的塘

现在还有这种情况：在城郊或乡村的某一区域，已被房屋开发商或某企业买了，该区域的居家户迁走了，这里的水塘也无人照管了。但开发商暂时还未动工，有的甚至闲置多年。或许是有的开发商原本就没想盖房，是想屯地赚钱。

这里的水塘过去可能是养鱼塘，有些塘甚至面积很大。作者所在市的市中心就有不少这样的塘。即开始人们不知底细，认为是野塘。后来有人在此钓鱼，收获很大，来此钓鱼的人越来越多。所以遇到这样的塘池不可放过。

图 104　通过察看岸上情况判断塘中是否有鱼

(15)岸边有果树的塘

在农村，许多塘边栽有果树，尤其以樱桃树，李子树、葡萄树为最常见。树上的果子成熟后有的就落到水中。这些果子是鱼喜食的食料。鱼儿便会聚集到水边，等待树上落下果子。这里自然成了鱼窝，选钓点千万不要错过这片水域。

(16)附近有居家户，餐饮、酒店的水湾。在水库、湖泊、风景区的水岸边常常可以见到这些设施、建筑物，人们常在水中洗涮。也会把剩饭菜，泔水倒入水中(虽然这种做法是不提倡的)，使水中增加了鱼的食料，鱼会聚集到这里觅食，鱼的密度大于其他水域。

(17)有船只停靠的地方

船只停靠的地方水位略深，岸边又无障碍物，可在此处设钓点(见图 105)。

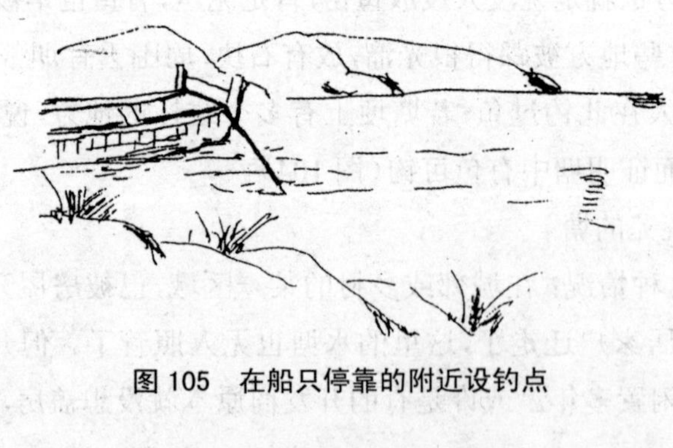

图 105　在船只停靠的附近设钓点

3. 看水面状况

看水面状况十分必要。水面状况包括水面的大小、水生植物状况、水面的动态、气味、漂游物等。这些状况如何都关系到是否施钓到鱼及鱼获量的多少。

（1）看水面动态

有经验的垂钓者可以通过观察水面的动态状况判断水中是否有鱼、鱼多或鱼少。这是因为鱼在水中游动，必然引起水面状况的变化；鱼吃草，水中的草丛里会发出“咂咂”的响声；鱼摆尾，会引起水面出现浪花式波纹；鱼产卵时，用身子碰撞水中的草茎或树枝发出“啪啪”的响声。钓鱼人可以从水面的这种动态变化了解水中鱼的多少。鱼在追逐觅食时，水面也会出现波浪，尤其是小鲌鱼在有风浪的时候十分活泼，常常成群地追逐风浪，嬉戏。这时就可用甩线法钓小鲌鱼。

但是，有时候水面会平静如镜，毫无动态，这种现象有几种情况：一是水中少鱼，因此见不到鱼在上层活动；二是因气温原因或水温原因，鱼沉入水底，不活跃；三是鱼在水中生活得很舒适，不烦躁，所以不用四处游动。

水面若有鱼游动，鱼显得很活跃，但不一定钓得到鱼。这并不是鱼活跃，而是生了病或是水中缺氧，水底部溶氧量不足，所以鱼游到表层生活，从水的表层获得较多的氧气。正像鱼塘主所说，因为鱼在水中生活得舒适，所以才沉入水底，而无需在水面穿游。如雨后初晴，或久旱逢雨，鱼在这些情况下也会游到水的上层觅食。因此具体情况要具体分析。

（2）看水面大小

在农村，水塘的大小不一，有的小到只有几十平方米，有的则有数千平方米。水面越大，自然养的鱼越多。而水面过小的塘是很少有鱼的。水面小，水必定浅，即使有鱼也会被人捕捞光。所以遇到只有几十平方米、百余平方米的水塘，趁早离开，不必下钩。不过，有的塘虽小，是住家户专门养鱼的，水中会有鱼。

（3）看水面形状

水面的形状、宽窄大小与鱼的生活也有密切的关系。无论是大水面或是小水面，鱼在水中的分布绝对不是平均的，也就是说，有些地方鱼的密度较大，有的地方鱼较稀少。那么，怎么识别哪些地方鱼多，哪些地方鱼少呢？这与水中的溶氧量，水中可供鱼食用的食物的多少有关系。

无论任何水域，由于受地形的限制和影响，必将是有些地方水面宽阔，有些地方水面狭窄。不过，"宽水"与"窄水"也是相对相比较而言的，如：湖泊、水库、江河的水面大，是"宽水"。若在这些水域垂钓，钓位应选在水面相对较窄的水域。如湖泊、水库的水汊里，两山之间的窄水面，在水库、湖泊的上游，可以常常见到这样的"库汊""湖汊"。水面相对窄得多，有的还被人们用网拦住，在汊中养鱼。这些相对较窄的水汊因接近山崖、庄稼地，库汊上面又经常有水流进水库、湖泊，这里的食料较为丰富，是鱼儿常来觅食的地方。特别是秋天，果实成熟，昆虫增多，鱼儿的食料更为丰富。有时，因下雨，水库涨水，常常淹没附近的庄稼地，鱼会游到庄稼地的浅水区觅食，这里是钓鱼的最佳地点。这就是为什么要在"宽水中选窄水"的原因。

另一种情况是"窄水选宽水"。这里通常指的窄水是小河，小溪流以及狭长的塘口、堰口。因大多数地方是窄水面，又有流水，鱼儿难以聚集栖息，而那些水面相对较宽。细水湾因水面较宽、水势平缓，鱼可在这里聚集"安家"。所以遇到窄水较多的小河，溪流以及堰坝的上游，宜在宽水面设钓点。

（4）水中插有竹枝、木牌的附近

若池塘中插有竹枝，木牌，表明此塘肯定有鱼。木牌上常写有"禁止捕捞"的字，若与塘主联系好，允许垂钓，可在竹枝，木牌附近设钓点，一定会大有收获（图 106）。

图 106　水中插有竹棍，放有树枝，插有木牌

（5）家畜经常下水的水域

靠近村庄的池塘，猪、牛经常下到塘中饮水、洗澡、排泄粪便。猪、牛经常下水的地方水质肥沃，它们的粪便是鱼的食料，尤其是鲤鱼，最喜食牛粪。所以，

这些地方是垂钓的最佳钓点。笔者曾经在牛卧水的水域钓获了10多千克鲤鱼,总共才用了两个小时。

(6)鸭、鹅经常游弋觅食的水域

鸭、鹅下水后会排泄粪便,粪便是鱼的食料。

(7)增氧机附近是好钓点

增氧机的启动,会使水中增加溶氧量。增氧机附近的溶氧量更为丰富,鱼儿习惯在增氧机附近生活,所以增氧机附近的鱼多,易钓获。若钓鱼人认为水中溶氧量不足,钓不到鱼,可让鱼塘主启动增氧机。增氧机一开动,水中的溶氧量增加了,尤其是在增氧机附近的溶氧量更为丰富,所以应在增氧机附近设钓点。

(8)浮游物聚集的水域

很多鱼的食料以浮游物为主。在刮风时,水浪会把水中的浮游物波及到某一片水域,这片水域由于浮游物多,前来觅食的鱼自然多,这里应是好钓点。

4. 观水质

鱼对水是相依而生存的关系。水质状况影响着鱼的生存与生活。这里所说的水质指的是水色,清澈度,肥瘦。

水本来是无色的,但由于各种外部因素的影响而使水呈现出不同的颜色。如,水中腐殖质多,淤泥多,肥沃,水色就是乌黑色。若水中草鱼多,草鱼排出大量的绿色粪便,水就呈绿色。若水中沤泡有麻、树杆,或无进水,是一池死水,水色就是棕红色,铁锈色。钓者可根据不同颜色的水判断出水中是否有鱼,有什么鱼,鱼窝在什么地方。选钓点必须要认真辨别水色。

“水色黑,钓不得”。

“钓不得”有两层意思。一是钓不到鱼;二是不能钓鱼,钓的鱼也不能吃。

黑色的水质说明受环境污染已十分严重,四周肯定有很多工业废水和生活脏水流入,使水色不正常。这种水质中的鱼肯定很少;即使有少量的鱼,肌体也受到污染,所以说“水色黑,钓不得”。

水色呈铁锈色或红色,是钓不到鱼的。铁锈色的水,水表面有一层漂浮物,从而阻断了氧气进入水中,水中严重缺氧。红色,说明水中浸泡的有红麻或其他物质,水会有毒素,这样的水质鱼是无法生存的,即使有少量的鱼,也都潜伏在水底的泥中。

浅黄、灰白是正常的好水色。这种水色是有进水、出水的活水,水中受污染少。因为水中的鱼在水底觅食时会泛起一些泥浆，使水色变黄；若是草鱼多，草鱼的粪便是绿色的，使水色略带绿色，也是正常水色。若是鲤鱼多，水色也会发黄。

遇到这样的水色完全可以断定水中有鱼，因此不要迟疑，可以放下钓具选择具体的钓点。

肥水，水色较差，呈蓝黑色，说明水中浮游生物、藻类物质多，水中含氧量不足，只有在浅水区，有水浪的水域，有流水进入的水域含氧量相当比较丰富，所以钓点应选在这些水域，尤其是下风口是首选的钓点。

瘦水比较清澈，水中腐殖质、藻类较为缺气，透明度较多。这样的水质鱼不会太多，尤其是迈岸处，鱼是不敢游来的。在瘦水塘钓鱼，钓点应选在离岸较远的中央水域。

水还有死水，活水之分。所谓活水，就是有流动的水，如塘中的进水口，出水口。进水口附近，出水口附近应是首选的钓点。这些地方氧气含量较多，而且鱼可以获得丰富的食物。死水，活水的交汇处（即活水流到的与死水相连的水域）也是好钓点。

5. 网箱附近

养鱼人经常往网箱里投放饲料，部分饲料会流散到网箱外，鱼会在附近觅食（图 39）。

6. 有抽水泵的地方

有抽水泵的地方地势较低，水比其他地方深一些，是一条深沟，是鱼觅食、藏身，栖息的地方，鱼的密度较高。

7. 看水生植物

水生植物包括水草，浮萍，藻类，这些都是鱼类喜欢吃的食料，尤其是以食物性食料为主的草鱼更喜欢生活在有水生植物的水域。

水草在光合作用下吸收二氧化碳，释放出氧气，水草多的地方自然氧气充足。而氧气是动物维持生命不可或缺的重要条件。水草可以遮阳，水草丛中夏天的水温较没有水草的地方略低，鱼儿为了“避暑”，常常在水草丛中歇息。

二、脱钩跑鱼的原因及对策

在钓鱼活动中，有一个很普遍的令人遗憾的问题，就是看似钩上有鱼而扬竿时是空竿，有时脱钩的是很大的鱼，钓者常常叹息："唉，可惜，到手的鱼跑了！"

作者对这一现象进行了一番分析总结，找出了以下原因供钓友们参考。

（一）钓具的原因

由于钓具配置使用不当，是脱钩跑鱼的重要原因之一。

1. 风线太长

竿梢至浮漂之间的风线过长（有的超过 2 米以上），在起鱼时会减慢提钩的速度，因线的晃动惊跑了鱼，或是鱼并未吃牢竿，提线时鱼就脱钩了。

2. 脑线过长

脑线过长（如超过 20~30 厘米），鱼吃钩时脑线会左右晃动，致使鱼不能及时中钩。也由于脑线过长，鱼吃钩时反应到浮漂上的讯息延迟，减少灵敏度，造成钓者的误判，过早或过迟提竿，同样也造成跑鱼。

3. 绑钩的方法错误

绑钩时，钓线的位置应在钩把的内侧。这样绑钩，鱼在咬钩时钩的稳定性好，鱼易中钩，若线在钩把的外侧，钩的稳定性受到影响，会大大降低鱼中钩的概率（图 107）。

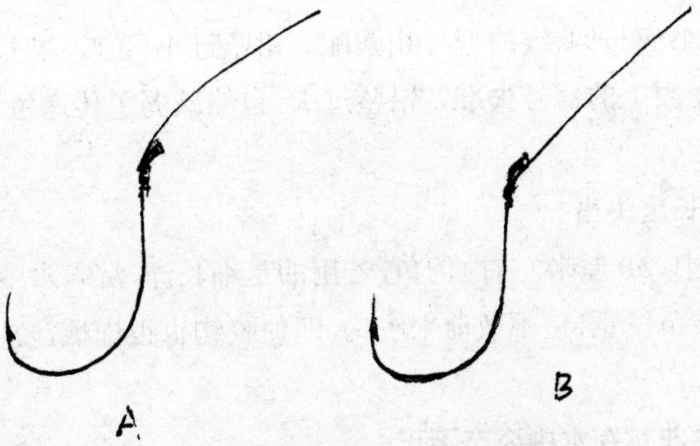

图 107　A 为正确绑钩　B 为错误绑钩

由于绑钩方法的错误，容易导致鱼脱钩。

4. 钩尖不够锋利

钓钩用的时间过久，钩尖就不锋利，鱼咬钩时难以中钩，或挂鱼唇太少，提竿时就易脱钩。若发现钩尖不锋利，应用磨石打磨，或另换新钩。

5. 浮漂配置不当

浮漂的大小应与钓线的粗细，钩子的大小相匹配。浮漂太小太细，过于灵敏。水浪也会导致浮漂晃动，此时若误认为是鱼中钩，扬竿时肯定是空钩，或者是鱼唇并没被钩挂牢。浮漂过大过粗，反应迟钝，传递鱼中钩的信息受影响，往往易错过提竿时机。

6. 钓组不适应垂钓环境

这里指的是钓组的大小与所钓的鱼不相适应。若池塘里多是不上百克的小鲫鱼，你用的是粗线大钩，鱼就不易中钩，即使中钩，也挂钩不牢，提竿不当就会跑鱼。反之，若水中多是鲤鱼，草鱼等较大形体的鱼，你用的是小钩细线，鱼也不易中钩（因钩体小，鱼嘴大），即使中钩了，由于细线的承重力有限，鱼体过结实了。所以，钓鱼时不定要爱护渔线。线用的时间长了（半年或一年），一定要换新线。尤其是经过炎热的夏天以后，线更易在高温下老化。线的老化程度与线的使用次数成正比关系。若经常出外钓鱼，渔线一年应更换 2~3 次。

7. 竿子太硬

鱼竿有软硬之分，即所谓的竿子的调性。竿子太硬，在钓到小鱼时，鱼钩划破鱼唇的可能性就大，自然会跑鱼。若使用的硬调竿，扬竿时不能用力过大或节奏过强，尤其是钓小型鲫鱼更应这样。

8. 铅坠的比例失当

铅坠的大小应与钩、线的型号相匹配。铅坠过小，鱼咬钩时，易导致渔线的晃动，传递到浮漂上的信号失准。铅坠过大，自然减弱了传递鱼讯的灵敏度，延误提竿时机。

9. 浮漂的长度失当

若在浅水中（50 厘米左右）钓鱼，若用的是细长漂，沉入水中部分的漂脚离鱼钩太近，易被鱼发觉，鱼不敢前来咬钩，即使咬钩也很谨慎，咬不牢，若此时提竿自然会跑鱼。

10. 渔线卷曲钩在水中姿态不正

尼龙线容易卷曲，若是脑线卷曲，钩在水中不是呈垂直状态，而是歪斜、角度不正，鱼吃钩费力，因而不易中钩，中钩后也容易造成脱钩（见图108）。

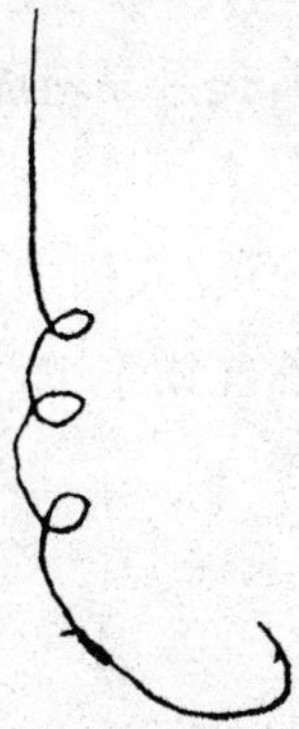

图108 渔线卷曲钩位歪斜

11. 没留余线

所谓没留余线，就是钓鱼人常说的“抛满竿”，线绷得过紧，风线（留在水面以上至竿梢的这段线）过短，成垂直状态。若中钩的是小鱼，不会跑鱼；若中钩的是大鱼，鱼的挣扎力大，窜劲猛，钓者又是猛劲提竿，线没缓冲力，容易断线跑鱼。若事先了解或估计所钓的水中多是大鱼，抛竿时就只能抛八分竿、七分竿，钓线在水面部分留的多，或呈弯曲状。一旦有大鱼中钩，弯曲的风线部分便增中了缓冲力，然后竿子即使呈弯弓状，也不会出现“拔河”现象，因此可大大减少断线跑鱼的概率。

12.“没有失手绳”

手竿钓鱼时，绝大多数钓者都没有用失手绳的习惯。其实，失手绳是必不可少的装备。“不怕一万，就怕万一”，一旦钓到大鱼，失手绳起到很大的作用。有的失手绳有10米长，也有20米长的。鱼越大，失手绳越起作用。可确保擒获大鱼万无一失。

（二）垂钓环境的原因

1. 水中的鱼被钓狡猾了

经常垂钓的池塘，鱼狡猾，吃饵时警觉性很高，钓鱼人稍不注意提前扬竿，鱼就吐饵游走。钓鱼人对鱼咬钩的特点并未十分了解，有时，只有浮漂倾斜或沉没水中时才说明鱼已中钩，否则，过早提竿肯定钩上无鱼.

2. 自然因素影响到鱼的食欲

由于气温、水中溶氧量或气压的原因，鱼不舒服、厌食，偶尔去咬饵料，引起浮漂的动态变化，此时鱼中钩不牢，提竿易造成鱼脱钩。

3. 环境不安静

如在公路，铁路附近的水域钓鱼，或周边有嘈杂的声音，都会影响鱼吃钩。鱼吃钩变得十分谨慎，不大胆，自然挂钩不牢，扬竿时造成鱼脱钩。

（三）饵料的原因

1. 饵团过硬

饵团过硬，捏得过紧，鱼吃饵时咬不透，鱼唇自然触及不了钩尖。这时若提竿，自然是钩上无鱼。所以揉捏饵团时要掌握住柔软度，所以的耳垂那样即可，宁软一点也不能太硬。

2. 饵团过大

若饵团过大，小鲫鱼、小鲌鱼吞不了饵团，或许只咬住饵团的某一部分，这时浮漂也会有上下浮动的反映。若钓鱼人误认为鱼已中钩慌忙提竿，鱼钩或许只挂住了鱼唇的一小部分，当鱼竿上扬时，鱼自然会脱钩。

3. 用动物饵挂饵不当

在用蚯蚓，动物的内脏颗粒作饵时，也存在着饵料的大小、长短问题。饵料过大，钩不露尖，鱼吃饵时，钩尖扎不透鱼唇，提竿时自然容易脱钩。蚯蚓在钩尖以外若留得过长（超过一厘米），鱼吃饵时可能只吃住了钩夹外的那段蚯蚓，这时鱼漂也会有反映，钓者以为是鱼中钩了，赶忙扬竿，其实鱼唇根本没被钩挂住自然是空竿。若是鸡肝，鸭肠挂钩，若钩外留得过长，也会出现上述情况。所以，用蚯蚓，家禽内脏作饵时，一是铒团的大小要适当，二是钩尖外不要留得过长，三是饵团外一定要让钩尖暴露。

若是用虾，泥鳅作钓饵，也应注意几个问题。虾长有长须，虾大须也大，大须会影响鱼吃钩，所以，用虾作饵时最好剪掉虾须，以给鱼吃饵提供方便。用泥鳅作饵，最好选用细小的活泥鳅。泥鳅大了，不利于鱼咬。泥鳅挂钩时应从背部穿入，然后让钩尖外露（图 109）。

用蚂蚱类小昆虫作饵，若蚂蚱过大，腿长，也应剪去长腿（图 110）。

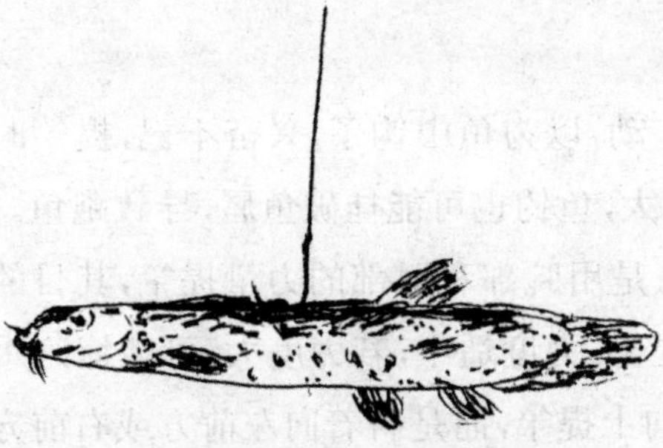

图 109 泥鳅挂钩法

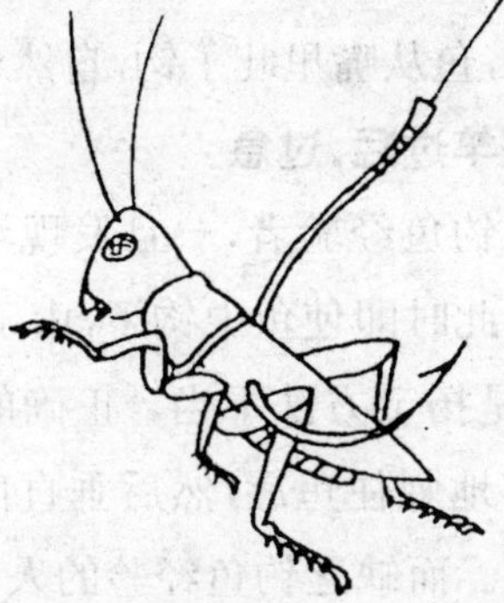

图 110 昆虫挂钩法

若用玉米粒，嫩豆作饵，在穿钩时，也应让钩尖部裸露。若露得过少，或根本不露的话，鱼吃钩时，钩尖挂不牢，提竿时，也容易使鱼脱钩。最好将玉米粒、嫩豆穿过钩尖部，直到钩的弯部（图 111）。

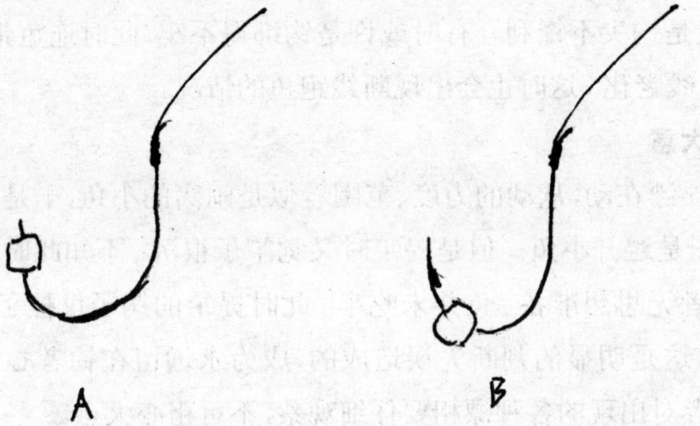

图 111 A 不正确穿钩法 B 正确穿钩法（四）钓技的原因

由于钓技不娴熟，或虽学钓鱼，刚刚入门，在钓鱼时，鱼脱钩的概率较高，常常存在以下问题。

1. 判断失误

水下的鱼吃钩的情况表现在浮漂的动态变化。鱼吃钩时由于鱼种不同，反应在浮漂的动态变化也不同。如鲫鱼吃钩时浮漂的上下浮动幅度不大，而且多呈现出送漂（即浮漂向上倾斜或平卧于水面），而草鱼由于体型大，力量大，吃钩时多是将浮漂拉入水中（俗称黑漂），经验丰富的钓鱼人会通过浮漂的这些动态状况，认定水中是什么鱼吃钩，是否已中钩，然后准确地抓住提竿时机。而初学钓鱼人往往就难以准确判断这些情况，若提竿过早，鱼并非中钩，自然是空钩；提竿过迟，鱼从嘴里吐了钩，自然也是空钩。

2. 提竿过猛，过急

缺乏钓鱼经验者，一旦发现浮漂在动，以为鱼中钩了，兴奋不已，提竿时用力过猛。此时即使鱼中钩了，由于力度大，鱼钓也可能挂破鱼唇，导致跑鱼。另一点，就是扬竿方法不当。正确的方法是用腕部和肘部的力量提竿，其目的是使钩牢牢地刺住鱼唇，然后垂直向上提竿，力度适中，若力度大，可能惊跑水中窝子的鱼。而缺乏钓鱼经验的人不是向上提竿，而是斜着向左前方或右前方挥竿。这样提竿，一个可能是使钩偏离了鱼唇，造成空钩，另一个可能仍是钩挂破鱼唇，同样造成空钩。

有时，鱼被提出了水面，但也会脱钩，甚至钩上的鱼落到塘埂或另一口塘中。钓鱼人称这种现象叫“空中飞鱼”。其主要原因是提竿太早，钩子只钩住了很小的鱼唇，钩子并没穿透鱼唇。没完全钩住鱼唇的另一个原因是钩子太小或太长，也可能是钩尖不锋利。有时或许是钩绑得不牢，此时连鱼带钩同时脱线。若鱼体较大，线老化，这时也会出现断线跑鱼的情况。

3. 麻痹大意

水中的浮漂在动，从动的力度、范围看似是闹窝的小鱼，于是钓者心不在焉地提竿，意图是避开小鱼。但是提竿时又觉竿子很沉，不知此时已是大鱼在咬钩。由于钓者无思想准备，鱼并未吃牢，此时提竿的钩子仅挂了点鱼唇，造成鱼脱钩逃脱，这是明显的判断失误造成的，成为永远留在钓者心中的一件遗憾事。所以钓者对出现的各种漂相要仔细观察，不可粗心大意。

4. 起鱼时握竿部位不正确

缺乏钓鱼经验的新手一旦发现鱼中钩，会出现手忙脚乱的现象，这时往往用手握竿子的后中部或中部，其目的是想靠近鱼，继而用手去抓渔线。这么做，就缩短了竿子的承重部位，加重了竿子前部的承重度，竿子前部是比后部细得多，因此很容易造成竿折的现象。又因为人离鱼的距离近了，鱼很容易发现岸上的人，其惊吓的程度加大，鱼就拼命挣扎，因此加剧了断线折竿跑鱼的可能性。正确的方法是用手握住竿子的尾部，向斜上方扬起竿，使竿稍始终保持弯弓状，从而增加了竿线的韧性，这样遛鱼时回旋的余地较大，主动权始终掌握在钓者手中。

5. 鱼到岸边又脱钩的原因

缺乏钓鱼经验的钓者，当把鱼引领到近岸处时往往沉不住气，显得慌张激动，一心想尽快抓到鱼，因此不由自主地将握竿的手由竿的尾部移到竿子的后部或中部，甚至想抓住渔线把鱼提上岸。这样做的后果是减少了竿子前部的弹力，增加了其承重力，也大大削弱了竿梢部分的缓冲力，容易造成折竿或断线，鱼的挣扎力也会因为见到了人而增大，因此造成鱼脱钩。正确的方法是手只能握住竿子的把柄部，向前上方扬竿，使竿子始终保持弯弓状，腕、臂的力量不要过猛，把鱼慢慢牵引到岸边。

6. 抄鱼、装鱼时脱钩跑鱼的原因

即使鱼到了近岸处也有脱钩跑鱼的现象发生。这通常是较大的鲤鱼、草鱼、鲢鱼。一是鱼到了岸边后发现了岸上的人，受到惊吓，突然挣扎，挣扎力过大造成脱钩跑鱼。二是钓鱼人用网抄鱼的方法不正确，用抄网去抄鱼，抄网没沉入水中，鱼发现了抄网，受到惊吓，便急速窜游，造成脱钩。还一个情况是没挂住鱼唇的钩子（炸弹钩是多只钩，钓鱼人用的双钩）挂住了抄网的网线，鱼就进不了抄网。抄鱼时，将网沉入水中，网口对准鱼头，将鱼牵引到网口（图109）。

图 109　抄网抄鱼的状态

钓鱼人要头脑灵活,善应变

天有不测风云,气象瞬息万变。在野外钓鱼,一会儿是艳阳高照,一会儿可能就是乌云蔽日,气象的变化使鱼的生活环境发生了变化,如水温的降低,水中波浪的兴起。水温高时,鱼可能在水的中上层活动,水温较低,鱼就可能沉入水底,因为水底的温度比水上层的温度高。钓鱼人原来用的诱饵是钓中上层鱼的,这时就应改变诱饵的用法,将诱饵投到水底;气温高时,鱼喜欢吃植物类的素饵,气温低时,鱼就可能改变食性,喜欢香味浓的荤饵。风对鱼的生活影响也很大,例如,在某口池塘钓鱼,刮北风时你用蚯蚓作钓饵,钓鱼效果很好。第二天再去该塘钓鱼,仍然用同样的钓饵,不变的钓点,同样的钓具,可鱼就是不咬钩。因为这天风向变化,刮的是南风,这时就必须改变用饵方法,改荤饵为素饵,用面团类的钓饵或许有鱼上钩。其原因就是,刮南风时,气温会有回升,气温的回升导致水温的变化,从而使鱼的生活条件发生了变化,食性随之发生了变化。

还有一种情况:钓鱼人事先知道某口池塘的鲤鱼多,用鲤鱼喜欢吃的饵料作钓饵可以钓获鲤鱼,于是,这一天就带了鲤鱼饵去专钓鲤鱼。钓了一段时间,并没钓到鲤鱼,钓上来的却是鲫鱼 ,出乎他的意料。这个事例说明,人们对鱼的生活习性、食性特征只是大概了解。所以有时垂钓方法与垂钓结果并不一致。钓鱼人只能根据客观情况的变化来改变用饵方法和垂钓方法。

不少钓鱼人出外钓鱼时都准备多种饵料,既有荤饵,又有素饵,既有干粉子,又有药酒液,既有甜味添加剂,又有酸味添加剂,可谓品种多样。之所以准备这么多样的饵料,就是为了适应钓鱼时各种意外情况的出现,以便采取应变措施。

三、怎样对付小杂鱼闹窝

垂钓时常常会遇到一个很烦人的现象,小杂鱼闹窝,尤其是在有水草的水区钓鱼和早晨太阳出来以后,杂鱼闹窝的现象尤为突出。钩子一下水浮漂就被拉入水中,然后从远处冒出,这时,钩上的钓饵已被吃光了,不得不重新挂饵。既浪费时间,也没收获。通过作者周围钓友的介绍和查阅资料,现介绍以下避免小杂鱼闹窝的方法供钓友们参考。

1. 改软饵为硬饵。软饵杂鱼容易咬透，而稍硬些的饵就难以咬透。连咬几下咬不动，小杂鱼也就对饵团没兴趣了。

2. 小鱼咬钩时，将鱼竿猛地提一下，以吓跑小杂鱼。

3. 声东击西。在离钓窝1米以远的水面撒一些干麸皮。小鱼会马上聚集到此处，把鱼诱过来以后，钓窝的小杂鱼自然少了。

4. 如果是用蚯蚓穿钩，引起小鱼打搅，可改用面团饵穿钩，或在钩的柄上和弯部穿蚯蚓，在钩尖上挂面团。这样，小鱼吃不进面团，也就吃不着蚯蚓。有时钩上的蚯蚓被鱼吃了半截，还剩半截，为了节省蚯蚓，也可把蚯蚓拉到钩柄部，钩的前端再穿上面团，即可一举两得。

5. 把钩下到离窝子1米以外的地方，待钩子沉入水底后再慢慢移到窝子里，不让小鱼发现。

6. 在小杂鱼闹窝时往窝中撒些细土或细沙，小杂鱼受惊吓就变得老实了，或游走了。撒时不要用大颗粒的沙土，以免声音太大，惊吓了水中的大鱼。

7. 改换钓饵。用鲜嫩的玉米粒，蒸熟的红薯粒，山芋粒，拌饭粒作饵。

8. 加大铅坠的重量或饵团的重量。因铅坠饵团重，入水底速度较快，小杂鱼不容易截食饵料。

9. 用通心活坠。把铅坠上方的太空豆往上移10厘米，改用通心活坠，加大铅坠的重量。由于铅坠较重，会沉入水底，钩饵自然是卧底。这种钩组有两个优越性。一是可避免小杂鱼闹窝。因为小杂鱼多在水的中上层截食饵料，而在水底找食的较少；二是通心活坠的灵敏度高于实心坠，鱼咬钩时的动态可直接反映到浮漂上，使钓者及时发现鱼讯，以便及时提竿。

10. 改用打窝器。打窝器有筒式、篮网式和锥形（三角形）几种。用得最多的是篮网式。这种打窝器装饵后一入水篮就自动翻倒，呈口朝下，底朝上状。篮里的饵从水表面层渐渐落入水底。但饵料中的粉状物会停留在水的中上层，呈立体状。所以小杂鱼就聚集过来，中层有，上层也有。小杂鱼多生活在水的上层，中层。为了避免小杂鱼抢食诱饵，可改用锥形打窝器。这种打窝器只有接触水底时，打窝器才翻倒（如图110）。

三角形打窝器渔具店有售。

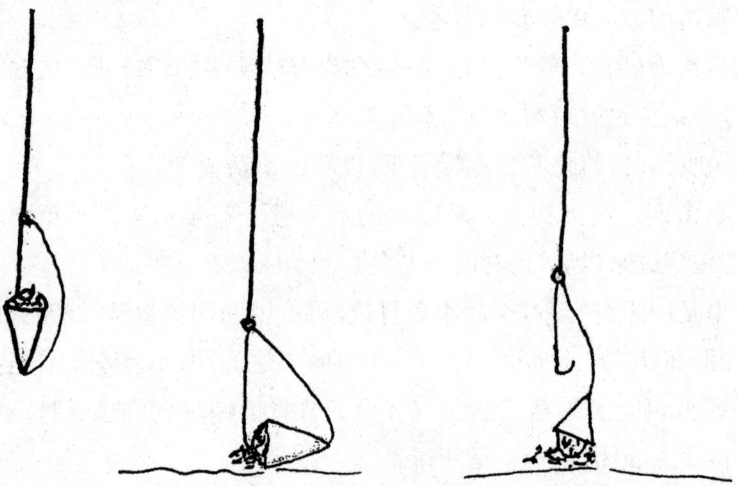

图 110　三角形打窝器

四、运用辩证法，钓鱼收获大

生活中充满辩证法，钓鱼活动也充满辩证法，头脑要灵活，不能死守教条，有时还需要逆向思维，与常规钓法反其道而行之。

在钓鱼时常遇到的有以下问题。

（一）钓动水与钓静水

动水，指的是流动的水域或有波浪的水域。

在正常的情况下，人们习惯于选动水的水域。因为流动的水，氧气较静水充足；有波浪的水溶氧量大。鱼有逆水而游的习惯，有流动水的水域会聚集鱼群，成为最好的钓点。

但风浪太大，特别是有 5~6 级的风时，鱼在水中的游动较吃力，鱼饵在水中晃动，鱼不易咬钩，有时小鱼闹窝。所以，有时静水反比动水好钓鱼。2004 年 5 月的一天，笔者和一位钓友在一个大塘钓鱼。我们同时选在下风口下钩，这里既有漂浮物，又有水草，按说是理想的钓点。可是小鱼闹窝非常凶，几乎钓不到鱼，直到中午 12 点仍是如此。有的钓友打算收竿回家，这时我来到另一个无风无浪的塘角，先投下空钩试试水的深浅，却钓了一条小鲫鱼，再挂饵下钩，又钓了一条。因为这口塘里小鱼非常多，所以我没投诱饵，直接用钓饵，不到半小时，钓了10条鲫鱼，而且每条在100克左右。我赶忙去对面叫钓友也过来钓。他过来后也连连钓上了鱼。就这样，到下午4点我们每人钓了近2千克鲫鱼。

以上事实证明，在风浪太大，小鱼闹窝的情况下，应在动水中选静水，或是静水中选动水，才能收到良好的效果。

（二）钓草与不钓草

在通常情况下，人们习惯于找有草的地方投饵，钓鱼谚语：“钓鱼不钓草，肯定钓不到”。钓草的优越性在本书“水生植物与鱼的生活”部分中已作了阐述，在有水草的地方往往收获大，但是也有例外，有时有草的地方反不如无草的地方钓鱼好。

因为水草过于茂盛，盖满整个水面，空气中的氧气渗透不到水中；另外由于水见不到阳光，水温相对低，水中光线也不充足。水草太多，容易挂住渔线鱼钩，很不方便。相比较，无水草的水域这些弊端都不存在，在无草的水域钓鱼收获更大。

草多的水域选草少处，草少的水域选草较多的地方，也可选在有草与无草的接合部作钓点。

（三）钓鱼的坚定性与灵活性

钓鱼人要耐得住寂寞，要有坚定性，不能见异思迁，这是钓鱼我应遵循的原则。不能希望饵料投下去立即就有鱼上钩。若刚投饵不到20分钟或半小时见无鱼上钩马上就想换地方，总以为其他地方或许比这里好，三心二意是不行的。这样东跑西颠既浪费了时间，也错过了垂钓机会。

但有时一味地坚持，却事与愿违，从上午“坚定”到中午后，仍然一无所获，而有的人挪了窝，换了钓位，反而钓到了鱼。

笔者有这样的经历，既死守，有时也“见异思迁”。钓鱼的坚定性与灵活性是一个事物的两个方面。要随客观条件的变化而变换钓法，有时应死守，有时应当机立断地放弃。

（四）钓深与钓浅

每一个水域都有深浅之分。一般的规律是春钓浅，夏钓深。但有时实际情况却并非这样，这就是说，不能死搬硬套。

大部分是深水区，如水库、湖泊，那么就应该选浅水区垂钓；大部分是浅水区，如水深不到60厘米，就应该选较深的水域。即深水中选浅水，浅水中选深水。但是，钓深水与钓浅水应根据当时的具体情况具体分析，若按常规死守，反而钓不到鱼，如夏天钓鱼，清晨宜钓浅，到了下午宜钓深水，若天气由晴转阴，这时就不宜继续钓深水了，因为在深水区水的温度下降得慢，这时依然很高，而浅水区受凉风的影响，水温下降得快，鱼就会由深水区游向浅水区。

有一年春天，我和钓友出外钓鱼，我们先是在浅水区垂钓，水深约80厘米，钓获的全是不到50克的小鲫鱼，而且小鱼闹窝很凶。我决定换钓法，用大浮漂、重铅坠在水深150厘米的地方下钩，情况确实有了转机，不但钓到了鱼，而且都是单尾重量在100克以上的鲫鱼，小鱼闹窝的现象也少了很多。又一次是夏天，按说应该钓深水，我在水深不足60厘米的下风口连连钓了三条草鱼，由此说明，钓深水与钓浅水应根据当时的具体情况具体分析，死守通常的规律，反而钓不到鱼。

在水库、湖泊垂钓，那里大部分是深水区，就应该选浅水区垂钓；大部分是不到60厘米的浅水区，就应该选较深的水域。这就叫深水中选浅水、浅水中选深水。

（五）肥水塘与瘦水塘

如前所述，肥水塘与瘦水塘都是自然环境及人为条件形成的。按正常情况，在肥水塘中钓鱼，应使用气味浓烈一些的饵料，在瘦水塘钓鱼饵料的气味应淡一些。但有时这样使用饵料效果并不好，在肥水塘使用的饵料气味很淡效果却十分好，在瘦水塘使用气味浓的饵料效果也很好。

另外，在肥水塘垂钓，应该选择有流水的水域，水色相对较淡的水域。在瘦水塘里要选肥水流入的地方，塘主经常投放饲料的地方、鸭鹅经常下水、牛猪下水的地方下钩。这就叫“肥水塘里选瘦水，瘦水塘里选肥水”。

（六）钓点的好与差

好钓点在多数情况下钓鱼效果好，差钓点自然效果差一些。这是在正常情况下的现象。但是，人们认为的好钓点与差钓点有时也可能出现异常现象，在好钓点钓不上鱼，而在人们认为的差钓点却能钓到鱼。任何事物都有个性、特殊性，鱼的这种生理特性人们并未准确掌握，主观愿望与客观实际有差距。

笔者有亲身体验。有时在认为很有把握钓到鱼的好钓点未能钓到鱼，而以侥幸的心理到差钓点去试钓时却能钓到鱼，正说明两种钓点的互相转化情况。所以，当大多数人在一片好水域的好钓点钓不到鱼时，你不妨到不引人注意的钓点去试试，说不定会有意外收获。

(七)钓近与钓远

通常情况下，春天宜钓近，夏天宜钓远，但有时这样钓效果并不佳。春天，鱼多在浅水的近岸处，闹窝的小鱼小虾更喜欢浅水区有水草的地方，在这里下钩常钓些很小的鱼，这时钓远处，情况会好一些，打扰的小鱼少，钓获的多是成形的较大的鱼。淮河流域的钓鱼人多使用10米以上的长竿，钓的距离远一些，因此能钓获较大个头的鱼。

水深时宜钓近，水浅时宜钓远。也就是涨水时钓近，落水时钓远。水面大水普遍较深时宜钓近，水面小水普遍较浅时宜钓深。有小鱼闹时宜钓远，无小鱼闹时可钓近。这都要根据具体情况具体分析，宜近则钓近，宜远则钓远。

雨天钓鱼宜钓近。因为下了雨，水中氧气丰 富，鱼儿十分活跃，会游到近岸处觅食。一次作者在雨中钓鱼。钩饵投在近岸的3~5米的水域，仍然钩钩有鱼，而且多是250克以上的大鲫鱼。

若是晴天，风平浪静，钓点应远一点，至少应离岸10米以远作钓点。这种水情，鱼很少到岸边活动。

在一天中，钓点的远近也不相同。

鱼在正常的天气情况下，有“早晚溜边”的规律。所以，上午在9时前，下午在4时后，钓点应离岸近一点，而中午则应离岸稍远一点。

风天的钓点宜近。

刮风(3级以上的风)时，水浪会将水中的浮游生物刮到近岸处，因此，近岸处的水中食料丰富，鱼就会游到近岸处觅食。况且，风会将岸边的树上，草上的小昆虫，花朵，籽实吹到水中，这些都是鱼喜欢的食物，鱼也会到近岸的水中吞吃食物。所以，风天钓鱼的钓点应在近岸处。另外，由于风浪的原因，浮漂在水中呈若隐若现的状况，钓点远了，观察浮漂很伤眼睛，老年人更是如此。因此，钓点也不宜太远。

水面的大小也影响着钓点的远近。

水面宽阔，如大塘，鱼的密度小，分散而且近岸处水浅，钓点宜远不宜近。

反之，在小池塘垂钓，钓点就可以适当的近一些。

钓点的远近与钓鱼人的关系。

年轻人与老年人的视力差别很大。

老年人的钓点不宜太远。钓点远，必然用长竿，长竿自然比短竿重，握着费力，支撑着收竿放竿都烦。远钓，由于老年人视力较差，必须用大号漂，配的是大型钩，钓具的型号大，灵敏度会大大降低，而用细漂，又看不清，所以老年人钓鱼的钓点不宜选太远。尤其是阴天，光线不亮，更不宜远钓点。而青年人由于体力足，视力好，钓点自然可近可远。

（八）钓宽水与钓窄水

宽水与窄水也是相对而言的，如湖泊、水库、江河的水面大，可以称之为宽水；窄水指的是狭长形的水塘、小河沟、水库的库汊、湖泊的上游、江河的支流等。这些水面往往较小，多属窄长形，这些窄长形的水汊因接近山崖、庄稼地，库汊上面经常有水流进水库、湖泊，故这里的食料较为丰富，是鱼常来觅食的地方。特别是秋天，庄稼果实成熟，昆虫增多，鱼的食料更为丰富，这里是钓鱼的好场所。但是，有时小溪流的有些部位过于狭窄，又有水流动，不是鱼栖息停留的地方，仅仅是一通道，有些狭长形塘的某些部位也是如此。在这些地方钓鱼，应选在水面较为宽阔的部位，如洄水湾，堤岸向内凹进的水域，这里由于水面较宽，鱼容易停留、聚集，这就叫窄水之中选宽水。

还有就是宽水之中选窄水，水库、湖泊、江河的水面很宽阔，但是也有些相对比较窄的地方，主要是上游、库汊，这些地方往往水浅，又多水草，诱饵投下去影响面较集中，在窄水区钓比在宽水区钓有把握，所以应在这里下钩投饵。这就是宽水之中选窄水。窄水与宽水是一个事物的两个方面，互有联系。是选宽水还是选窄水要依据具体情况灵活掌握，窄与宽也是相对的。小溪的宽水与库汊比，就是库汊的窄水，库汊若与小溪的洄水湾比又是宽水了。

（九）钩线是否越结实越好

钓鱼人都希望钓钩、钓线越结实越好，为的是钓住鱼后不断钩、不断线，只有如此才不会让鱼跑掉。笔者在钓鱼中也曾有过因为钓线老化而断线跑鱼的经历，因此也认为钩、线越结实越好。

一次，作者去渔具店买渔线，老板问我买什么型号的，我说了几种型号，他又问要什么档次的，也就是要高级的还是普通的，我说当然要用高级的，价贵点没关系。他笑着说，其实，太高级的也不好。高级的线太结实，虽然钓上的鱼跑不了，可钓住了特大的鱼你怎么办？硬拉，肯定拉不上来，不拉，鱼又总在钩上，最后是线也断不了，钩也断不了，只有断竿了，或者是把竿扔到水里让鱼拖走，其目的是为了保障钓鱼人的安全。你说是不是这个理？我仔细琢磨渔具店老板的话，觉得真有道理。

在一次钓鱼时，因为事先没检查渔线，结果钓住了草鱼后因草鱼太大，拉不到近岸处，几经较量，仍然不见鱼浮出水面，12 米的硬调碳素竿一直被拉成弯弓状，钓友们也前来助阵，只因鱼近不了岸也帮不上忙。好在这时断了线。我十分遗憾，到手的鱼跑了，可也很庆幸，因为线虽然断了，可保住了竿子。试想，如果钩、线太结实，不断线，最后损失的就是竿子了，竿子很可能折断。断了线，跑了鱼，是坏事，可是保住了竿，损失是最小的。

这就是一种辩证法。在某种特殊的条件下，事物会走向它的反面。鱼钩、渔线应该是结实的，但是因为钓住了大鱼，由于渔线、鱼钩过分的结实而造成价值较高的鱼竿受损，好事也就变成了坏事。

在配装钩组时，鱼钩的坚固程度、型号的大小应与渔线相匹配才好。钩大，线太细，线就承受不了大鱼的拉力，会断线。小号钩配细线，钓的鱼可能小一些，那么线就可以适应小型鱼了。反之，粗线配小钩也不行，线粗，在水中的目标大，小钩通常还是钓获小鱼的机会多，粗线就显得“英雄无用武之地”了。线、钩的型号应与鱼竿的强度、长度相匹配。在正常情况下，3~4 千克的大鱼上了钩，普通手竿还是可以应付的，有经验的钓手能把鱼拉上来，如果鱼达 5~6 千克，经验不足的钓手，这时就显得无所适从了，甚至会断竿。

（十）常规钓法与非常规钓法

钓鱼人通过钓鱼实践，根据鱼的生活规律总结出了许多钓鱼经验，这些经验在大多数情况下都钓之有效，被钓鱼人公认为是应遵循的钓法。如“春钓边，夏钓潭，秋钓阴，冬钓阳”，又如“钓鱼要迎风，钓位选风头”……还有许多经验都成了谚语。因此，许多钓鱼者都是按这些经验垂钓。可是，有时按这些经验去垂钓，却钓不到鱼。

一次我和钓友们去钓鱼，按常规钓法我们把钓位选在风头，那天刮的是西北风，我们在塘的东南角迎风而钓。从上午 7 点 30 分至 11 点，我们三人都没钓到大鱼，钓的全是10多克的小鲫鱼，还经常有小鱼闹窝。后来我从塘埂上去到塘的西南角打破常规选钓位，此处无水浪，水面平静，不到半小时，就钓到约800克鲫鱼。

我的一位钓友对常规钓法与非常规钓法也有体会。他说，一次和钓友们去南湾水库汊钓鱼，时间是初夏，气温在30℃以上。几位钓友大都把钓点选在3米左右的深水区。但从上午7点至9点的这个“黄金时间段”却没有钓到鱼。我的这位朋友“反其道而行之”，把钩和饵投到水深不足一米的浅水区，却连连起钩获鱼。按说，在水温达30℃的水域中完全应该钓深水区，但是却没钓到鱼，而不合乎常规钓法的钓浅水却钓到了鱼。

我的一位朋友，是位钓鱼高手，钓鲢鱼是他的拿手好戏。一次用常规悬钓法钓鲢鱼，可怎么都钓不到。他改悬钓为底钓，于是调整了浮漂，加大了铅坠的重量，让钩饵沉到水底。这一改钓法，却收到了意想不到的好效果。下钩只十几分钟，就钓起了一条近1千克的鲢鱼，继续钓，又钓了几条鲢鱼，不到两个小时，他竟钓了10千克鲢鱼。

以上事例启发我们：钓鱼时，既要遵循钓鱼常规，又要采用一些非常规钓法，“不管黑猫白猫，逮住老鼠就是好猫”。

（十一）用荤饵与用素饵

在垂钓中，历久的经验提示人们：气温高时宜用素饵，气温低时宜用荤饵。如早春和冬天，人们大多爱用红虫、红蚯蚓作钓饵；夏天多用面团类的素饵。这是习惯用法、常规用法，可是有时按习惯用饵，钓鱼效果却不好，反其道用饵却有意外的收获。

鱼的生活受很多外界环境因素的影响，我们可以掌握其中的一些规律。如怎么找溶氧量高的水域，怎样选择有水草的水域下钩……这都是在正常情况下的普遍规律。但是，在这诸多因素中只要有一个因素上升为影响鱼生活的主要因素，而这个主要因素又未被我们发现，再按常规去钓鱼肯定钓不到，这就是特殊性寓于普遍性之中。时至今日，还没有哪一位钓鱼“高人”能百分之百把握住何时何地鱼的生活规律，人们对鱼有共性的了解，但缺乏特殊环境下个性的了解。因此钓鱼时应采用“灵活机动”的战略战术，既遵循常规钓法，有时又试用其他钓法，钓鱼的效果可能会好一些。

(十二)逆向思维也许有收获

逆向思维就是不按常规,反其道,用非常规的思维。

一次和钓友们去南湾水库库汊钓鱼,时间是初夏,气温在30 ℃以上,几位钓友大都把钓点选在水深3米左右的深水区,但从上午7点到9点的这个黄金时间段却没有钓到鱼。我的一位朋友反其道而行之,把钩和饵投到水深不足一米的浅水区,却连连起钩获鱼,这是出乎那几位钓友意料。按说,在水温达30 ℃的水域中完全应该钓深水区,但是却没钓到鱼,而不合乎常规钓法的钓浅水却钓到了鱼。

我的一位朋友,钓鲢鱼是他的拿手好戏。一次在钓鱼时明知那塘里鲢鱼多,过去也钓过多次,都是用悬钓法,因为鲢鱼生活在水的中上层,按常规是应该用悬钓或浮钓。可是这天为会什么钓不到鲢鱼呢?钓点是好的,饵料也对鲢鱼的口味,他感到奇怪。这时,他突然产生了一个新的想法,悬钓不行,我改底钓试试。于是他调整了浮漂,加大了铅坠的重量,让钩饵沉到水底。这一改钓法,却收到了意想不到的好效果。下钩只十几分钟,就钓起了一条近1千克的鲢鱼,继续钓,又钓了几条鲢鱼,不到两个小时,他竟钓了10千克鲢鱼,其他钓友没钓到,他一个给了一条,因天色已晚,不得不收竿回城。

好钓点在多数的情况下钓鱼效果好,差钓点自然是钓鱼效果差一些。这是在正常情况下的现象。这个"正常情况"是钓鱼人主观的感觉。当时的水质、周边的环境及气象情况,钓鱼人会认为某些钓点是好钓点,而其他一些不显眼的钓点被认为是差钓点。

但还有一种意外情况,就是在好钓点钓不到鱼,而在差钓点却钓到了鱼,其实也是有道理的。出现这种现象并不奇怪。因为,人们对鱼的生活习性也是共性的了解,在各种客观因素无特殊变化时的了解,任何事物也都有个性、特殊性,这种个性、特殊性人们并未掌握。鱼是按照自己的生理特征生活的,鱼的这种生理特征人们并未准确掌握,主观与客观有了认识的差距。

在用饵问题上,也会出现按常规用饵钓不到鱼,而按非常规用饵却钓到了鱼。

在垂钓中,人们的习惯用饵方法是气温高时宜用素饵,气温低时宜用荤饵。如早春和冬天,人们大多爱用红虫、红蚯蚓作钓饵;在夏天多用面团类的素饵。这是习惯用法、常规用法,可是时钓鱼按习惯用饵方法钓鱼效果却不好,反其道用饵却有意外的收获。

一次，我和朋友在一口池塘钓鱼，时间是3月份，气温在12℃左右，我们一开始全部用红蚯蚓作钓饵，也有人用红虫，但效果不好，引来的全是闹窝的小鱼小虾。到了上午10点，三个人都没钓到50克以上的鲫鱼。这时，我换了个钓位，用面团作钓饵，果真有奇效，不到半小时就钓了条100克重的鲫鱼，后来又连续不断地钓起了鲫鱼。这口塘也算是养鱼塘，只是过年以前的冬天已经把塘中的鱼捞出卖了，塘中存在的鱼不多，过年后还没投放鲫鱼。

分析其原因，我认为该塘的塘主过去是用颗粒饲料喂鱼，鱼对素食较习惯，因而遇有面团类饵料自然也较习惯，而蚯蚓、红虫过去未曾“品尝”，或尝得少。饵下水后又被小鱼抢食了。所以在另一个钓位用面团作饵效果自然好于蚯蚓了。

鱼的生活受很多外界环境因素的影响，这些因素对鱼的生活的影响我们可以掌握其中的一些规律，如怎么找溶氧量高的水域，怎样选择有水草的水域下钩……这都是在正常情况下的普遍规律。但是，在这诸多因素中只要有一个因素上升为影响鱼生活的主导因素，而这个主导因素又未被我们发现的话，我们再按常规去钓鱼肯定会钓不到，这就是特殊性寓于普遍性之中。